张 倩◎著

# 利益平衡视角下住房保障法律制度的构建

LIYI PINGHENG SHIJIAO XIA
ZHUFANG BAOZHANG FALü ZHIDU DE GOUJIAN

中国财经出版传媒集团
中国财政经济出版社

**图书在版编目（CIP）数据**

利益平衡视角下住房保障法律制度的构建／张倩著
．—北京：中国财政经济出版社，2022.8
ISBN 978－7－5223－1465－5

Ⅰ.①利…　Ⅱ.①张…　Ⅲ.①住宅－社会保障－法律
－研究－中国　Ⅳ.①D922.384

中国版本图书馆 CIP 数据核字（2022）第 097580 号

责任编辑：高树花　彭　波　　　　责任印制：史大鹏
封面设计：陈菁华　　　　　　　　责任校对：徐艳丽

中国财政经济出版社 出版
**URL**：http：//www.cfeph.cn
E－mail：cfeph@cfeph.cn

社址：北京市海淀区阜成路甲 28 号　邮政编码：100142
营销中心电话：010－88191522
天猫网店：中国财政经济出版社旗舰店
网址：https：//zgczjjcbs.tmall.com
北京财经印刷厂印刷　　各地新华书店经销
成品尺寸：170mm×240mm　16 开　14 印张　230 000 字
2022 年 8 月第 1 版　2022 年 8 月北京第 1 次印刷
定价：68.00 元
ISBN 978－7－5223－1465－5
（图书出现印装问题，本社负责调换，电话：010－88190548）
本社质量投诉电话：010－88190744

# 目　　录

# 导　　论

保障性住房建设本质上是社会利益调整的一种重要方式，法律在不同利益的协调与平衡中具有重要的规范和治理价值。基于利益关系视角的保障性住房建设法律问题研究，对于合理配置具体制度中的权利与义务具有积极的理论意义，对于缓解社会利益冲突和改善国家治理能力也有一定的启示作用。法律科学中对利益的分析本身就具有强烈的社会关怀背景，将利益平衡的法律价值与法律方法引入当前热点问题的研究，将是传统法律方法与当前中国社会实践相结合的一种新尝试与新探索。

首先，权利保障与利益平衡是保障性住房制度建设的题中应有之义。

在保障性住房建设的相关法律问题研究中，一旦将土地供给、规划设计、建设标准、金融支持、质量监管等具体问题置于社会利益调整的大背景下，就会发现具体制度规则的选择与运行背后都存在强烈的利益逻辑。其中，法律的主要贡献就在于，通过权利配置、程序公正以及权利救济等手段实现社会利益的平衡与共容。

通过比较各国住房保障制度的发展历程可以看出，在保障性住房建设的具体解决方案上不存在普遍适用的制度范例，相关立法的重点不在于提供具体的经济与社会管理模式，而在于为社会利益的平衡与协调创造一致认可的规则基础。因此，保障性住房法律制度的重点不是具体制度方案的选择，而是全体利益相关者的共同参与和利益协商，以及参与程序和利益博弈过程的透明与公开，法律规则的确定性与可预见性是确保制度能够得到大多数人认可和遵循的必要前提。

社会利益的冲突需要法律制度来平衡，而法律制度只是实现利益妥协和平衡的一种方法，制度自身的合理性对于社会利益的调整具有十分重要的影响。合理的制度必然建立在利益互惠和利益妥协的社会共识基础之上，任何否定其他社会成员根本利益，甚至试图垄断全部利益的制度都不可能长期稳定。从历史经验来看，能否确立合理的法律制度取决于一个社会追求稳定、秩序和公正的意愿，决心和智识，更重要的是具体制度的形成和推行是否具有稳固的利益平衡基础。在将利益平衡原则运用于住房保障制度的分析时，社会各利益群体不仅应当在观念和制度层面遵循利益平衡原则，还必须在社会效果上运用和落实利益平衡原则，在价值判断、规则选择、规范技术以及政策效果上寻求社会利益最大限度的平衡与和谐。

住房领域的利益失衡本质上并非市场经济发展的必然结果，而只是经济发展过程中社会群体之间利益失衡的一个特定领域。住房保障也不是国家或社会向特定个人提供的单向性利益，而是通过制度性手段所实现的社会利益关系再平衡。住房保障的核心问题是保障居民享有公平的住房权利，而权利保障是社会利益彼此妥协与共融的结果，同时也是社会利益共识的法律表达。住房保障体现了社会与个体、当下与未来以及不同社会阶层之间的利益关联，其本质并不是政府与个体或某个群体的利益关系，而是社会各群体之间通过政府提供的公共福利分配所实现的利益再平衡关系。因此，住房保障制度需要在广泛共识的基础上平衡各方利益、合理设置住房保障权利，才能确保其能够长期稳健运行。具体来说，可以在保障性住房建设的土地、资金以及管理三个方面的制度构想中运用利益平衡的原则和方法。

其次，在土地制度方面应合理配置地权以平衡各方利益关系。

不论采用何种土地供给模式，在住房保障中主要涉及三个方面的土地利益调整问题。一是保障性住房所占用土地资源的配置效率问题；二是城市发展过程中保障性住房土地利益的再分配问题；三是保障性住房项目对周边地域的经济社会影响问题。中国当前的保障性住房建设中，土地供给模式是决定住房保障范围的根本性制度因素；财税利益是保障性住房建设进程的重要动力；产业经济发展状况决定了住房保障的结构性矛盾。

一旦在土地、财税和产业制度方面固化了利益分配的格局，就很容易在利益驱动下产生资源配置的无效率或低效率状况。要解决住房保障问题，满足大多数社会群体的基本住房需求，就必须打破既有的利益固化藩篱，从土地产权的初始配置、交易流转以及分配调节三个方面来形成合理的土地利益分配格局，促成土地资源在市场规律的基础上合理配置。

法律应对保障性住房中的土地权利分配制度做更符合市场规律的改进。保障性住房居住者的主要地权需求是居住空间的使用性权利，兼及不动产的财产性权利。在保障性住房地权供给中，可分别按照租赁型和有限产权型进行设计。同时，应在一定范围内，允许土地中的使用性权利按照空间置换的形式归属于购房者，也即住房权利人因搬迁等原因需要转让住房权利时，可按照区位、面积等因素置换其所享有的空间使用权利。对于有限产权住房，其置换面积内的土地权利可按照市场价格交易，收益可用于住房者购买新的住宅，但超出部分则归政府所有。区别对待保障性住房土地权利，通过空间置换部分满足住房需求的变化，要比目前在产权上一味限制交易，更有效地综合政府与市场的资源配置功能。

准确界分土地制度中公共利益的范围是土地权利配置的另一重要内容。应缩小现有的土地公共利益解释范围，不可将政府所代表行使的土地产权与政府的土地行政管理权混为一谈，更不应将私权的救济轻易排斥在司法体系之外。法律必须在公共利益界定、技术规范制定以及公权约束上做出详尽而科学的安排，才有可能在城镇化进程中创造利益平衡与秩序和谐的土地资源配置格局。

再次，风险和效率平衡是政策性住房金融制度设计的基本出发点。

住房金融所涉及的利益层面极为广泛且彼此交织互联，其中涉及政策性住房金融与财政的关系，政策性住房金融与商业性住房金融的关系，政策性住房金融与金融监管的关系。住房保障政策的利益不仅局限于住房领域，利用金融手段来实现政府的住房政策目标既具有公共利益的内容，也包含了政府自身利益、个人利益以及企业等营利性组织的特定利益。政策性住房金融从多个方面对政府的财税利益构成影响，在住房保障政策的制定中应当予以正视和审慎对待。

政策性住房金融在本质上是通过对未来住房金融利益的贴现来弥补现阶段住房支付能力的不足，其基本要点在于政府信用与商业信用的结合。通过信用组合，商业性金融机构才具有从事政策性住房金融业务的动力，而专门的政策性金融机构也才有可能利用金融市场筹集政策性住房金融所需要的资金。围绕这些不同的信用组合，各国金融机构创造出多种多样的政策性住房金融工具，并利用这些工具来调整政策性住房金融中各利益相关方的利益关系。

法律制度如果不能有效规范这些金融工具中的风险和利益配比，就有可能打破政策性住房金融行为在激励和约束机制上的平衡，从而增加产生和累积金融风险的可能性。保障性住房融资法律制度设计的核心就在于为市场主体参与保障性住房建设提供清晰的权利界定，并以权利保障来实现社会利益与经济利益的有效平衡。维持个人住房权利与公共财政、金融安全之间的平衡关系，需要将住房金融中的政策性工具与市场机制有机结合，以产生风险和效率总体平衡的保障性住房融资模式。其中，政府财政责任的承担是实现长期社会利益与住房金融市场利益有效融合的一个基本前提。

在适当发挥政府财政分配功能的基础上，还必须建立起能够有效利用市场机制的政策性住房金融体系，扩大并改进住房公积金体系的政策性住房金融功能，吸纳和融合商业性住房金融工具的筹资能力，从而为保障性住房建设提供高效、持续、风险可控的资金来源。个人住房权利与公共财政、金融安全之间必须维持一定的平衡关系，这就需要将住房金融中的政策性工具与市场机制有机融合，以产生风险和效率总体平衡的政策性住房金融模式。公私合作模式、房地产投资信托基金模式、资产证券化模式等市场化融资方案设计的关键，在于通过法律制度清晰界定各参与主体的权利和责任范围，并以利益和风险相匹配的融资结构来规范相关的政策性金融行为。

最后，公众参与和过程透明是保障性住房建设管理规范和公平的基础。

任何公共政策的实施都离不开规范的管理体系，缺乏管理规则和有效监督机制的公共政策必然难以实施。保障性住房建设中的土地利用、资金筹措、区位选址、项目规划、建筑施工、采购监督、质量控制以及分配和后期管理等各环节共同构成了一个完整的规范体系。正是基于这些规范体系中所体现出来的各相关主体之间的利益平衡与协调，才能够在住房产品的最终消费中体现出保障性住房的政策性内涵与目标。

在公共管理方面，被保障对象、住房保障机构以及纳税人之间的主体关系需要从保障性住房建设管理机构的公共治理以及公共监督两个层面予以规范，才能有效平衡各相关主体的利益关系，进而促成住房保障公共政策目标的实现。应当将保障性住房建设管理机构纳入公共机构的治理体系当中，坚持权利和义务、风险与责任相一致的规范原则，从公众参与管理、公共利益目标设定以及绩效评价等方面予以改进和规范。在监督机制方面，应认真对待公共机构治理中信息透明与民主参与的重要性。无论公共机构如何设置，信息公开的及时、准确以及利益相关者的充分参与都是维持社会各群体之间利益平衡的基本前提。法律还应授予保障性住房的实际使用者部分参与管理的权利，并从过程公开、信息披露和责任追究方面改进住房保障公共机构的治理状况。保障性住房建设管理中，还应适当引入和发挥社会组织的参与、评价与监督作用，这对于平衡保障性住房建设中各方之间的利益关系、提高住房保障政策的执行效率具有积极意义。此外，还需要建立保障性住房分配信息公开机制、惩戒机制、物业服务机制以及质量责任追究机制，以改进保障性住房建设管理的规范性。

| 第一章 |

# 住房保障中的利益冲突与平衡

住房是社会生活的基本必需品之一，因而居住权利的保障理应成为公民的一项基本社会权利。同时，住房还是经济生活中一项重要的资源，其所承载和集聚的社会财富在经济发展中占据了举足轻重的地位。住房不只是一种建筑或构筑物，其所占据的土地实质上反映了社会个体之间的空间资源分配关系，而其所代表的社会财产权利本质上也体现了空间这一稀缺经济资源的社会价值。因此，住房问题所体现的冲突，是人与人之间争夺生活空间与经济资源的具体冲突，更是经济利益和社会利益的普遍冲突。为每一社会成员提供基本的住房保障，是防止社会冲突走向失控的必要举措，也是建设社会利益良性互动的基础。从利益冲突的逻辑出发，分析住房保障中存在的问题及其出路，正是迈向这种良性状态所必备的前提。

## 第一节　住房保障制度选择背后的利益逻辑

工业化进程的发展，使大量人口聚居在城市当中，住房问题开始成为比较集中和突出的社会问题，同时，住房所涉及的经济利益，也随着城市化过程中土地价值的大幅提升而日益增加。城市生活中的个体，因为土地利用的集约和集中而聚集，也因为土地利益的分配而彼此争夺、竞争，甚至产生剧烈的冲突。任何一种住房制度的选择，从本质上来说都是一次重大的社会利益调整，各社会阶层和社会群体，都会通过一定的方式力图表达自身诉求或试图对制度形成有利于自己的影响。最终能够被大多数社会成员所接受，并被长期执行的制度，通常是能够最大限度平衡各方利益的制度。正如德国法学家耶林对法起源的阐述一样，法不是语言和学术推理的产物，而是人类的目的、努力、利益所推动的产物。“当现行法由利益支配之时新法要强行出台，经常非经过跨世纪的斗争不可，这种斗争达到顶峰，利益便采取既得权的形式。”① 耶林的思想直接影响了一大批法学家，利益法学派的开创者菲利普·赫克（Philipp Heck）就是其中之一。利益法学派认为：“利益是法律的产生根源，利益以及对利益所进行的衡量是制定法律规则的基本要素”。② 为此，我们需要研究一种制度所涉及的具体利益范围，以及这些利益背后所体现的社会力量格局。只有在阐明利益格局和利益关系，并促使社会达成利益共识的基础上，才有可能制定出真正能够推行且有利于社会持续、健康发展的法律制度。

## 一、住房利益及其冲突：空间竞争、收入分配与社区环境

住房所涉及的利益主要是物质利益，但是又因为住房的社会基本品属性，使住房问题触及了一部分的社会利益和文化利益。不同的居住社区自然将社会个体分割为不同的生活群落，从而将来源于物质生活基础的共同特性内化为个体之间的精神和气质上的共性。住房领域的利益不只是物质和经济上的利益，它还在更广泛的范畴内，涉及社会群体之间的社会利益乃至文化利益。在城市化进程中，贫民窟所展现出来的社区冲突问题就证明，住房是一个以经济为主，同时又涉及范围广泛的利益问题。具体而言，住房领域的利益至少可以从以下几个层面加以划分和阐释。

首先，住房作为个体生存与生活必不可少的空间需要，所体现的是一种基本的物质利益诉求。在经济意义上，住房作为基本的生活和生存必需品是个体得以融入社会，并在社会中享有基本人权的物质基础；而在法律意义上，这种对空间和居住条件的需求所直接针对的，是住房空间的使用和占

---

① ［德］鲁道夫·冯·耶林．为权利而斗争［M］．胡宝梅，译．北京：中国法制出版社，2004：8.

② 吕世伦，孙文凯．赫克的利益法学［J］．求是学刊，2000（06）：64.

用权利。这一点完全不同于因投资或财产性需求而要求享有针对住房价值的权利。当然，住房的财产价值与使用价值并不是完全割裂的，财产价值是由住房的使用价值以及住房的土地价值共同构成，而住房的使用价值也会因为住房所在地理位置的不同而有所差异。满足人的基本居住需求，并不意味着只要提供一定数量的居住空间即可，住房在社会功能上也应当是完整的。在居住空间的大小之外，住房的自然环境、交通条件、生活设施等因素对住房的使用价值和财产价值同样重要。正是由于上述限制，造成了人口集聚的城市化过程中，能够满足基本居住需要的住房在物理空间上是相对有限的，人们的基本居住需求与供给之间也就存在了竞争和冲突的可能。

例如，按照西南财经大学中国家庭金融调查与研究中心的《2017 中国城镇住房空置分析》所公布的数据，中国家庭住房自有率为85%，位于全球前列。但是这并不意味着中国绝大部分城镇家庭的基本居住需求已经得到了满足。一是因为，调查中住房自有率未能充分考虑住房所在位置与城市居民日常居住区域的吻合度①，否则就无法解释如此高的住房自有率情况下，住房问题何以会成为当前中国普遍关注的一个社会问题；二是因为，住房需求的实质是在特定经济和社会条件下获得基本生存机会的需求，其具体需求与一定的就业和收入环境相关，也与必要的城市和生活配套设施密切联系在一起。简言之，人们的基本居住需求不是在某一个国家或区域中泛化或总量上的需求，而是特定于某一居住条件下的生存空间要求。

其次，由于土地资源的升值是财产性收入的重要来源，使城市住房已经成为实现居民财富分配的重要载体。由于住房所占用的土地资源会因其相对地理位置和用途的不同而存在较大差异，在住宅产权私有和实施土地用途管制的前提下，土地级差地租作为财产性收入，会在很大程度上影响家庭之间的收入分配格局。位于中心城市的居民，往往能够更多地受益于城市基础设

---

① 例如，据西南财经大学《2017 中国城镇住房空置分析》发布的数据，2017 年家庭住房自有率为 85.5%，其中，城镇家庭住房自有率为 80.8%，其中，22.1%的家庭拥有两套以上的住房。这一调查无法体现不同城市居民之间的住房需求差异，也未能体现人们日常居住区域与其拥有的住房所在区域是否一致。若将该调查中的家庭住房自有率理解为基本住房需求满足的状况，那么显然中国的住房保障范围应该非常小，实际上根本不需要数量如此庞大的保障房规模。

施和公共服务投入所带来的土地增值收益，也更可能在区域经济发展中获得住宅投资带来的收入。而且即便是同样处于中心城市的居民，也会因为对住房购买能力和购买时机上的差异而产生极大的个体差别。在中国近十年的城市化进程中，由于大规模的基础设施投资，城市土地大幅增值，但是土地财富的分配中却产生了诸多问题。调查显示，中国城市家庭户均总资产规模为150.3万元，2011～2017年年均复合增长率为7.6%，但其中住房资产占比高达77.7%。[①] 显然，城市居民的家庭财富因其住房拥有情况的差异而产生了极大的分化，并且城市居民与农村居民之间也存在类似的财富分配差距。

土地财富的分配问题不仅直接体现在城乡居民的住房价值之中，还体现在城市住宅产业的利益格局当中。城市住宅开发，已经成为中国房地产业中投资规模和销售规模最大的领域，地方政府、房地产开发和中介企业以及这些企业的股东、从业人员，从住宅产业的高速发展获得了数量可观的经济利益，以至于以住宅为主体的房地产业，成为地方财政收入以及产业经济发展的主导力量。国家统计局数据显示，2017年全国房地产开发投资10979亿元，比上年增长7.40%。2017年房地产开发企业投资完成额、房地产开发住宅投资额、商品房销售额各为10979亿元、75148亿元、133701亿元，分别占2017年国内生产总值（GDP）827122亿元的13.27%、9.09%、16.16%，2017年住宅的固定资产投资完成额占当年度全社会固定资产投资完成额的12.75%。[②] 此外，财政部统计显示，2011～2018年，全国土地出让收入分别为33166亿元、28422亿元、41250亿元、42940亿元、32547亿元、37457亿元、52059亿元和65096亿元。2018年土地出让收入约占同期地方一般公共预算收入97905亿元的66.48%、占全国公共财政收入183352亿元的35.5%。[③] 加上地方政府收入中房产税、土地增值税、城镇土地使用税、契税等与房地产和住宅密切相关的税收收入，财政对房地产以及住宅行

---

① 资料来源：西南财经大学.2018中国城市家庭财富健康报告［2019－03－30］. http：//cgb.189goo.cn/doc/.

② 资料来源：国家统计局《2017年全国房地产开发投资和销售情况》，http：//www.stats.gov.cn.

③ 资料来源：财政部2011～2018年《财政收支情况》，http：//www.mof.gov.cn.

业的依赖显而易见。① 因此，住宅在成为中国居民家庭财富主体的同时，也为地方政府以及住宅产业企业带来了规模庞大的经济利益，成为国民收入分配结构中举足轻重的影响因素。

再次，住房是市场经济中社会组织建设的一个重要节点，因而也是不同社会群体之间利益关系的密集领域。计划经济体制的解体，导致了中国城市社会组织结构的巨大变化，以工作单位为主的社会关系网络被多元化的社会组织网络所取代。在市场经济体系中，人口主要随着就业机会以及经济发展情况流动，住宅社区的组成也主要是以产权关系而非行政隶属关系为纽带。住宅社区不仅成为一种松散的社会组织，而且也是公共设施和社会文化利益资源配置的重要物质载体，住宅社区及其周边环境，也就成为不同社会群体的重要利益客体。近年来，因住宅社区附近公共设施建设和利用而产生的问题十分普遍。这其中又可以大致区分为积极权利上的冲突和消极权利上的冲突两种情况。前者，诸如因在住宅社区附近建设加油站、垃圾处理站、变电站、高层建筑、公路等设施而影响居民安全利益或环境利益等情况；后者，诸如因住宅社区附近的公共教育、文化、体育、医疗或生活设施配建不足而无法满足社区居民生活需要的例子。概言之，住宅社区是城市居民公共服务的主要载体，也是社会公共资源配置的重要平台，因而也是社会利益集聚和分配的重要渠道。

最后，住房不仅是个体的私人居住空间，同时也是其参与社会公共建设的重要组织形式。个体与住宅社区整体之间存在着密切的利益关系，住宅生活功能的实现必然依赖于住宅社区的良性治理。无论是采取独栋房屋为主的住宅社区，还是以多层公寓式建筑为主的住宅社区，住房与住房之间普遍存在的相邻关系问题都是城市社区无法回避的社会关系。彼此因产权关系而聚集在一起的城市居民之间，由于缺乏其他正式的社会组织作为利益调解和协调的有效渠道，人们因为通风、采光、噪音等相邻关系而产生的矛盾很难得到及时和妥善的处理，甚至因矛盾积累而酿成个体之间的剧烈冲突。近年

① 据统计，2018 年地方政府财政收入中，房产税、土地增值税、城镇土地使用税、契税分别为 2889 亿元、5642 亿元、2388 亿元、5730 亿元，四项合计 16649 亿元，占当年度地方政府财政收入的 17%。资料来源：财政部国库司公布的《2018 年财政收支情况》，http：//gks. mof. gov. cn，2019 - 03 - 27.

来，在司法和治安案例中频繁出现的住宅小区相邻关系纠纷，就是这种利益冲突的集中体现。

## 二、住房制度变迁中的利益：土地产权、住房市场化与房地产经济

住房是城市社会中利益汇聚的场所，也是实现利益分配的工具。利益的冲突、竞争和妥协直接影响了住房制度的形成和发展，住房制度的变迁也同样深刻地影响了社会个体之间的利益格局。在制度研究领域，有很多学者都注意到了利益是制度产生、发展和变化的主要驱动力；利益是人们采取行动的目的和指向，也是人们衡量和评价一种制度是否值得推行的标准。正如加里·贝克尔（Gary Becker）所说："所有人类行为均可以视为某种关系错综复杂的参与者的行为，通过积累适量信息和其他市场投入要素，他们使其源于一组稳定偏好的效用达至最大。"① 制度只是人类采取集体行动的一种方式，它也同样由人们的利益偏好所决定。对于现行的制度或公共政策，每个社会成员都会根据特定制度安排下自身利益的判断来采取行动，以遵守、违反或者破坏某项制度所确定的行为准则。组织和制度的存在是为了达成和增进个体利益的观点并不新鲜。但是，这并不是说一项具体的制度就一定是集体利益最大化的体现，也不是任何能够促进共同利益增长的制度都能够被制定和实施。因为，个体利益的理性衡量并不能保证集体理性能够必然出现，"除非一个集团中人数很少，或者除非存在强制或其他某些特殊手段以使个人按照他们的共同利益行事，有理性的、寻求自我利益的个人不会采取行动以实现他们共同的或集团的利益"。② 住房领域的利益格局和制度互动同样也遵循类似的逻辑，从中国近 30 年的住房制度变迁中，也可以看到这种互动关系的具体内容和特征。中国近 30 年的住房制度可以按住房市场化为分界线区分为两个阶段，即住房计划分配阶段和住房市场化阶段。对于 1998 年住房制度改革的回顾与分析，将有助于我们更好地理解社会利益格局与住房

---

① ［美］加里·贝克尔．人类行为的经济分析［M］．王业宇等译．上海：上海三联书店/上海人民出版社，2008：19.

② ［美］曼瑟·奥尔森．集体行动的逻辑［M］．陈郁等译．上海：格致出版社，2011：2.

制度之间的交互影响。

1998年7月《国务院进一步深化城镇住房制度改革加快住房建设的通知》（以下简称23号文）① 的下发是一个标志性的界点。在此之前，1994年，国务院根据中共十四大的会议精神，印发了《关于深化城镇住房制度改革的决定》，② 提出要建立与社会主义市场经济体制相适应的城镇住房制度。但是，迟至1997年亚洲金融危机爆发，中国城镇住房中仍有60%以上是各级政府和国有企事业单位的福利房，商品房所占比重不超过30%。直到1998年23号文发布，中国住房市场化才获得快速推进。根据23号文的规定，国务院明确要求各级政府自1998年下半年开始停止住房实物分配，逐步实行住房分配货币化，并且提出了出售公有住房、发展住房金融的具体举措。

**表1.1　　住房开发情况数据表（1993～2012年）③**

| 年度 | 城镇居民人均建筑面积（平方米） | 本年房屋建筑施工面积（万平方米） | 商品房本年新开工面积（万平方米） | 住宅本年新开工面积（万平方米） | 开发企业土地购置面积（万平方米） | 开发企业土地成交价款（亿元） |
|---|---|---|---|---|---|---|
| 1993 | 15.23 | | | | | |
| 1994 | 15.69 | | | | | |
| 1995 | 16.29 | | | | | |
| 1996 | 17.03 | | | | | |
| 1997 | 17.78 | 44985.46 | 14026.98 | 10996.64 | 6641.7 | |
| 1998 | 18.66 | 50770.14 | 20387.9 | 16637.5 | 10109.32 | |
| 1999 | 19.42 | 56857.63 | 22579.41 | 18797.94 | 11958.9 | |
| 2000 | 20.25 | 65896.92 | 29582.64 | 24401.15 | 16905.24 | |
| 2001 | 20.8 | 79411.68 | 37394.18 | 30532.72 | 23408.99 | |
| 2002 | 24.5 | 94104.01 | 42800.52 | 34719.35 | 31356.78 | |

① 《国务院进一步深化城镇住房制度改革加快住房建设的通知》。

② 《关于深化城镇住房制度改革的决定》。

③ 资料来源：中经网统计数据库：http：//db.cei.gov.cn，查询子数据库为"全国宏观年度库"，查询数据名称分别为："城镇居民人均住房建筑面积""房地产开发企业房屋建筑施工面积""房地产开发企业房屋建筑竣工面积—本年新开工面积、房地产开发企业房屋建筑竣工面积—本年新开工面积（住宅）""房地产开发企业土地购置面积""房地产开发企业土地成交价款"。

续表

| 年度 | 城镇居民人均建筑面积（平方米） | 本年房屋建筑施工面积（万平方米） | 商品房本年新开工面积（万平方米） | 住宅本年新开工面积（万平方米） | 开发企业土地购置面积（万平方米） | 开发企业土地成交价款（亿元） |
|---|---|---|---|---|---|---|
| 2003 | 25.3 | 117525.99 | 54707.53 | 43853.88 | 35696.48 | |
| 2004 | 26.4 | 140451.39 | 60413.86 | 47949.01 | 39784.66 | 2888.57 |
| 2005 | 27.8 | 166053.26 | 68064.44 | 55185.07 | 38253.73 | 3269.32 |
| 2006 | 28.5 | 194786.42 | 79252.83 | 64403.8 | 36573.57 | 3318.04 |
| 2007 | 30.1 | 236318.24 | 95401.53 | 78795.51 | 40245.85 | 4573.18 |
| 2008 | 30.6 | 283266.2 | 102553.37 | 83642.12 | 39353.43 | 4831.68 |
| 2009 | 31.3 | 320368.16 | 116422.05 | 93298.41 | 31909.45 | 5150.14 |
| 2010 | 31.63 | 405356.4 | 163646.87 | 129359.31 | 39953.1 | 8206.71 |
| 2011 | 32.65 | 506775.48 | 191236.87 | 147163.11 | 44327.44 | 8894.03 |
| 2012 | 32.91 | 573417.52 | 177333.62 | 130695.42 | 35666.8 | 7409.64 |

注：表格空缺处为数据库统计中未提供的年度数据。

根据中经网统计数据库的数据资料（表1.1），可以看出，1998年前后是城镇土地开发情况的一个重要分水岭，1999年完成的土地开发面积是1998年的120%，而2008年的商品房新开工面积、住宅新开工面积分别是1998年的503%和502%，年均复合增长都超过17.5%，远高于同期的GDP以及城镇居民可支配收入的增长速度。考虑到住宅和商品房土地价格以及建筑成本的大幅增长，在2008年之前的10年中，中国商品房和住宅领域的投资和财富增长毫无疑问要远远超出同期国民经济和城镇居民收入的增长水平。1998年住房制度的市场化改革极大地促进了城市房地产业的发展。这是一个城市住房迅速商品化和货币化的时期，也是住房和土地要素分配领域的一次重大利益调整。

具体来说，1998年住房制度改革至少在两个方面与社会利益格局之间产生了交互影响。其一，城镇居民之间产生了较大的住房财富分配差距，而住房又反过来成为固化社会利益的一种载体。在计划体制向市场体制转轨的过程中，住房资产商品化的同时还伴随着住房产权的私有化，因而原公有住房的分配产生了较大范围的私人财产差异。这种差异既体现在不同个体之间，也体现在不同城市之间，还体现在城乡居民之间。在改革初期购买了公有住房或者商品房的城镇居民，更大程度地分享了高速城镇化所带来的财富增值，而住宅市场化逐渐成熟之后，购买住房的居民则较少能够分享城市住房的财产增值利益。在公有住房出售中享有更多分配权力的个体，能够从非市场化的分配方式中获取更多利益，而在住房改革中实际占有公共住房资源的个体，则更少获得市场化改革利益。由于住房在不同地区、不同城市、不同地段的市场价值具有较大差异，住房市场化改革也同样导致了个体之间的住房财产价值产生极大差异。此外，由于后续市场化进程中，新增城市住宅土地的供应主要来源于征收郊区农村集体经济组织的土地，因而毗邻城市，特别是邻近中心城市的农村居民，也更多地获得了住房市场化改革所产生的土地增值利益，远郊以及广大乡村地区的居民则较少能够分享到这一利益。

住房市场化改革客观上产生了在个体之间分配土地级差地租的效果，并且因为各种市场或非市场化的因素而呈现出极不均衡的结果。同时，由于住房财产和住房利益的差异，又使不同社会群体对现有住房制度的态度产生了严重分化。与住房产权挂钩的户籍福利制度、对限制住房投资政策的争论，都体现出了这种利益与制度交互影响的特征。

其二，房地产行业与国民经济行业之间的资源配置格局被改变。1998 年住房制度改革的初衷，并未将商品房作为城镇住房供给的主体，23 号文中明确提出建立和完善以经济适用住房为主的住房供应体系，对不同收入家庭实行不同的住房供应政策。按照当时的政策设计，最低收入家庭居住政府提供的廉租房，中低收入家庭购买经济适用房，其他收入较高的家庭则通过租赁或者购买商品房解决居住问题。但是，从随后 10 多年的实际执行情况来看，1998 年以来经济适用房每年的开工面积均在 5000 万平方米左右，与此同时，商品房的年新开工面积则增长了 5 倍。之所以出现上述结果，与 1998 年政府启动住房制度改革时应对亚洲金融危机，通过房地产业拉动内需的背景具有密切关系。

一方面，住房市场化改革释放出了城市土地中积淀的巨量财富，也在客观上极大地推动了住宅产业的发展。住房产业近 10 年的高速发展的原因，固然有城市化进程的客观因素，而住房产业发展中的利益激励机制，也是它能够超越其他国民经济行业增长速度的一个重要原因。从实践分析中不难发现，地方政府的财政收入格局的变化，与近 10 年国民经济宏观结构的变化之间具有明显的关联关系。有学者根据官方统计数据整理发现，地方土地财税收益占地方财政总收入的比重在 1995 年仅为 10.97%，到 2009 年则达到了 40.28%，2009 年为应对金融危机而启动大规模政府投资计划之后，该比重于 2010 年则猛增到了 70.02%。[①] 与此同时，2009 年，大中型城市房地产市场迅速脱离了 2008 年因金融危机而低迷的状况，近 10 年来，城市房价上涨幅度远超出同期居民收入增长速度。[②] 另一方面，房地产行业的高度景气，也使经济和社会资源迅速向相关领域聚集，客观上挤压了其他行业的发展空间，导致了收入分配结构和国民经济结构的扭曲。更重要的是，土地利益分配格局存在固化的危险。城市房屋拆迁、集体土地征收、房地产开发以及基础设施建设领域滋生了相当大范围的寻租[③]，利益部门化和个人化的倾向十分明显。从房地产业超常发展过程中获取巨额利益的部门和个体，极力阻止任何不利于自身的制度变革，土地制度、户籍制度、房价调控政策以及信贷政策等领域的改革难以推进就是明证之一。可以说，其长期的危害性和危险性是十分值得警醒的。打破利益的藩篱，推进住房制度改革，以形成社会利益的良性格局，是当前中国住房问题中必须面对、也必须予以解决的课题。

## 三、住房保障中的利益层次：私权利益、公共利益与制度利益

尽管住房制度中涉及的利益主体、利益范围和利益结构较为复杂，不同社会经济条件下，住房制度也会有所差异，但是任何一种合理的住房保障模式都应当能够满足公民的基本居住需求。因为，基本居住需要是公民生存和

---

① 资料来源：王玉波、唐莹．地方土地财政与国家财政体制关系［J］．财经论丛，2011（9）：41.

② 由于政府未公布中国的房价收入数据，民间也缺乏有效的调查手段和调查资源，相关研究仅可根据已公开的平均房价和居民平均可支配收入等数据进行估算，而且由于中国地域差别巨大，各城市之间的情况往往缺乏可比性。但据测算，汇聚了大量人口的大中型城市中，相当一部分的房屋租售比都大幅度超过了 100∶1 到 300∶1 的合理区间，例如北京、上海、广州、杭州等大城市高达 1000∶1 到 1200∶1 的水平，其他大中型城市的房价收入比也普遍超过 4～9 倍的合理区间，其中有一部分城市甚至达到了 10～15 倍的区间。

③ 据最高人民检察院 2009 年通报，建设领域的商业贿赂案件主要发生在城镇基础设施建设、房地产开发、单位所属工程建设、土地出让等领域。据统计，发生在这几个领域的案件 7990 件，占城镇建设领域商业贿赂犯罪案件总数的 85.24%。具体参见：王新友，肖玮．两年查办涉嫌城镇建设领域商业贿赂万余人［N］．检察日报，2009－9－15：（01）.

生活必要的物质基础，也是基本人权的内容之一。所以，无论住房制度具体如何安排，其所体现的利益结构依序应该满足三个层次的需求。

首先，建立住房保障制度涉及社会成员的私权利益，也与社会的群体利益密切相关。住房制度至少应当确保城乡居民享有覆盖广泛、保障充分的基本住房权利。与实际提供住房保障的群体不同，住房保障的权利不应当存在个体之间的差异，也不应该存在权利内容上的差异。虽然，从经济和社会条件来说，由政府和社会为其提供住房保障的群体应当是少数。但是，法律必须承认，任何人都可能成为需要住房保障的社会个体，任何人在享有基本公民权利上都应当是平等和一致的。因为，基本权利之享有是宪法和现代国家赖以存续的正当性与合法性基础，是社会基本正义的内在要求。与一般认识不同，政府为公民提供基本住房保障并非只是来源于宪法所宣示的基本权利，而是在于现代政府所承担的基本职能。[①] 当今社会，普遍认同“政府的权力来源于人民授权”的观点。社会公众的一致认同，构成了维系政府权力的社会基础，这一基础的稳定有赖于一般社会公众的基本生存条件能否得到满足，有赖于社会群体的基本诉求能在多大程度上得到响应。一旦基本权利保障得不到满足的群体数量达到一定程度，社会整体稳定的基础就会丧失，政府的权力基础也势必动摇。所以，任何住房制度的设计，都应当首先保证绝大多数人的基本居住权利能够得到满足，这理应成为社会整体利益诉求中最为一致、最基本的层次。

其次，住房保障制度中体现了社会共同利益，是公共政策的重要组成部分。住房所涉及的利益处于动态变化之中，经济与社会的发展必然抬高人们的利益期望值，也势必赋予住房保障制度更多的利益诉求。从西方发达国家的发展历程来看，第二次世界大战以后的社会保障内容随着经济和社会发展而不断增加，其所涵盖的保障领域和保障标准都有一个由高到低，逐步抬升的过程。住房保障作为社会保障的一个重要组成部分，同样会随着经济和社

---

① 例如，中国 1982 年《宪法》中并未明文规定公民享有住房保障的权利，但是宪法第四十五条规定：“中华人民共和国公民在年老、疾病或者丧失劳动能力的情况下，有从国家和社会获得物质帮助的权利。国家发展为公民享受这些权利所需要的社会保险、社会救济和医疗卫生事业。”这一规定列于宪法第二章“公民的基本权利和义务”之中，显然明确了公民权利与政府责任之间的对应关系。

会发展的状况而产生新的需求。这种需求的提高不只是受保障群体对居住条件的要求有所增加，同时也是因为社会整体对正义评价的标准更高。例如，在欧盟的宪法性文件中，不仅要求联盟和各成员国要改善生活和工作条件，还要求确保长期的高水平就业、打击社会排斥。从《欧盟条约》中还可以看出，发达国家不仅追求公民生活水平的普遍提高，同时还要求能够实现经济可持续发展、社会进步与环境质量改善的高度协调。[①] 在这一指导原则下，社会保障政策的实施不仅仅是为了确保社会成员的基本生活水平，推动社会融合、促进社会整体进步才是更高层次的利益诉求。公平和正义，在住房保障政策和制度中不只是抽象和伦理层面的，同时也是现实和社会利益层面的，通过为社会成员提供基本的住房保障既可以促进社会的稳定与和谐，也可以通过社会和经济利益的合理分配为经济发展增添动力。

最后，住房保障制度还承载了重要的制度利益。建立住房保障制度不只是推行社会政策和经济政策的手段，更是实现社会利益平衡、改善社会治理状况的一种必要渠道。通过制度手段实现利益的平衡与调节，能够促进共容利益的发展，能够推动各种社会群体在和平与互利的前提下实现利益的动态博弈，因而住房保障制度是社会共同体的制度性利益。制度利益不同于私权利益和群体利益，也有别于社会公共利益。但是，制度利益也不应当含糊地被认为是“一项法律制度所固有的根本性利益”，[②] 也不应仅仅局限于司法审判来解释制度利益。本书认为，所谓制度利益是基于制度而产生的利益协调状态，体现的是利益格局形成和演化所依赖的路径，这一状态或路径的存在本身即有利于所有社会成员。例如，建立住房保障制度所追求的，并不只是某一特定受保障对象的利益，整个社会成员依循这一制度，就可能实现彼此之间住房利益的平衡与协调，从而降低社会潜在的暴力和非理性冲突。住房保障制度也不只是某种社会公义或经济秩序的体现。因为这些利益在住房保障制度之外有独立存在的可能，制度只是体现、确认、调整或者规范了这些利益。制度利益则不同，它是因特定制度的产生和实施所产生的利益协调

① 《欧盟运行条约》第 3 条、第 151 条，程卫东，李靖堃译. 欧洲联盟基础条约——经《里斯本条约》修订 [M]. 北京：社会科学文献出版社，2010：33、106.

② 梁上上. 利益的层级结构与利益衡量的展开——兼评加藤一郎的利益衡量论 [J]. 法学研究，2002 (01)：57.

途径。住房保障制度的制度利益，主要应表现为它能够为解决社会成员之间的住房利益冲突，提供有效且低成本的解决渠道。

## 四、住房利益冲突的化解：社会共识、利益妥协与制度建设

利益冲突在社会体系中广泛存在，如果社会各群体之间不能通过常态化的机制凝聚共识和达成妥协，社会利益的冲突就有可能沿着暴力冲突的轨道将社会整体拉入破坏性的历史循环当中。现代文明发展的一个重要成果就是学会了通过制度建设来缓解和解决社会冲突，而不是诉诸暴力。从各国社会发展的历程来看，住房法律制度能够形成良性轨道的关键，就在于将所有利益相关者的合理诉求加以调和，以促成利益格局的平衡与稳定，也只有建基于此的住房法律制度才具有长期有效和动态稳定的能量。

近现代的法学研究中将调整和平衡社会成员之间的利益视为法律的主要功能。从耶林到庞德等法学家，都倾向于认为法律的重要功能在于保障社会利益。而庞德更进一步提出，社会安全根本上依赖于"在合作本能和利己本能之间维持均衡"，通过法律实现社会控制的任务"就在于使我们有可能建立和保持这种均衡"。① 利益法学派的法学思想中，更是认为"法律命令源于各种利益的冲击，利益以及对利益进行的衡量是制定法律规则的基本要素"②。因此，赫克等学者所创建的利益法学不仅把利益分析作为一种法官解释法律的方法，同时也将其作为法学研究的一种方法。尽管在利益以及利益衡量的具体方法上存在较大争议，甚至难免存在模糊和含混之处，但是透过利益这一立足点思考法律规范以及法律活动，为我们提供了非常有价值的视角。在立法和司法，甚至法学研究中，通过衡量各种利益来寻求达成不同利益之间平衡的规则与方法，是现代社会解决利益冲突的重要手段。

本书认为，要通过制度化手段解决社会利益的冲突，首先就必须承认法律是一种利益冲突的产物。社会由众多个体组成，不同个体之间的利益诉求

---

① ［美］罗·庞德．通过法律的社会控制［M］．沈宗灵，董世忠译．北京：商务印书馆，1984：89.

② 吕世伦、孙文凯．赫克的利益法学［J］．求是学刊，2000（06）：63.

必然存在重叠和冲突的可能，一味强调社会与公共利益无助于解决个体之间客观存在的利益冲突。一条法律规范得以适用于日常生活中的人际关系，其核心在于该规范所涉及的利益各方对规则本身的集体认同，也即是在最基础和最初始的社会规则中存在必要的社会共识。要特别强调的是，对法律规范的认同分为两个部分，一是认同和信赖法律规范是解决利益冲突的根本方法，二是认同依法律规范产生利益分配结果。对规范本身的认可要重于对规范结果的认同，所谓宪法之治的核心，就在于人们一致认同法律规则作为界定彼此关系、解决彼此冲突的根本方法。或者简言之，所有人的行动都置于其一致同意的规则之中。但是，要达成基本规则上的一致同意就需要社会群体的利益处境建立在所谓“不确定性”的基础之上。按照詹姆斯·布坎南（James Buchanan）的说法，“如果面临立宪选择的个人对于不同的选择给自己造成的处境有着不确定性，他可能会倾向于达成‘公平’的协议，此处‘公平’的含义是，在该协议的约束下形成的交易结果格局将会得到普遍接受，无论参与者本人在该交易结果格局中的处境如何”。[①] 布坎南所说的“不确定性”类似于罗尔斯所阐述的“无知之幕”，[②] 但是所谓“无知之幕”或者利益格局的“不确定性”在社会实践中更近于乌托邦式的理想。因而社会成员对规则的广泛认同，更可能建立在彼此妥协的利益基础之上。具体到住房保障领域来说，各社会阶层的具体利益虽然存在冲突，但是维持基本的社会保障和社会稳定无疑是有利于社会整体利益。因此，一个提供基本住房保障的制度理应得到广泛的社会认同，防止少数个体侵蚀这一共同利益，特别是防止少数人的短期行为侵蚀长期社会利益，是确保住房保障制度能够有效推行的重要基础。

其次，社会各群体之间为了达成利益平衡，还必须在承认利益冲突的基

---

① ［澳］杰佛瑞·布伦南，［美］詹姆斯·布坎南．宪政经济学［M］．冯克利等译．北京：中国社会科学出版社，2004：34.

② 有关无知之幕比较有代表性的说法是罗尔斯在《正义论》一书中提出。罗尔斯假定，只有当人们在社会合作中不知道各种选择对象将如何影响他们自己的利益，这时人们将不得不在一般考虑的基础上对规则进行评价。罗尔斯的这一假定实质上提出了一个有关正义和公平的观念，即人们只有在超出自身利益时才可能对规则的选择具有更为符合正义和公平价值的评价。参见：［美］约翰·罗尔斯．正义论［M］．何怀宏，何包刚，廖申白译．北京：中国社会科学出版社，1988：131－136.

础上进行必要的妥协。全体社会成员都应该认识到，妥协之所以重要的原因在于普遍的社会利益相关性。利益相关理论虽然源于现代管理科学，但早已超出了公司治理和企业管理的范畴，而在社会关系的各个领域得到广泛运用和实践。早在斯坦福研究中心（SRI）提出利益相关者概念之初，就将其定义为“没有他们的支持就不可能存在的团体”,① 利益相关者理论将特定组织相关的所有个体视为一个多边平等的契约集合，任何试图否定他人利益的企图都会最终影响到组织目标的实现，并最终影响所有组织成员的利益；同时，还从多个层面指出了不同利益主体之间进行沟通、协商和妥协的重要性。社会各阶层和个体之间在住房利益上是彼此交织与共存的，因而为了维持整体利益的一致和稳定，就有必要克制特定时空条件下个体的贪欲，实现广泛的克制与妥协。在住房保障中，社会各阶层之间应当彼此妥协的另一个理由是，社会需要通过规则来约束个体行为的非理性倾向，以免其侵蚀和破坏社会整体利益。因为，法律体系不仅通过规则调整个体利益以维护公正和稳定的秩序，同时也通过社会成员对规则本身的信赖降低解决社会矛盾的成本。当人们寻求维护一项利益时，维护利益的行动本身就构成了另一种利益，这种利益被尊重是因为利益所依据的规则具有公正性。当所有社会成员能够将其个体利益纳入统一的规则体系之中，并能够以共同认可的方式来选择、变更和维护这些规则时，社会成员之间就结成了最为广泛的利益共同体。尽管特定法律制度总是存在种种缺陷，但是法律规则也在增进社会利益的同时不断改进和完善。正如法学家本杰明 · 卡多佐（Benjamin Cardozo）所说：“法律的终极原因是社会的福利，未达到其目标的规则不可能永久性地证明其存在是合理的。”②

最后，住房利益冲突的解决需要在社会各阶层普遍的参与妥协的基础上凝聚共识，通过社会共识来建立制度性的规则体系为社会成员提供解决利益冲突、实现利益诉求的正常渠道，从而实现住房利益的整体平衡与和谐。

---

① ［美］R · 爱德华 · 弗里曼. 战略管理——利益相关者方法［M］. 王彦华，梁豪译. 上海：上海译文出版社，2006：8.

② ［美］本杰明 · 卡多佐. 司法过程的性质［M］. 苏力译. 北京：商务印书馆，2000：66.

## 第二节　中国保障性住房建设中的主要利益关系

中国的保障性住房建设作为一项住房公共政策的历史虽然不长，但是住房保障的问题却一直存在，相应的政策和立法也经历了较大的变化。总体来说，改革开放以来的住房供给经历了从计划分配为主向市场调节为主的转变，其中所出现的住房保障问题也主要从总体供给不足向结构性供应不足转变。并且伴随着房地产经济发展的突飞猛进，商品性住房价格与居民购买支付能力之间的矛盾日渐突出，因住房利益而产生的冲突有从经济矛盾向社会矛盾扩散的趋势。结合中国保障性住房建设来说，上述利益冲突可从以下三个方面加以阐述。

### 一、土地供给模式是决定住房保障范围的根本性制度因素

通常，一个国家的全部住房需求（包括产权需求和租赁需求）由商品性住房和公共性住房两种方式来满足。商品性住房所不能满足的部分就需要由公共性住房来提供。与之相对应的，政府所需要担负的住房保障责任范围是由商品性住房市场的范围所决定的。一个国家的商品性住房市场越发达，其所能满足的住房需求越多，那么政府所担负的住房保障责任范围也就越小。从中国住房制度变革历程中可以看出，1998 年之前，商品性住房市场几乎不存在，因而绝大多数城市居民的住房是由国家或者国有企事业单位建造和分配的。1998 年停止实物住房分配之后，商品性住房市场得以高速发展，大多数城市居民的住房需求开始转而从住房市场获得实现。近年来，住房保障问题之所以日渐突出的一个重要原因，就是商品性住房价格（包括购买或租赁价格）逐渐偏离居民的实际支付能力，住房的市场供给产生了一定程度的短缺。基于一般经济和社会常识，上述推论是显而易见的，值得做进一步分析的是市场短缺的深层次原因。

住房市场供给不足的直接原因无非有二：一是住房生产要素的投入不足，二是住房需求增长的速度远远超出住房建设的速度。仅从经济利益的驱

动因素来看，当市场价格远高于生产的边际成本时，阻碍供给扩大的主要因素只可能是生产要素的短缺。在住房市场的主要生产要素中，资金和劳动力在近 10 年间显然保持了较为充足的供应，这一点仅从货币和信贷规模的扩张上就可以看出。[①] 与之对应的，在住房生产要素的投入中，土地供应必定是其中主要的制约因素，特别是考虑到大中型城市的土地供应状况就更为如此。由于缺乏准确和详细的数据，我们较难全面获知大中型城市土地供应的实际情况，但从已有的公开数据中，我们不难推测出有效的住宅用地的供应量是低于其他要素供给情况的。[②] 当然，城镇化的快速推进的确极大地刺激了住宅消费的增长，特别是在住宅价格处于上升周期时会极大地刺激投资性住宅需求的增长。考虑到投资性住宅需求对价格的反应完全不同于消费型住宅需求，因而住房需求增长速度与住房建设速度的合理匹配，显然不应当仅从居民居住需求和收入增长水平的角度来衡量。住宅用地的有效供给也必须区分对待住宅的消费性需求和投资性需求，否则很难发挥市场机制自动调节和平衡住宅供需关系的作用。进一步说，也就难以合理平衡商品性住房和保障性住房的范围以及其中复杂和多元的利益关系。

概言之，保障性住房只是住房供给体系的一个组成部分，其供给范围的大小取决于住房的市场化供应机制是否完善。为此，合理的住房供应体系，首先应该是一个生产要素能够顺利流动并有效配置的体系，尤其是其中的土地要素市场，几乎构成了住房市场供应机制是否顺畅的决定性因素。土地供给构成住房供给的主要障碍，土地市场必须能够及时响应住房市场的需求，并及时向住房市场的所有参与者提供土地市场的真实信息，从而通过市场价格机制形成合理的住房供应。在这一过程中，土地的一级市场、二级市场以及土地市场信息机制是一个有机融合的整体，是它们共同决定了市场所能够

---

① 根据国家统计局《2018 年国民经济和社会发展统计公报》，2018 年末广义货币供应量（M2）余额 182.7 万亿元，比上年末增长 8.1%；狭义货币供应量（M1）余额 55.2 万亿元，增长 1.5%。2018 年房地产贷款余额 38.7 万亿元，同比增长 24%。访问网址：http：//www.stats.gov.cn.

② 根据国土资源部历年统计数据显示，2006～2017 年住宅用地供应量分别为 4.51、5.09、5.52、3.44、11.44、12.52、11.08、13.81、10.21、7.29、7.45、8.43（单位：万公顷），在中国城镇化快速发展的阶段，住宅土地供应量累积为 100.79 万公顷，按全国人口 13 亿计算，人均新增住宅用地约 7.75 平方米。考虑到从土地供应到建设开工，再到形成实际住房供应还有一定时间周期，因此，能够实际转化为有效供给的住宅用地面积增长速度要低于同期的经济和城镇化速度。国土资源部《自然资源公报》，访问网址：http：//www.mnr.gov.cn.

有效满足的住房需求范围，从而也从根本上决定了需要通过保障性住房来满足的需求范围。

## 二、财税利益是保障性住房建设进程的重要动力

与商业性住房建设不同，保障性住房建设因其营利性的限制往往缺乏足够的资金投入动力，其建设和运营通常由政府或非营利性机构主导。保障性住房建设的资金虽然不完全依赖于政府财政的直接投入，甚至可以通过金融手段筹措到绝大部分建设资金，但财税制度仍然是决定保障性住房建设的主要动力。这是因为，政府财政一方面是保障性住房融资中的主要信用基础，另一方面还是建设保障性住房所产生社会效益的主要受益者之一。基于社会公共品的一般理论，只有通过适当的公共经济制度，才能够将保障性住房的福利性和外部性与经济效率原则有效融合起来，也只有政府的财税制度才能够有效解决公共品（准公共品）提供的一系列难题。或者，更确切地说，财税利益机制是否恰当，是保障性住房建设能否在深层次利益基础上达成平衡的关键因素。

一方面，任何产品或者服务的提供都必须在经济上能够达成收入和支出的平衡，否则就很难在物质基础上具有可持续性。即便是将道德因素考虑到生产和消费当中去，结论也仍然如此。任何社会保障的支出都必然对应于国民总收入的一部分，不存在所谓免费或者无中生有的福利。保障性住房建设的资金要么在当期收入中通过财政的转移支付来筹集，要么在未来的国民收入中通过金融手段来满足。合理的财税制度安排能够有效地发挥转移支付的福利效应，提高社会收入分配的合理程度，甚至进一步促进社会整体收入水平的提升。例如，通过保障性住房建设改善中低收入群体的居住状况，促进城镇化的发展，从而提升当地的生活消费水平以及就业和经济发展水平。就国内外的实践来看，教育、医疗、住房等社会保障项目，通常对经济和社会发展都具有明显的正外部性。在中低收入群体住房保障上的合理投入将会转化为城市发展的有效动力，从就业、消费、产业发展等多个方面提升城市经济和社会发展水平，并最终体现为政府财税利益上的增收节支。问题是，如何保持投入和产出的数量规模和时间节点上的匹配，这将是制约保障性住房

建设进程的重要因素。

另一方面，社会保障所产生的利益并不完全表现为经济利益①，社会秩序的安定、人民的精神面貌、公平和正义的价值观等，并不能准确和完整地用货币计量出来，因而也就不能简单地以经济利益来衡量社会保障项目所产出的价值。这并不是说要推翻收入与支出平衡的基本判断，也不是要将社会效益或者政治利益的考量置于经济分析的对立面。只是要强调，因为利益可计量的方式不同，所以进行利益选择的机制就应当有所区别。人们很容易为有形的、具有可交易市场的商品定价，并据此做出行为选择，但是对于宏观抽象的利益却很难用同样的方法来计量、评估和选择，涉及住房保障的选择也同样如此。一个仅将经济上可计量的投入产出纳入财税体制之中的公共政策体系必然是不合理的，它无法完整地衡量各种利益，也无法最终产生真正的利益平衡格局。

在保障性住房建设中，财税体制应当是一项利益博弈的公共选择工具。通过覆盖主要公共收支领域的财政体制，不同利益主体可以在规则限制下就市场所无法交易的利益进行讨论、衡量和博弈，并最终在利益交换和利益妥协的基础上达成平衡。保障性住房的资金投放规模、投放时点以及投资方式都应该在财税体制的框架内公开决策。

## 三、产业经济发展状况决定了保障性住房的需求结构

中国不仅在地理意义上具有多样性，在经济分布上也具有非常强的多样性。地区之间巨大的经济地理差异使经济人口的分布极不平衡，由此产生的大规模人口流动，给城镇化建设以及社会管理带来了巨大的难题。住房需求的增长不仅受到国民经济整体发展状况的影响，更多地受到国民经济结构布

① 按照庇古的观点“能够直接或间接与货币这一测量尺度有关的那部分社会福利，这部分社会福利可以被称为经济福利”（［英］A·C·庇古．福利经济学（上卷）［M］．朱泱等译．北京：商务印书馆，2006：16.）虽然从研究和分析便利的角度出发，庇古的定义有其可取性。但笔者认为，经济一词的范围存在相当大的模糊性，经济利益、社会利益、政治利益等概念并非完全对应，一种利益很可能既是经济的，又是社会的，两者并不矛盾。但是一种利益或福利能否以货币计量也并非完全严密而周延，因为以货币计量某种利益或福利至少应该存在相应的交易市场，主观意念上的价值判断显然无法与市场价格所产生的货币计量相等同。

局的影响。国内外城市发展的经验都表明，城市经济发展的水平和就业机会的状况决定了城市人口的规模，进而在根本上决定了住房需求的多寡。具体到某一地区或城市的住房保障必须与当地的住房需求规模相适应，也就是要与当地的产业经济及社会就业发展状况相适应。

通过实地调研和走访，笔者发现中国当前的保障性住房建设与产业经济的发展之间存在一定程度的失衡。其主要表现为：首先，保障性住房的供应与中低收入住房需求的配比方面存在地域上的失衡。一些中小型城市的经济发展水平并不高，吸纳人口和提供就业的能力较弱，其商品性住房的建设供应量已经较高，却开工新建了为数不小的保障性住房项目。而在一些大中型城市，住房市场供应相对紧张、商品性住房价格相对较高，其建设的保障性住房却相对较少，特别是针对低收入群体的廉租性住房就更少。这充分说明，保障性住房的建设规模与建设模式应当充分考虑各地经济和社会发展的差异，尤其是住房供应情况的差异，合理布局，而不宜一概而论。其次，保障性住房建设未能与国家产业政策导向有效结合。住房保障既是一项社会政策，又是一项经济政策，理应合理平衡当前城镇居住需求与产业发展趋势的要求。国家产业政策导向势必通过产业布局引导人口流动，从而改变将来的人口分布和住房供求状况。保障性住房建设不能完全脱离市场供求关系来设计，也不应当完全忽视产业发展方向。适度调整保障性住房建设政策，以促进和改善产业经济发展布局是完全必要和可行的。因为只有合乎产业发展导向和产业发展规律的住房政策，才能够平衡好更长时期内经济发展与社会发展的关系。再次，保障性住房建设项目选址未能综合考虑周边产业经济和生活生产的需要，有可能造成项目建设的失败。国内一些保障性住房项目往往位于城市郊区，一些项目不仅交通不便、生活配套设施缺乏，而且未能与城市经济布局有效融合，难以发挥住房保障应有的作用。从国外住房保障项目中也能看到一些因项目缺乏社区发展的可持续性而导致失败的典型案例。①

本书认为，造成保障性住房建设与产业经济发展格局脱节的主要原因，

---

① 例如，美国波士顿哥伦比亚角公共住房项目就是一个典型的失败案例。该项目后期由于缺乏持续的资金和管理支持，社区发展也不再具有可持续性，而最终沦为种族隔阂、犯罪丛生的贫民窟。参见：龚维斌《科学规划保障房建设，促进社区可持续发展》．见国家行政学院进修部．住房保障与房地产市场调控［M］．北京：国家行政学院出版社，2011：319 -344.

在于保障性住房的规划和管理机制中存在一定的偏差，无法在选择具体的住房保障项目时从各种利益角度进行综合衡量。目前的保障性住房建设主要由地方政府的相应的职能部门负责，与城市发展密切相关的其他经济和社会管理部门，对于参与保障性住房项目的规划和管理既无利益动机也无职责约束。即便是具体负责保障性住房建设的住房建设管理部门，也缺乏一定的利益动机和责任约束来科学规划和建设保障性住房项目。作为被保障群体的住房需求者，在当前的管理体制中则更加缺乏必要的话语权，公众参与和公共监督机制也缺乏规范和有效的渠道。在当前保障性住房建设刚刚启动不久的情况下，已经暴露出诸如项目竣工后入住人少、规划设计不合理、质量恶劣等问题。随着时间的推移，保障性住房建设与产业经济、地域经济发展脱节的长期性问题则更容易曝光，其对保障性项目造成的冲击也可能更大。究其根源，当前的保障性住房建设规划和管理中，还存在相当程度的随意性，其主要表现为决策基础缺乏民主性、决策主体缺乏责任约束、决策程序则缺乏必要的透明度。如此一来，在保障性住房规划设计和建设管理中，很难建立起有效的渠道来平衡各种利益关系，由此出现的种种失衡现象也就不难理解。

## 第三节　中国保障性住房制度的核心问题

中国当前的保障性住房领域面临不少挑战，城市住房问题的出现固然有经济发展与居民收入增长不平衡的特定背景，但是土地征用、收入分配以及财税收入等领域的利益博弈也都在其中起到了不可忽视的作用。法律制度本应起到平衡和调节各方利益以促成社会稳定以及维护社会秩序的作用，但土地和财税制度的不合理反而产生了加剧住房资源配置不公的效果，以保障性住房建设和住房公积金为主的住房保障制度又未能充分发挥其应有作用。因此，住房领域的利益失衡本质上并非市场经济发展的必然结果，而只是经济发展过程中社会群体之间利益失衡的一个特定领域。具体而言，住房保障的本质是保障居民享有公平的住房权利，而权利保障是社会利益彼此妥协与共融的结果，同时也是社会利益共识的法律表达。

## 一、住房保障的本质在于保障住房权利

在市场经济为基础的社会体系中，城镇化进程中的住房困难问题从表象上来看很容易被理解为市场竞争的结果，向住房困难群体提供住房保障被视为满足社会公正与弥补市场缺陷的需要。但是，市场竞争能否建立在公平合理的规则之上才是评价竞争结果是否公平的重要前提。市场机制只是社会规则体系的组成部分之一，其形成、维系、运转与变革都以一定的社会利益格局为基础，同时又对社会利益格局的演化构成重大影响。住房保障的范围应该多大、住房保障的标准应该如何确定等一系列问题本质上也是住房利益分配如何实现社会公正的问题。可以说，个体利益在社会利益格局之中的互动才是考察住房保障问题的本源性视角，也只有在利益格局中探讨保障性住房法律制度的社会效用才能够更加接近实践的需要。诚如法学家博登海默（Edgar Bodenheimer）所言："一个法律制度之实效的首要保障必须是它能为社会所接受，而强制性的制裁只能作为次要和辅助的保障……一个法律制度之所以合理或者令人满意，并得到遵守，是因为该项法律服务于他们的利益，得到他们的尊重"。①

首先，权利平等是任何形式利益分配模式符合道德正义性的基础，也是市场经济交易机制的内在要求。社会公正以利益分配规则的公正为前提，而非以利益分配结果的平均为目标。只要利益主体平等地享有完整的权利，其通过市场平等交易所产生的利益分配结果就应当被视为符合社会公正的要求。市场机制的道德正义性并不在于竞争所产生的效率，而是因为市场机制的交易特性包含了主体平等、等价交换以及权责对称的内在要求。事实上，不公平的交易往往不是交易本身造成的，而是交易主体对等价交换原则加以破坏的结果。因此，市场规则的公平本质上体现为主体所享有的权利平等，个体的住房权利平等得不到应有的保障，住房利益的公平分配也就无从谈起。住房保障只是实现住房权利保障的工具和手段，而不能等同于住房权利

---

① ［美］博登海默．法理学：法律哲学与法律方法［M］．邓正来译．北京：中国政法大学出版社，1998：344.

保障本身。换言之，住房保障是公民基本权利的具体体现，也是公平原则在住房领域的具体阐释。个体基本权利的绝对性与个体竞争之间所产生的差异性并不存在冲突，因为竞争规则的公平就应当在竞争的起点确保个体之间处于平等地位。基本权利的平等恰恰是规则公平的体现，而非对规则公平的破坏。确切地说，保障公民的住房权利而非提供保障住房才是住房保障的真正目标。

其次，保障住房权利的首要目的就是保障全体社会成员在住房市场中享有公平竞争的权利。住房市场的公平竞争是实现更为广泛的社会个体能够享有住房权利的基础，其对住房权利的保障也具有更为深刻和根本性的意义。市场机制作为资源配置的基础不仅是一种效率更优的制度安排，同时也是一个最能激发个体责任意识和公平意识的规则体系。只要规则本身的制定是公平和正义的，那么规则之下所产生的结果就符合一般正义的要求。基于住房市场所产生的分配结果是否正义首先取决于住房市场所适用的那些规则本身是否源于正义。判定住房市场参与者的权利是否得到了公正保障的前提是市场规则本身是否正义，而不应单纯以分配结果来作为公权力介入的标准。公权力的首要责任应当用于创制体现公平和正义目标的市场规则体系并确保其能够有效执行。反之，若市场主体的竞争劣势源于客观条件的差异，甚至竞争环境的差异已经破坏了竞争的公平性，那么符合正义要求的市场规则体系就理应通过公权力的介入对竞争机制予以调整，以使具有差异的市场主体能够处于较为公平的竞争地位。在市场体系中，政府的社会保障责任应以保护市场公平以及弥补市场缺陷为前提，既不能脱离市场规则的约束肆意操控资源配置，又不应以市场竞争为借口逃避其在市场机制中应当履行的职责。例如，土地市场和金融市场的垄断必然扭曲住房市场的供应，由此产生的住房市场分配结果也就缺乏正义基础。在市场规则自身的正义性存在严重缺失的情况下，就不能简单地将政府提供保障性住房的责任等同于对住房权利的公平保障，甚至我们都无法在规则公平缺失的前提下辨识何等规模与何种标准的住房保障才符合社会正义的要求。因为，无法消除不公所产生的原因，不公的结果就会不断出现，需要依靠公权力调整的规模和范围难免会超出经济体系所能承受的范围，显然也就无法仅依靠结果上的调节来实现社会正义。

再次，以市场机制为基础的权利保障体系并不排斥政府的作用，而是应将政府责任作为保障市场主体权利的一项必要工具。正如米尔顿·弗里德曼（Milton Friedman）所指出的那样："十九世纪的自由主义者把扩大自由认为是改进福利和平等的最有效的方法。二十世纪的自由主义者把福利和平等看作为自由的必要条件或者是它的替代物。以福利和平等的名义，二十世纪的自由主义者逐渐赞成的恰恰是古典的自由主义所反对的国家干涉和家长主义政策的再度出现。"[①] 但是，市场规则的公正性却难以通过市场力量而达成。公权力的介入与近现代西方法律体系的构建即是以化解市场规则公正性难以自生的难题。以民法为主体的私法强调的平等原则意在保护交易主体之间能够实现等价交换，但是交易平等的假设前提却无法在民法体系中求解。经济法和社会法的兴起就是对市场平等假设的一种扬弃。经济立法中偏重保护的规范正是对市场主体不平等事实的一种校正，公法与私法之间的渗透乃至组合也体现了对市场机制认识的深入与升华。与传统民法理论中的权利和义务具有对称性不同，经济和社会立法中通常在不同主体之间非均等地配置各方当事人之间的权利和义务。例如，相当一部分国家在住宅购买和出售的税收上设置了差异化的规范。这些规范表面上在不同公民之间非均等地分配了住房利益，但实质上却符合保障权利平等的内在要求。因为，以保障权利平等为基础的政府干预恰恰是实现住房市场公平的重要手段。概言之，在市场经济条件下，包括住房保障在内的社会保障体系不应当是市场体系的外在之物，而应当将政府责任整合到市场机制之中，以实现个体之间利益分配的公平与正义。就住房领域而言，政府的首要责任就在于保障个体享有平等参与住房市场竞争的权利，并确保个体的基本住房权利能够得到有效维护。

## 二、保障住房权利需要凝聚利益平衡的社会共识

住房保障是实现住房权利的一种手段，是公平分配住房利益的一个组成环节。住房保障体系的合理性与公正性需要纳入住房权利体系和住房利益分配的整体框架中予以考量，这样，才能从社会系统的整体角度正确地判定住房保障的对象、范围、责任主体以及所应采用的政策导向。实际上，社会保

---

① ［美］米尔顿·弗里德曼．资本主义与自由［M］．张瑞玉译．北京：商务印书馆，1982：8.

障制度的源起中已经蕴含了利益平衡的理念。早在《贝弗里奇报告》中就将权责对应作为一项保障原则提出，“社会保障需要国家与个人的合作。国家的责任是保障服务的提供和资金的筹集，但在尽职尽责的同时，国家不应扼杀对个人的激励机制，应该给个人参与社会保障制度建设的机会并赋予他们一定的责任。在确定国家最低保障水平时，应该给个人留有一定的空间，使其有积极性参加自愿保险，以为自己和家人提供更高的保障水平。”① 社会保障制度体现了社会与个体、当下与未来以及不同社会阶层之间的利益关联，其本质并不是政府与个体或某个群体的利益关系。因为，社会保障并非政府单向性给予社会成员的收入补偿，而只是社会分配体系中通过税收或者社会保险费用的征集实现的收入转移。一旦社会保障体系的设定破坏了利益关系应有的平衡状态，就很有可能在经济或社会层面引发体系性的坍塌。一些欧洲国家因超出财政支付能力推行较高社会保障标准而背负巨额公共债务就是其中的例证之一，另一些国家则因缺乏必要的社会保障而产生严重社会分化和对立则是另一种极端。所以说，住房保障制度需要在广泛共识的基础上平衡各方利益、合理设置保障权利，才能确保其能够长期稳健运行。具体而言，住房保障权利与社会经济利益的平衡之间存在如下相互关系。

其一，保障权利平等本身就是建构市场经济体系所应有的社会共识，也是市场经济体系中社会成员实现彼此利益连接的稳定纽带。在人类社会的经济体系变迁中，市场体系之所以能够表现出强大的生命力，一个根本性的原因就在于平等交易和平等竞争能够更好地激发社会的生产潜能与创造潜能。通过考察现代市场经济体系的形成与演化过程，不难发现，市场发展的程度越高，维系市场有效运行的权利体系就越精细和复杂。从一般性的民商事权利到丰富多样的经济和社会权利，从以财产和人身自由为主的基本权利到涵盖范围广泛的公民权利体系，市场经济持续推进的同时必然伴随着法律体系对权利保障的进步与改进。究其原因，市场交易越复杂，所涉及的交易范围越大，就越需要在更广泛的基础上设定市场主体的权利，同时在更深层次的共识基础上不断改进市场的交易规则体系。社会保障体系在第二次世界大战

---

① ［英］贝弗里奇．贝弗里奇报告——社会保险和相关服务［M］．劳动和社会保障部社会保险研究所译．北京：中国劳动社会保障出版社，2004：3.

之后能够在现代化国家中普遍建立，与其说是对社会弱势群体的利益妥协，不如说是重构市场和社会体系所必要的权利平等共识。因为战争和大规模的社会动乱表明，任何个体都可能处于最不利地位，只有保障每一个成员的最基本权利成为社会共识，才能将社会秩序建立在社会成员所公认的正义基础之上。换言之，社会正义最基本的利益基础就在于全体社会成员的基本权利都能够得到必要的保障。具体到住房保障制度而言，承认每个社会成员都享有基本的住房权利并不是因为国家或政府对弱势社会成员利益的特别关注，也不是某些社会群体向其他社会群体所提供的资助或施舍，而是所有社会群体对自身利益关切的必然结果。

其二，市场体系中住房权利失衡的程度决定了住房利益失衡的程度，进而也决定了住房保障需求的大小。即便不考虑道德偏好与伦理观念的主观效用，市场机制也不可能保证住房资源能够按照经济效用最大化的方式配置。因为，真实的经济生活中几乎不存在完全竞争的市场，也不存在交易成本为零的市场，甚至也没有任何国家的所有资源要素都已经完整地纳入到了市场体系当中。因此，市场主体在交易中并不可能在事实层面享有完全对等的交易地位和交易机会。即便法律赋予了其完全平等的权利资格，也不可能将法律的价值选择变为经济事实。正是由于市场体系发挥作用的一系列前提条件并不可能完美地存在，保障个体平等交易就不能将法律赋予个体的权利仅限于阻止侵害的消极性权利，而是还应当包括为实现平等提供保障的积极性权利。通过观察住房市场，不难发现，即便法律赋予个体同等的土地和住房权利资格，个体权利最终实现的程度也必然有失衡的可能。因此，在法律制度的设计中必须对已经失衡的权利状况予以救济和校正。住房保障就是对市场竞争中已经失衡的住房权利进行再平衡的一种制度安排。当然，法律赋予个体的权利如果存在不合理的差异性设计，就有可能进一步加大权利失衡的程度。概言之，住房市场中权利的配置越不合理，市场交易所导致的利益失衡范围也就越大，需要通过住房保障加以救济的市场主体也就越多。

其三，各社会群体之间住房利益的平衡是合理配置住房保障权利的判断标准。只有在利益平衡的基础上才能实现个体权利、社会秩序与政府责任之间的有效整合。全体公民在享有住房保障的权利上是平等和一致的，其权利基础就是基本人权的平等性和正义性。任何因境遇变化而需要获得社会保障和救助的个体都能够得到社会体系的回应与救助。唯其如此，市场主体之间的竞争起点才能始终处于平等的环境之中。享有社会保障是公民个体的一项基本住房权利，但是这一权利的责任主体并非另一个特定社会个体，而只能是社会整体，并具体以一种政府责任或国家责任的形式加以体现。当个体权利遭受不当侵害时，其所产生的危害也并不一定对应于某一特定的个体，而是有可能对整个社会体系构成破坏与瓦解，甚至以政府或国家的崩塌给不特定社会成员的利益造成伤害。当然，政府或国家承担社会保障的主要责任并不意味着政府是最终的义务承担者，更不是社会保障权利的真实利益相对方。严格地说，政府是公共利益的特殊代理人或受托人，政府也不必然能够代表或实现公共利益。包括住房保障在内的社会保障实质上体现的是社会整体在不同群体、不同时期、不同社区之间的平衡关系，而非个体之间简单的权利义务对应关系。

其四，住房保障体系中的利益关系具有长期性和复杂性，需要在更广泛的范围内实现利益平衡，就需要凝聚范围更广的利益共识。大多数社会保障制度是实现社会利益长期均衡的手段之一，权利主体在时间上具有一定的连续性和承继性，因而制度设计中必须体现不同时期社会成员之间的利益平衡。住房保障作为社会保障体系的一部分同样涉及长期的社会利益平衡关系。住房建设势必长期占用一定的土地和金融资源，如果不能有效平衡不同时期的经济利益，保障性住房制度就很难顺利推行。甚至一些具体的保障性住房建设项目，其土地和资金的统筹所需要考虑的利益周期超出一代人的范围。如果制度设计不能体现出不同代与代之间的利益平衡，就很难保证保障计划的长期稳定与有序运行。西方国家的一些社会保障计划出现了过度侵蚀长期利益的行为，给数年甚至数十年之后的社会危机埋下隐患。克林顿执政时期的“居者有其屋”计划就是一个较为典型的事例。有分析者指出：“美国政府利用金融市场为居屋计划融资的手法使 2/3 的美国低收入人群拥有了自己的住房。这种方法也是一种不动用国家财政收入就可以解决百姓住房的非福利解决途径”“但是，美国政府的这种政策，必须有相对宽松的货币环境配合，一旦货币环境变化，成功之路可能成为失败之途”。① 所谓货币政策

① 安佳．居者有其屋计划与次贷及金融危机［J］．社会科学论坛（学术评论卷），2009（02）：38.

的配合实质上就是利用通货膨胀来弥补住房公共支出的不足，只是美国发达的金融市场使通货膨胀主要表现为资产泡沫，而不是一般消费品价格的持续上涨。一旦以不动产为基础的金融资产泡沫破灭，住房公共支出的代价也就显现出来。在美国盛极一时的次贷金融产品在克林顿执政时期帮助政府实现了既不扩张财政支出，又能向居民提供住房保障的良好效果，因不动产价格持续上涨而形成的消费能力甚至还间接支持了相当长一段时间的经济繁荣。然而，一旦资产泡沫破裂，社会为此付出的成本却被后移到此后数年甚至数十年，政策错误的责任也难以追究甚至难以辨识。这一事例表明，由于长期利益缺乏有力的利益代表者而难以在当期的制度博弈中发挥影响力，未来的利益常常成为被牺牲的对象。包括住房保障在内的整个社会保障体系，都因其利益的长期性而受到这一难题的困扰。国内有研究者也认识到："保障性住房项目是一个牵涉到多方利益消长的复杂过程，在这一过程中，中央政府与地方政府应该做到信息及目标的统一。"① 只有在制度设计中合理地考量长期和即期利益之间的关系，才有可能在更广阔的范围内实现社会个体之间的权利平等和权利保障。

总之，住房保障制度应当置于国家经济和法律体系的整体之中予以考虑，而不应当只是从某一特定法律文件或者某项特定法律规范中去讨论相关的利益平衡问题。无论国内外的住房保障政策的具体内容如何，具体制度如何，只要不能将各种利益主体纳入共同决策和共同参与的城市发展框架中来，其各自的利益诉求就难以通过住房保障政策寻求到恰当的平衡点，从而也就无法发展和扩大彼此的共容利益。无论土地制度、金融制度还是建设管理制度，其内在的核心原则都在于平衡各种层面的利益关系，既要寻求各种主体之间的利益妥协，又要拓展彼此之间的共容利益，从而在保障人们基本权利的基础上发展和促进公民各项权利更好地实现，为社会寻求一条可持续发展的道路。

---

① 赵欣，徐晓肆．保障性住房项目利益相关者治理研究［J］．经济研究导刊，2016（22）：40.

| 第二章 |

# 住房保障中的地权分配及其利益平衡

住房保障离不开土地供应，土地制度一端联系着公民基本的财产权利，另一端则联系着经济和社会政策。可以说，有效的住房保障政策必须建立在合理的土地制度基础之上，而特定的土地制度不只是为了推动住房保障的政策目标，更应当着眼于公民权利和社会福利的整体改善。一个值得深入探讨的命题就是，如何通过土地制度的改进平衡各种主体的多元化利益，从而有效提升社会整体的住房保障水平，并进一步通过住房保障促进社会整体福利的增加。本书认为，可以从权利的角度出发，来具体探讨土地制度和住房保障之间的关系，通过考察其中存在的利益层次与结构来发掘特定住房保障模式下的地权需求。

## 第一节　土地制度与住房保障的关系

在城镇化和工业化的进程中，土地与其他生产要素相比具有非常鲜明的特点。土地从农业经济体中转变到城市经济体中的一个重要变化就是，土地所包含的土壤等物质要素退居为土地使用价值的次要因素，而空间要素则成为决定土地使用价值的关键因素。并且，“以空间为基本属性的土地，一般来说，是‘不能够生产的’生产要素”。[①] 土地是自然形成的，其具体经济

① 黄贤金、张安录．土地经济学［M］．北京：中国农业大学出版社，2008：86.

利用形式高度依赖于土地的自然状况，不同地块之间因其空间和自然条件的局限而具有一定的不可替代性。土地的自然特性决定了土地市场具有相当程度的垄断性，也必然对土地社会关系具有较大影响。回顾历史上的土地制度变迁，能够被长期实施的土地制度基本都是既定土地自然状况与特定经济发展方式优化组合的产物。住房保障问题的出现与城镇化的经济发展进程密切关联，并且也只有从这一角度才能够更好地理解和解决当前所面对的住房保障问题。

## 一、住房保障问题的产生：城镇化进程中土地市场的失灵

土地用之于满足人类基本需求的比例和具体供给形式与人们经济生产的基本组织形式密切相关。特定的经济发展方式决定了某一种土地利用形式所产生的经济价值，从而决定了多少土地资源会被配置于这种利用形式。工业化和城市化本质上是一种人口和生产活动聚集的结果，是一种聚集经济（agglomerative economics）的发展模式，城市的聚集经济效应主要“源于共享投入品供应商（商务服务和公共服务）、劳动力市场的经济效应、交流的经济效应”[①]。城市化的过程造成了土地空间在特定区域中的需求大幅增长，从而推高了特定区域中土地和住房的市场价格。发展实践证明，土地和住房价格高涨的推动力首先来自城镇化所产生的经济聚集效应，在特定区域范围内集中产生的住房需求是推动土地和住房价格上涨的主要动因。由于土地要素的不可生产性，价格的提升并不必然带来特定区域内土地供给的增长，这就有可能导致部分土地需求得不到满足的现象。特别是当土地价格的上涨吸引到大量投资性需求时，居住用地需求的空间就会被进一步压缩，从而加剧住房短缺的现象。所以说，聚集经济的发展模式是城市住房保障问题产生的直接原因，土地要素的不可生产性和供应有限性则是产生住房保障问题的物质基础。

---

① ［美］阿瑟·奥沙利文．城市经济学（第四版）［M］．苏晓燕等译．北京：中信出版社，2003：35.

### （一）土地产权制度决定了房地产市场的竞争格局

土地供应数量是制约房地产市场规模的主要因素，也是决定最终房地产产品价格的重要构成因素。虽然有观点认为“地价高是住宅价格高的结果，而不是原因”。[①] 但是，这一理论是建立在土地市场存在有效竞争的前提下，而不是以完全垄断或者寡头垄断市场为标准。换言之，土地市场的竞争格局对土地价格以及房地产价格的形成具有极其重要的意义。经济学研究早已表明，市场很难自然地形成与维护完全竞争的格局，市场自身总是产生破坏其竞争性的力量。同时，不合理的法律制度同样存在破坏市场竞争格局的可能，甚至其对市场竞争的破坏力远远大于市场自身。土地市场就是一个比较典型的例子，因为土地管制几乎在所有国家都普遍存在。由于土地管制的内容就是通过增加或减少土地供给对市场进行非交易性干预。因此，不论管制理由如何，其造成的一个基本事实就是，即便不存在自然垄断因素，土地市场也不可能达到完全竞争状态。

土地管制主要有两种类型，一种是对土地用途施加某种形式的控制，另一种则通过政府的强制性干预来控制土地的供应。前一类在权利范围上限制了土地产权，而后一类则更多的是直接限制或控制土地产权。与一般认识不同，以经济角度来衡量，土地规划和土地征用实际上都是土地产权制度的一个重要组成内容，而不仅是土地征用才构成土地产权制度的组成部分。因为，只要把土地产权的概念视为一组有关土地利用的权利，就不难理解土地规划对土地权利在利用范围、处置形式以及经济利益上所造成的限制，甚至超出了土地征用。土地用途方面的法规不仅在中国，而且在其他许多国家也同样对土地市场具有巨大影响。只是由于土地用途管制的法规与不同的政治和法律体系结合，“相同的法规在不同的时期不同的执行体制下，会有不同的效果”。[②] 土地用途管制方面的法规，会因为经济规律以及权力机制的差异而引导市场主体采取不同的应对措施，从而对立法目的产生积极或消极的效

---

① ［美］阿瑟·奥沙利文．城市经济学（第四版）［M］．苏晓燕等译．北京：中信出版社，2003：179.

② ［英］保罗·切希尔，［美］埃德温·S·米尔斯．应用城市经济学［M］．安虎森等译．北京：经济科学出版社，2003：272.

果，并改变土地市场达成供需平衡的形式和程度。

虽然法律制度可以设定各种禁止性或限制性的规定，但是经济规律也一定会促使市场主体采取行动以寻求新的平衡。市场价格最终还是取决于供需平衡的市场规律，但是价格形成的机制却不可避免地会受到制度规范的影响。制度可能会压抑一部分需求，也可能抬高一部分需求所支付的对价，甚至还可能通过交易成本的分配来引导和抑制市场的供给和需求。

概言之，完整的土地产权制度不仅应该包括土地权属制度，还应该包括与土地产权实现有关的法律规范，特别是对土地产权实现构成限制的管制和征用规范。事实上，正是这一系列有关土地权属、土地管制以及土地开发和利用的法律规范，决定了土地市场的竞争格局和价格形成机制。土地价格不但受到供需规律的影响，而且在很大程度上还受到土地法律制度的影响。在特定的土地市场竞争格局下，住房市场如果无法以消费者可支付的价格满足全部基本住房需求，这部分需求要么以非法形式寻求满足，要么转化为社会保障的压力，住房保障问题由此而产生。

### （二）土地交易制度制约了房地产价格的市场调节范围

土地资源是可流通的和可交易的，通过交易可以改变土地的具体利用形式，从而在各种土地需求之间产生自发的平衡。住房需求只是土地需求的一种类型，任何城市的土地都需要在各种不同用途的土地需求之间寻求恰当的配比。土地资源的配置可以通过计划或者市场进行，其中，计划从广泛意义上，可以视为一种经由制度安排和命令秩序构成的特殊交易。[①] 无论采用哪种交易模式，土地资源在不同主体和不同利用形式之间的转移，必然存在一定的交易成本，成本的高低多寡则限制了土地资源转换和流通的效率，甚至可能从经济上遏制这种转换的发生。那些认为土地市场的价格已经充分反映了市场供需力量对比，并通过价格机制实现了资源有效配置的观点，显然忽略了交易成本的影响。

---

① 制度经济学中对交易范围的理解是非常广泛的，并不局限于所谓平等主体之间的物品交换，而是可以扩展到权利转移的大多数形式。例如，康芒斯将交易划分为“买卖的”“管理的”和“限额的”。参见：[美] 康芒斯．制度经济学（上册）[M]．于树生译．北京：商务印书馆，1962：86.

首先，当法律制度中的某一项交易规则限制或者禁止土地交易时，价格所能调节的市场范围也就受到了相应的限制和约束。价格机制之所以能够发挥引导资源配置的作用，其前提条件是交易能够进行。虽然来自法律的限制性或者禁止性规定不必然产生消灭某种特定交易行为的效果，但是却必定增加此类行为的交易成本。即便有利可图，违法行为也必须通过各种措施来逃避法律的制裁。规避法律制裁的行为会降低交易双方所可能获得的利益，而执法行动也必然占用一定数量的社会资源。例如，按照中国的现行立法，农业用地要转换为建设用地就必须得到法定机关的许可。由于建设用地和农业用地之间存在着产出和收益上的巨大差异，因而非法的占地行为一定会存在。但是，执法力度和规避成本的增加，也必然在一定程度上降低非法占地行为的范围和规模。当然，一项符合交易双方利益的土地交易未必符合其他利益相关者的利益，法律有必要通过禁止或限制性的规定来保护某些需要保护的利益。但很显然，房地产价格在这些土地交易中的资源引导作用受到了一定程度的削弱或扭曲。

其次，法律制度对房地产交易价格的构成具有重要影响，从而妨碍了价格信号的正常功能。例如，中国城镇建设用地的获得主要通过土地使用权出让和划拨两种渠道获取。通常划拨土地的获取成本远低于出让土地，政府通过土地划拨对特定主体的补贴作用非常明显。获取划拨土地的主体虽然只能按照法定用途来使用土地，也不得随意在土地市场上交易其土地使用权。但是，两种供地模式之间的巨大价格差异，势必促成一定程度的规则套利现象。一些行政机关单位的划拨用地，被用于建设私人住房或者被用于商业用途的例子已经屡见不鲜。一些低价或者免费获得划拨土地的企事业单位，却因为划拨用地无法自由交易而在以极不符合效率原则的方式使用其土地。在中国各大城市中心区域都存在一些相对闲置和低效的划拨用地，价格机制却很难透过市场交易行为对此有所改进。究其根源，就在于特定的土地交易规则限制了市场价格的调节范围。

### （三）土地经济的聚集效应增强了特定区域土地市场的垄断性

土地经济中存在较为明显的聚集效应，人口和经济活动的大规模集中降低了基础设施供应的成本，并促进了消费活动的发展和繁荣。但是，聚集效应也在一定程度上加剧了特定区域的土地稀缺程度。城市住宅需求的土地供应范围必然限定于城市经济活动的一定距离之内。现代交通技术的发展虽然在一定程度上增加了土地的供应，但是却无力从根本上改变土地资源总量相对固定的基本事实。并且，交通设施的建造本身也是投资巨大的公共项目。因此，城市住房需求受到地域范围的刚性限制，土地经济的聚集效应增强了特定区域土地的稀缺性，进而也提升了该区域土地市场的垄断性。

聚集起来的经济活动刺激了住房需求在数量和质量上的不断提升，又不断挖掘出土地利用的各种需求形式，从而不断加剧特定区域土地供应的紧张程度。一方面，土地供给的相对固定限制了住房市场生产的无限扩大。另一方面，在土地成本和交通成本的约束下，一定收入水平的群体，将很难在自身的购买力范围内从住房市场满足其基本居住需求。能够提供就业和经济发展机会的城市区域，未必能够通过市场为涌入城市的人口提供相应住房，而住房需求的内容和标准与一定的社会和经济状况是相适应的，住房供需的社会矛盾由此而产生。当然，城镇化是住房短缺和住房保障问题产生的必要条件，而非充分条件。住房短缺还存在其他方面的原因，其中，住房支付能力的相对不足是一个关键因素。城镇化进程中不可避免地存在产业发展、区域发展以及人力资源开发方面的先后次序。经济资源分配的差异化，在一定程度上是刺激经济发展的重要手段，同时也造成了城镇居民收入上的分化。以满足基本居住需求为分界线，一旦低收入群体以购买或租赁形式体现出来的住房支付能力均低于相应的市场供应价格，那么市场化的供给就会出现供给短缺或不足的问题。这种短缺并非生产能力的不足所致，而是由于市场的有效需求不足（即有支付能力的市场需求不足）。

最终，一个能够让土地和住房市场出清的所谓均衡价格，并不能保证所有城市居民的基本需求都获得满足，因为这些价格本身，只反映了一定支付能力或者收入分配水平下的市场供需状况，而不会考虑基本住房需求所包含的长期社会利益，以及一般的社会公义与伦理观念。可以说，住房保障问题之所以产生，既源自住房市场的失灵，又更多地源自城镇化进程中所产生的收入分化。特别是考虑到土地和住房制度中混同了居住性需求和投资性需求之后，这种收入分化所带来的住房短缺问题就会更为突出。

## 二、住房保障的外部限制：城镇化的发展程度和发展模式

城镇化会产生大量的住房需求，并有可能导致部分需求无法通过市场渠道予以满足，但是不同的城镇化发展程度和发展模式下所产生的住房问题具有较大差异，其激发社会矛盾产生的可能性和程度是不同的。城市发展必然与一定的工商业经济活动和人口聚集相关联，就业、收入、消费、生产、分配等各个环节之间，在整体上需要保持适度的均衡和协调，否则经济上的失衡就有可能埋下社会冲突的隐患。住房保障问题只是上述经济失衡所产生的社会问题之一，其呈现出来的形式以及范围，与城镇化的具体发展模式和发展结构相关。

特定经济发展模式的产生有着非常复杂的政治和经济原因，城镇化的进程在各国所展现出来的模式和特征既有一定的共同规律，又存在较大的个案差异。经济聚集所产生的内生性增长和公共政策的外部主导作用同时存在。一些城市会因为公共资源供给跟不上经济增长的步伐而产生诸多的社会弊病；而另一些城市，却会因为内生性的经济增长乏力而导致公共资源的大量浪费。公共资源和公共政策与城市经济的内在增长动力之间的平衡，是处理好城市发展问题的重要环节。一个世界性的经验就是，“各种命令和禁令的直接干预产生负作用的可能性是很大的”,[①] 而通过经济性的措施鼓励、引导或者限制城市经济活动则更可能获得成功。城镇化发展模式中包含了发展效率和发展公平性两个方面的问题，两者之间有时候能够协调一致，有时候却彼此矛盾冲突。住房、教育以及医疗等具有公共福利性的问题，则较为突出地体现了发展与公平之间的矛盾与冲突。一个成功的城镇化发展模式，必须通过公共政策和立法来有效调整发展和公平之间的关系。否则，城镇化所推动的经济增长就有可能演变为一种“无工作的增长、无声的增长、无情的增长、无根的增长、无未来的增长”,[②] 当然也是一种不可持续的增长。

---

① ［美］埃德温・S・米尔斯．城市经济学［M］．郝寿义等译．北京：经济科学出版社，2003：469.

② the United Nations Development Programme. Human Development Report 1996［M］. New York：Oxford University Press，1996：2.

仅就住房问题而言，创造就业和提高居住质量之间的平衡，是城镇化模式选择中的一个重要决策尺度。城镇化的聚集经济效益是创造就业机会的一个重要推动力。人口和经济活动的密度越高，其所在区域可能创造的就业机会就越多，大型甚至特大型城市的发展，对于公共政策的制定者来说就越有吸引力。但是，城镇人口聚集的程度越高，居住空间就相对越小，而经济聚集的程度越高，承载它的土地就具有越高的经济价值。二者共同作用的结果就是，城市能够满足的住房需求数量越少，更多的城市经济参与者就越有可能被排斥在城市的居住空间之外，或者他们的居住条件将被迫降低到低于社会伦理所能够接受的标准之下。住房保障政策所需要解决的就是阻止城镇化过程中自发的竞争秩序产生不利于经济良性发展的负面效果。人类近代的发展历程表明，在经济竞争和选择的过程中，人们用货币所能够衡量的效用或效率，并不能代表人类全部的福利。正如关注贫困问题的经济学家所言："我们应该用一个人所拥有的自由来代表他的利益，而不应该用（至少不能完全用）一个人从这些自由中所得到的东西（福利的或主观能动的）来代表他的利益。这些思考将会把我们引向对权利、自由和实际存在的选择机会的关注。"① 换言之，权利和自由的实现才是经济发展更为根本的目标，而不是将经济发展本身当作目标，更不能依靠牺牲权利来获得数字意义上所体现出来的效用或效率。所以，向全体公民提供有尊严的住房保障，是一项现代社会所应当承认的基本权利。住房保障实质上就是保证人在经济活动中的主体地位，而非将人视为促进经济增长的工具。所以，选择什么样的城镇化发展模式，从本质上来说，是在人的全面发展和单纯的经济发展之间如何进行选择的问题。具体到政策和制度层面，也就是应当在保护权利的基础上推动经济发展，而不是在发展经济的前提下进行权利保护。这需要我们在社会组织的基本架构中形成一些以社会发展共识为共同利益基础的行为准则。

以中国当前城镇化当中产生的住房问题为样本，本书对此做进一步分析和阐述。与许多发达国家不同，中国经济发展中政府的主导性非常强。这不仅因为政府以及公共政策的制定者掌握了大量可资利用的经济和社会资源，

---

① ［印度］阿玛蒂亚·森．伦理学与经济学［M］．王宇，王文玉译．北京：商务印书馆，2000：50.

还在于法律制度赋予了政府范围极为广泛的权力。过去30多年的经济发展历程中，中国城乡二元化的结构使政府有可能从乡村获取廉价的土地、农产品，并组织数量庞大的廉价劳动力来为工业化和城镇化提供初始动力。与此并存的是，由于就业机会的稀缺，小型城镇的住房开发却存在相对过剩的问题。城市住房问题在地理空间和居住结构上存在非常大的差异性。按照一般市场规律，大中型城市的就业市场应当和住房市场同步扩张，而中小型城市住房市场的发展则应当受到其就业市场发展的限制。但是，由于土地市场和户籍制度的管制，导致市场几乎难以自动调节大中型城市的住房供给，一些就业者甚至被迫返回中小型城镇购买住房，以应对资产贬值和异地社会保障的压力。因此，我国住房保障问题非常明显地受到其城市经济发展模式的限制，不调整经济发展模式，就不可能从根本上改变城市住房中存在的结构性问题，也不可能从整体上解决市场供给和社会保障之间的协同问题。

## 三、住房保障问题的化解：城市土地供应制度中的利益平衡

住房保障问题由城镇化引发，与城镇化的具体经济发展模式相关联，解决住房保障问题的根本，在于从城镇化着眼。其中，平衡与协调好物理空间的城镇化与人文环境的城镇化、经济意义的城镇化与社会意义的城镇化，应当是我们解决城镇化进程中住房问题的一个重要思路。因为，城市住房问题源于城镇化过程中所产生的资源配置失当，更确切地说，就是土地资源、人力资源与资本之间在时间和空间上的配置失衡。由于人力资源和资本的流动性较强，其市场化程度也相对较高，因此，城镇化的主要问题集中在土地制度之中，尤其是土地供应制度的缺陷，在很大程度上扭曲了经济资源的配置方向，形成了不合理的经济增长模式。

资源配置由利益驱动，制度在一定程度上固化了利益分配的格局，从而造成了资源配置的失当。中国当前的城市土地供应制度中存在的问题，不仅体现在城乡分割的二元结构上，而且更在于土地利益分配上的不合理。现有立法中赋予的土地权利得不到充分的保障，立法所宣示的土地利益分配格局也就难以实现。土地公有制的设置初衷，本应是防止土地利益被少数阶层或少数个人所垄断。但是土地公有，并不能解决土地利用当中必须以适当形式赋予个体相应

土地权利的问题，因而无法从根本上消除私人享有土地权利的经济根源。所有制意义上的土地公有，实质上只是在土地初始权利的配置中形成了一个以政府公权力为主导的单一资源配置中心，并不能保证土地所形成的权益必然被公众所享有。即便公有土地被无偿用于公共设施的建设，实际上也只是被公共设施的特定消费群体所享有，而不是完全意义上的公共产品，也同样不能说其中的土地利益是被全体公众所享有的。更重要的是，土地利益中的相当一部分处于不透明的财政支出体系当中，其中存在的寻租和利益输送现象难以得到有效监督和制约。土地利益的行政配置结构，通过城镇化发展机制向资本以及人力资源市场传导，从而在全部生产要素市场上产生巨大的影响力，彻底改变了市场机制配置土地资源的基础性作用。住房困难问题的产生，只是生产要素配置存在严重制度性缺陷的后果之一，而远非市场失灵的一种体现。

要解决住房问题，满足大多数社会群体的基本住房需求，为全体公民提供基本的住房保障，必须调整城市土地供应制度以平衡土地利益的分配格局。具体而言，就是要从土地产权的初始配置、交易流转以及分配调节三个方面来形成合理的土地利益分配格局，促成土地资源在符合市场规律的基础上合理配置，以满足城镇化进程中绝大多数个体的居住需求。住房建设对土地资源的需求，在根本上应该由市场供需机制发挥作用，但前提条件是市场存在平等交易的基本秩序。反之，住房的市场供需必须通过一定的规则体系加以调整。土地市场对制度的依赖尤甚，其交易内容、交易形式乃至交易载体都以制度和规则为必要条件。因此，土地市场对资源和利益的分配作用，在方方面面受到制度和规则的约束，发挥市场的基础性资源配置功能与加强法律制度建设存在天然的依存关系，而且，符合公平和正义的规则体系本身就是市场经济内在的要求。城市土地供应制度中所蕴含的公平和正义既是抽象和形而上的，同时又应该是具象和形而下的。具体而言，制度和规则所引导和调整的土地利益分配格局，应当是平衡与和谐的。

首先，关于土地利益的分配，应当达成一个具有广泛社会共识的基本规则。基本规则本身并不确定利益如何分割，而是要建立起一个能够被广泛接受的利益分配模式，使各种利益群体能够接受这一规则下所产生的利益分配后果。对规则本身公正性的信仰要重于对分配结果公正性的追求。例如，土地征收补偿标准的公正性就很难以补偿数量的多寡来衡量，因为不同主体的评价会有极大差异。要确保分配结果的公正性，必须先确定一个能够被广泛接受的分配规则，对规则的同意也最有可能产生对分配结果的同意。当前的征地补偿立法中往往缺乏广泛的公开讨论，也没有必要的程序保证各个利益群体的代表能够充分参与。因此，对规则本身的不信任势必产生对结果公正性的质疑和不满。

其次，无论已形成的土地制度如何配置土地初始权利，土地产权的交易制度必须确保最基本的竞争秩序。按照制度经济学的基本理论，“如果市场交易是无成本的，则所有问题就是各当事人的权利充分界定和对法律行为的后果的分析。但是，正如我们已经看到的，当市场交易成本是如此之高以致于难以改变法律已确定的权利安排时，情况就完全不同了。此时法院直接影响着经济行为”。① 在存在交易成本的情况下，保持市场交易各方的竞争压力，成为资源能够合理配置的一个重要条件，土地初始权利以公有或者私有的形式存在，都不应当构成影响土地市场竞争秩序的障碍，管制措施也同样不应当妨碍市场的有效竞争。为此，土地权利的交易主体必须是多元和平等的，并且法律对所有市场主体所设定的交易限制应当是一致和统一的。

最后，法律有必要对交易结果予以干预，干预的主要形式应当是法定并具有高度透明性的手段。有效的市场竞争虽然能够在大多数情况下导致公平和效率的结果，但是竞争结果也存在不符合社会伦理认知的可能。这既有市场主体自身竞争能力存在的先天性差异因素，又与市场无法确保竞争秩序完全公正有关。城市化进程中的贫民窟现象，就是需要再行调节的市场竞争结果之一。符合利益平衡原则的一种策略，就是利用税收或者公共住房等方式，将部分土地收益转移给中低收入群体，以利于对市场竞争所产生的不当结果进行法律调整。

## 第二节　现行土地制度中利益结构的规范分析

中国现行的土地制度对于土地利益的分配可以分为价值和事实两种

---

① ［美］罗纳德·哈里·科斯. 企业、市场与法律［M］. 盛洪，陈郁译. 上海：上海三联书店，1990：96.

状况。在立法所追求的价值层面上，土地利益的绝大部分应属于全体公民公有。[①] 法律的基本原则是土地所有权属于国家和集体经济组织所有，而个体则按照有偿原则来获取土地使用权。法律制度的这种安排，无疑是要将土地利益中的绝大部分集中为公共财富，从而实现土地财富的公平分配。应该说，土地立法中的公有思想符合自然资源应由全体公民平等享有的社会分配理念，也十分契合中国传统意识形态中所蕴含的均等思想。以所有制的观念来看，土地立法中公共利益、集体利益以及个体利益的划分十分清晰，利益分配的结构也相当明确。照此利益结构，土地利用的效率应主要通过土地使用权市场的竞争来推动，而土地利益的大部分，最终将通过公有体制在全民范围内得到平等和公正的分配。土地权利的平等应当能够更有效地促进住房权利的平等，住房保障在土地公有制下应该具有更有力的制度基础。但是，事实层面的利益结构能否符合立法的价值构想呢？对此，可以从土地所有权制度的主体构造、土地使用权制度的权能构造以及土地产权制度中公私法的利益界分三个方面进行规范分析。通过对中国现行土地产权法律制度构造的分析来考察住房保障问题的制度基础。

## 一、土地所有权制度主体构造的规范分析

所有权制度是财产法律制度的构成基础，也是界定土地权利、分配土地利益最基本的法律依据。对所有权制度的分析包括主体和权利内容两个方面，其中所有权的内容是其内在构造结构，也即是所有权的权能。在现代民法源头的罗马法中，所有权即“对所有物的完全支配权”，可以概括为“从积极方面对其物有为各种行为的权利，如使用、收益和处分等；在消极方面有禁止他人对其物为任何行为的权利。”[②] 虽然各国立法对于所有权具体包括哪些权能存在一定的表述和范围上的差异，但一般认为占有、使用、收益和

① 法律文本中的表述为全民所有或集体所有，例如，《中华人民共和国土地管理法》第二条规定：“中华人民共和国实行土地的社会主义公有制，即全民所有制和劳动群众集体所有制。全民所有，即国家所有土地的所有权由国务院代表国家行使。国家依法实行国有土地有偿使用制度。但是，国家在法律规定的范围内划拨国有土地使用权的除外。”

② 周枏．罗马法原论（上册）［M］．北京：商务印书馆，2001：323．

处分是所有权最主要的权能。上述四项权能共同构成最为完整的物权，是所有权与其他物权的主要区别。① 所有权主体是否能够在法律和事实上行使土地所有权的全部权能，并进一步享有行使该项权能所产生的土地利益是分析土地所有权制度的核心所在，也是研究住房保障问题的重要制度前提。

从主体构成上来分析，土地所有权主体在现行立法中的表述明显区分为国家和集体二元结构。通过对现行法律规范中有关土地所有权主体的规定进行整理和归纳（见表2.1），会发现土地所有权主体在立法中主要有两个方面的表述：一方面是使用“国家”和“集体”或“农民集体”的概念来作为土地所有权的主体；另一方面是将“国务院”和“村集体经济组织”“农村集体经济组织”或“村民委员会”“村民小组”等组织机构法定为行使国家或集体土地所有权的代表。此外，对于国家所有的土地还同时使用了“全民所有”的概念。然而，无论是公法还是私法规范的法律主体形式中，都没有“国家”“全民”“集体”“农民集体”的对应类型。也就是说，从土地所有权主体的构造来看，国家所有或者集体所有并非规范意义上的法律概念，而只是通过立法予以表达的所有制概念。实际行使土地所有权并具有主体资格的权利人是《物权法》和《土地管理法》所授权的国务院和农村集体经济组织。

**表2.1　　　　现行立法中土地所有权主体的表述概况**

| 法律条文 | 条文内容 | 所有权主体 |
|---|---|---|
| 《宪法》第十条 | 城市的土地属于国家所有 | 国家 |
| 《宪法》第十条 | 农村和城市郊区的土地，除由法律规定属于国家所有的以外，属于集体所有；城市的土地属于国家所有。农村和城市郊区的土地，除由法律规定属于国家所有的以外，属于集体所有；宅基地和自留地、自留山，也属于集体所有 | 集体 |
| 《物权法》第四十五条 | 法律规定属于国家所有的财产，属于国家所有即全民所有。国有财产由国务院代表国家行使所有权；法律另有规定的，依照其规定 | 国家、全民<br>国务院 |

① 江平教授认为：“所有权是各项权能浑然一体的整体性权利”，参见：江平．民法学［M］．北京：中国政法大学出版社，2007：336. 王利明教授也认为：“由于所有权包含了四项权能，因此所有权权能是完整的。相对于其他物权来说，所有权是‘完全物权’”，参见：王利明．民法（第五版）［M］．北京：中国人民大学出版社，2010：173.

续表

| 法律条文 | 条文内容 | 所有权主体 |
|---|---|---|
| 《物权法》第四十七条 | 城市的土地，属于国家所有。法律规定属于国家所有的农村和城市郊区的土地，属于国家所有 | 国家 |
| 《物权法》五十九条 | 农民集体所有的不动产和动产，属于本集体成员集体所有 | 农民集体 |
| 《土地管理法》第二条 | 全民所有，即国家所有土地的所有权由国务院代表国家行使 | 国家、全民<br>国务院 |
| 《土地管理法》第八条 | 城市市区的土地属于国家所有 | 国家 |
| 《土地管理法》第八条 | 农村和城市郊区的土地，除由法律规定属于国家所有的以外，属于农民集体所有；宅基地和自留地、自留山，属于农民集体所有 | 农民集体 |
| 《土地管理法》第十条 | 农民集体所有的土地依法属于村农民集体所有的，由村集体经济组织或者村民委员会经营、管理；已经分别属于村内两个以上农村集体经济组织的农民集体所有的，由村内各该农村集体经济组织或者村民小组经营、管理；已经属于乡（镇）农民集体所有的，由乡（镇）农村集体经济组织经营、管理 | 村集体经济组织、<br>村民委员会、<br>农村集体经济组织、<br>村民小组 |

由此，现行土地所有权制度在规范意义上产生了三个方面的问题。

其一，《物权法》和《土地管理法》授权的合法性与正当性。现行法律既然认定土地所有权属于国家（全民）或集体（农民集体）所有，在主体资格欠缺的情况下，何种程序的立法能够产生将土地所有权授予他人代表行使的效力？代表行使土地所有权的主体做出处分土地权利的决定是否应受到法定所有权人的约束？法定土地所有权人的权益又应当如何实现？对于上述问题，在法律规范未曾做出解答之前，土地所有权主体或者说权属的法律规范就很难被称之为严格意义上的法律规范。由此所产生的土地利益分配结果既不能在事实上、也不能在价值上被认为符合现行立法的规范。

其二，《物权法》和《土地管理法》授权的完整性和规范性。在土地利用的具体经济活动中，行使占有、使用、收益和处分等权能的主体必须具有法律意义上的意思能力和行为能力。由于“‘全民’或‘国家’本身就是一种名义性的虚构，因而显然只能支持名义性所有权”。[①] “国家” 和 “全民” 作为名义性虚构的主体不具备必要的意思和行为能力，也就不可能实际行使和实现土地所有权的具体权能。但是，法律在授权特定组织或个人来实际负责行使国有土地的所有权时，必须确保被授权的组织和个人的代表行为能够符合土地所有权人的利益。只有在国务院行使授权的同时，能够承担相应责任的前提下，立法中的授权才构成一个完整的法律规范。否则，所谓授权就会导致授权人主体地位的虚化，授权人的所有权也就不构成规范意义上的权利。国有或全民土地所有权是社会主义公有制的重要组成部分，其立法意旨应符合公有制的宪法目标，即宪法第六条所说的“社会主义公有制消灭人剥削人的制度，实行各尽所能、按劳分配的原则”。国务院行使国有土地所有权以及将具体土地权利再行向其他组织或个人授权都应符合这一宪法目的。就一般公有制的内涵而言，作为土地所有权人的全民至少应享有两方面权益，一方面是依照宪法基本权利的目的享有利用和使用国有土地的权利；另一方面是平等享有国有土地所有权所产生的收益。这就要求在土地权利的分配或者土地利益的分配中至少有一个环节能够体现出全民的平等与一致。但是，现行立法以及财政或预算制度中并不存在与之接近的权益保障机制，在土地管理和土地权益分配中所采用的属地规则实际上还在一定程度上背离了土地公有制的内在要求。

其三，城市居民和农村居民在土地所有权主体构造中的法律地位平等性。宪法和法律所使用的“全民”概念显然应包括一切具有公民资格的人，城市居民和农村居民在未丧失公民资格前都应属于“全民”范畴。因此，从法律规范角度来看，城市居民和农村居民都平等地享有属于国家所有的土地权益，其范围涵盖城市土地以及由法律规定属于国家所有的其他土地。同时，农村居民只要归属于某一农村集体经济组织，那么其还同时享有集体土地所有权范围内的土地权益。国有和集体土地所有权安排的结果显然导致了城市居民与农村居民处于了权利起点的不对等地位。当然，城市或农村居民能否平等地实际享有土地权益，还取决于土地开发和交易制度的其他设计以及具体的土地经济条件。城市土地与农村土地因其所处地理位置的不同，土

---

① 张千帆. 城市土地“国家所有”的困惑与消解［J］. 中国法学，2012（06）：183.

地开发和交易的经济价值存在很大差异，不同地区的城市或农村土地之间也同样存在巨大的价值差异。集体土地所有权因所在土地区位的差异在权利初始配置中即处于土地利益的严重失衡当中，而国有土地所有权在实际的属地管理条件下也很难消除土地区位差异所产生的利益鸿沟。总之，宪法实施土地公有制所追求的权利平等无法通过土地所有权的主体构造得到实现，名义上的全民或集体所有并不能保证全体公民获得平等的土地权益，甚至也并不具有促进土地权利平等分配的必然优势。

## 二、土地使用权制度权能构造的规范分析

无论土地所有权的名义主体如何设定，任何土地权益最终都必须通过特定的土地使用或利用行为加以实现。实际使用或者利用土地资源的权利，可以依法律或行政计划分配，也可以通过市场进行交易；可以由土地所有权人无偿分配，也可以有偿转让。但是，土地使用权的法律规范在构造上应符合权利平等的基本立法精神，更应当使规范体系具有一致的内在逻辑。由于中国现行立法几乎禁止土地所有权的交易，为解决各种经济主体实际使用和利用土地资源的市场交易需要，立法有必要在所有权体系之下构建可供交易和流转的土地权利体系。以土地用益物权为主的土地使用权制度较为成功地将土地所有制的历史传统与市场经济的效益原则进行了结合。有学者认为，"现代民法上，各国物权法贯彻效益原则，所有权从注重抽象的支配，发展到侧重于具体的使用形态；已经逐渐放弃了传统民法注重对物的实物支配、注重财产归属的做法，转而注重财产价值形态的支配和利用。"① 所谓用益物权是对他人所有的动产或不动产享有的占有、使用和收益的权利。②《物权法》规定的土地用益物权主要有四类，分别是土地承包经营权、建设用地使用权、宅基地使用权以及地役权。不同土地用益物权在产生基础和权能构造上具有较大差异，这构成了土地利益分化的一个重要源头，同时也是解决住房保障问题必须探讨的重要制度基础。

---

① 王利明．物权法研究（修订版·下卷）[M]．北京：中国人民大学出版社，2007：12.

② 《中华人民共和国物权法》第一百一十七条。

现行立法中，在土地所有权二元结构的基础上又衍生出了不同的土地使用权类型。其中，国有土地所有权派生出的用益物权包括出让建设用地使用权和划拨建设用地使用权两种，集体土地所有权派生的用益物权包括土地承包经营权、宅基地使用权和其他类型的农村建设用地使用权三种。前述土地使用权类别在权能构造和利益结构上都具有较大的差别，其中，建设用地使用权和土地承包经营权之间，以及不同建设用地使用权之间的差异尤为巨大。通过规范分析不难发现（见表2.2），不同类型土地使用权虽然都具有占有、使用、收益以及部分的处分权能，但是其权能构造在利用形式、权利期限、处分限制以及权利变更等方面的差异却主要来自权利主体的不同。换言之，市场主体在土地使用权转移中所获取的利益有相当一部分并不是来自土地利用的效率改进，而是来自土地制度的差异化权利配置。其中，建设用地使用权领域所产生的制度性利益扭曲对住房权利的保障产生了重大而深远的影响，也在客观上加剧了住房困难的程度。

**表2.2　　　　不同类型土地使用权权能构造比较**

| 土地使用权类型 | 使用年限 | 土地用途 | 使用限制 | 法律条文 |
|---|---|---|---|---|
| 土地承包经营权 | 30~70年 | 农业用地 | 有权采取转包、互换、转让等方式流转。未经依法批准，不得用于非农建设。禁止占用基本农田发展林果业和挖塘养鱼 | 《物权法》第124~128条，《农村土地承包法》第20、第37条，《土地管理法》第36条 |
| 农村宅基地使用权 | 无 | 农村居民住宅用地 | 一户只能拥有一处宅基地，农村村民出卖、出租住房后，再申请宅基地的，不予批准。农村住宅用地只能分配给本村村民，城镇居民不得到农村购买宅基地、农民住宅或“小产权房” | 《物权法》第152条，《土地管理法》第62条<br>《国务院办公厅关于严格执行有关农村集体建设用地法律和政策的通知》第二条 |
| 集体建设用地使用权 | 无 | 乡镇企业、乡（镇）村公共设施和公益事业建设用地 | 农村建设用地应符合乡（镇）土地利用总体规划和土地利用年度计划，并依法办理审批手续 | 《物权法》第151条，《土地管理法》第43条、第59条 |

续表

| 土地使用权类型 | 使用年限 | 土地用途 | 使用限制 | 法律条文 |
|---|---|---|---|---|
| 城镇出让土地使用权 | 40～70年 | 商业、工业、住宅用地 | 有权将建设用地使用权转让、互换、出资、赠予或者抵押，但法律另有规定的除外 | 《物权法》第135、第143条，《土地管理法》第43条，《城镇国有土地使用权出让和转让暂行条例》第12条 |
| 城镇划拨土地使用权 | 无 | 城市公共用地、城市公益用地、基础设施用地 | 未经市、县人民政府土地管理部门批准并办理土地使用权出让手续，交付土地使用权出让金的土地使用者，不得转让、出租、抵押土地使用权 | 《土地管理法》第54条，《城镇国有土地使用权出让和转让暂行条例》第44、第45条，《划拨土地使用权管理暂行办法》第5条 |

通过分析表2.2的对比发现，可将现有法律规范对不同类型土地使用权权能构造上的设定归纳为三个方面的特征。

其一，不同土地使用权的权能构造明显存在城乡二元结构，土地用途管制的法律规范造成了土地使用权市场的人为分割。《物权法》在规定“用益物权人对他人所有的不动产或者动产，依法享有占有、使用和收益的权利”“所有权人不得干涉用益物权人行使权利”的同时，还规定“用益物权人行使权利，应当遵守法律有关保护和合理开发利用资源的规定”。[①] 实际上，“法律有关保护和合理开发利用资源”的规范又集中体现在以土地用途管制为核心的土地规划制度当中，各类土地使用权在实际运用其各项权能时也主要受到土地用途管制规范的约束。其中，《土地管理法》的两项规范构成了对土地使用权的重要限制，该法第四条规定：“使用土地的单位和个人必须严格按照土地利用总体规划确定的用途使用土地”，其第六十三条则规定：“农民集体所有的土地的使用权不得出让、转让或者出租用于非农业建设。”虽然，土地用途管制在各国立法中均为常例，法律为合理利用自然资源及保护公共利益势必对土地用途做出必要限制。但是，土地用途管制理应根据土地的自然特性以及社会公共利益需要而设置，而断无将用途管理与产权转换相关联的必然逻辑联系。一宗特定土地如果需保留农业用地状态，那么无论

① 《中华人民共和国物权法》第一百一十七条、第一百二十条。

该土地的产权归属于集体、个人或国家，都应依法设定限制。反之，土地用于何种用途与产权主体是否变更显然也并无任何内在联系。依据宪法，自然资源应属于全民平等享有，而开发和利用自然资源的权利分配应体现利益与贡献相适应的效益原则。但是，从现行法律规范中可以看出，土地用途的转变完全依赖于行政权力主导的土地规划，各种不同用途的土地使用权之间难以按照经济需要进行市场化的转换，甚至不同类型的建设用地使用权之间也不可能形成统一的交易市场。因此，《土地管理法》前述两项规范共同作用的结果就是阻断了城市土地与农村土地、建设用地与非建设用地之间的市场联系，行政权力成为分配土地资源和土地利益的主宰力量。

其二，不同土地使用权的权能构造差异并非源自市场需要，而主要来自土地权属者的身份差异。土地承包经营权与建设用地使用权的划分表面上看是针对农业用地和建设用地的差别，但法律规范中对不同土地使用权的取得和处分的身份设置十分明显。土地承包经营权和农村宅基地使用权的取得都依存于农村集体经济组织成员的身份资格，因而这两项土地使用权的处分明显受到了限制，无论转让、互换还是出租都受到了较大限制，买卖和抵押等交易性的处分则几乎被法律所禁止。在建设用地使用权当中，农村宅基地使用权和乡镇企业建设用地与城镇建设用地使用权之间的土地用途性质较为接近，也不涉及农地与建设用地之间的控制比例变化。但是，二者之间的转换并不能通过市场交易的形式进行，也不具有权利主体自主决策的法律空间，其关键性法律障碍就是对农村建设用地使用权的身份限制。换言之，农村土地使用权人事实上被排斥在城镇土地市场之外，其土地使用权客观上被现有法律规范固定在权利意义上的乡村而非经济和空间意义上的乡村。所谓“城中村”现象的产生，其根源显然不是因为这些属于集体经济组织的土地在经济和空间上无法融入城市经济体系，而是因为这些土地的权利受制于集体经济组织这一特殊身份。也正是因为经济人口和经济活动的城乡布局缺乏生产要素市场的依托，由此产生的城市住房问题也就很难以市场方式进行有效调节，甚至残缺和变异的城镇土地市场与禁锢的农村土地使用权体系叠加，进一步加剧了城市化进程中的住房困难问题。

其三，土地利益的分配缺乏市场交易规范的支撑，土地征收征用制度成为不同土地使用权类型转换的主要手段。由于不同类型土地使用权权能构造的差异对土地的经济价值具有巨大影响，不同权利的市场化交易必然产生数量可观的经济利益。在不存在垄断的前提下，土地使用权的供需必然会在一定的市场均衡价格之间获得平衡，而土地资源和土地利益理应按照效率原则进行分配。但是，在目前的法律规范体系下，不同土地使用权之间的转换几乎不存在市场化的交易机制，通过国家的土地征收和征用不同类型的土地使用权之间才能进行转换。这种转换机制不仅存在于城市和乡村的土地使用权之间，同时也存在于城市的不同土地使用权之间。例如，工业用地使用权转换为住宅用地使用权，或者城镇划拨土地使用权转换为城镇出让土地使用权几乎都缺乏市场交易性的规范，而必须履行政府行政审批和经收归国有后重新出让土地使用权的规则。原土地使用权人在新的土地使用权设立过程中并不享有法定优先权。甚至《土地管理法》第四十七条还规定“征收土地的，按照被征收土地的原用途给予补偿”，也就是将原土地使用权人的利益与特定土地利用形式加以固定。即便转换土地利用形式将促使总体经济福利改进，但如无法获取行政支持，现有土地使用权人也只能在放弃土地利益和沿用低效率利用方式之间进行选择。显然，前一种选择缺乏足够的经济动机，而后一种选择则意味着极大的土地资源浪费。反之，拥有审批和土地规划权限的政府则可以通过土地征收和征用实现不同土地使用权类型之间的转换，并进一步获取不同土地使用权之间的巨额转换利益。尽管政府通过基础设施建设促进了土地利用效率和土地经济价值的提升，但是土地征收和征用的非交易性在根本上仍然破坏了市场配置资源的基本原则，也导致土地利益的分配既缺乏市场机制的约束，又在一定程度上脱离了税收和预算体系的控制。

概言之，现行立法中的土地使用权权能构造，无论是从期限限制，还是用途限制上，或者是区域布局上的差异化安排，并不符合土地市场的基本规律，也难以保证土地利益的公平和公正分配。这其中固然有公共治理不善的弊病，也确有制度设计缺陷的因素。从利益平衡和公平分配的角度来看，立法有必要将土地使用权类型的转换纳入土地市场的整体性制度框架当中，并为其设定合理的利益分配原则以及透明的法定程序，而不能任由实际掌控公共管理权力的人肆意分割城镇化进程中的土地升值利益。此外，土地使用权的具体形式还应当顺应经济发展需要而具有一定的开放性，其权能构造应当给不同类型土地使用权之间的转换提供必要的市场化调整和解释空间。

## 三、土地产权制度中公私法的利益界分

土地产权制度的规范分析表明，土地利益不仅受制于土地物权相关的私法规范，更取决于有关土地管理的公法规范。因为土地所有权和使用权必须通过具体的土地利用得到实现，而土地利用的经济价值主要由土地规划和土地用途管制相关的法律规范所设定，所以土地规划和建设规划制度对土地物权的限制集中展现了公法与私法之间的利益界分问题。依据一般法理，公法调整权力与权利之间的关系，而私法调整权利与权利之间的关系。从利益角度来看，公法通过公权力的行使影响个体之间的权利关系，进而促进和维护社会整体利益。当然，没有公共权力来保护社会整体利益，特定个体的权利行使就很可能意味着更多个体权利的丧失，而公权力在维护个体权利的同时却又构成对个体权利和利益的重大限制。托马斯·阿奎那（Thomas Aquinas）认为："法必须以整个社会的福利为其真正的目标"。① 法学家庞德却指出："在法律的成熟阶段，法律体系试图保障个人经由自然或其所在世界的地位所赋予他们的利益，并且还试图使他们能够自由地使用这些利益。"② 显然，法律设定公权或私权的背后存在着复杂的利益关系，社会整体利益与个人利益之间，以及不同个体之间的利益关系是统合于公法与私法规范体系之中的，而不是泾渭分明地分属于公法或私法阵营。中国现行土地产权制度中就非常清晰地体现了这种公私法之间依存而又矛盾的统合关系。

首先，土地管理的公法规范是土地私权实现的制度基础，但是又在客观上决定了土地私权的自由空间，并在相当大程度上决定了土地利益的基本格局。由于城市经济体中的土地利益主要集中在土地空间的利用当中，城镇建设用地使用权构成了土地市场的主要基础。但是，决定城镇建设用地使用权总体供给的并不是民事立法中的土地产权规范，而是土地管理立法中的城乡规划权力。"由于城乡规划的空间资源分配与开发控制都涉及社会群体的利

---

① ［意大利］托马斯·阿奎那．阿奎那政治著作选［M］．马清槐译．北京：商务印书馆，1963：105.

② ［美］罗斯科·庞德．法理学［M］．邓正来译．北京：中国政法大学出版社，2004：440.

益调整”,[①] 无论私法规范中土地产权如何设置，政府部门所掌握的规划权力客观上都决定了城市土地供给的空间范围和数量规模，因而也在很大程度上决定了城市建设用地市场的基本利益格局。在现行法律规范中，土地规划权对土地产权的限制非常具体，但规划权力的监督和制衡却明显不足。按照《城乡规划法》的规定，各级政府享有规划的编制和审批权，人民代表大会及其常务委员会在同级政府将规划提交上级政府审批前对规划进行审议。[②]《城乡规划法》还规定了审批规划前应公告规划草案，并征求专家和公众意见。[③] 但是，无论立法机关的审议还是公开听证，法律既无明晰的程序规范，也未对人大代表或公众意见的表达权利予以明确，甚至与规划具有密切利益关系的不动产权益人也难以在规划的编制与决策中享有必要的公共管理参与权。就此意义而言，公法对权力的监督与约束性规范并非只是公法自身的问题，而是无时无刻不对私法以及私法所保护的个体权利产生着重要的影响，公法和私法事实上存在着难以割断的利益纽带。

其次，公法规范与私法规范之间的有效衔接是保障公民土地权利的必要前提。土地规划不可避免地影响到不动产物权的实现，公权在缺乏监督和有效制衡的情况下极易侵蚀私法性质的民事权利，因规划或建筑许可所导致的城市建筑相邻权受损的案例就非常普遍。《物权法》规定：“法律、法规对处理相邻关系有规定的，依照其规定；法律、法规没有规定的，可以按照当地习惯”。[④] 此处所指的法律、法规显然也包括了《城乡规划法》以及与规划有关的技术性法律规范。政府在执行规划法规的同时也是在为相邻关系确立利益划分的标准，《物权法》界定私权的法律规范在法律的事实层面指向

---

① 周剑云，戚冬瑾．《物权法》的权益保护与《城乡规划法》的权益调整［J］．规划师，2009（02）：13.

② 《中华人民共和国城乡规划法》第十六条规定：“省、自治区人民政府组织编制的省域城镇体系规划，城市、县人民政府组织编制的总体规划，在报上一级人民政府审批前，应当先经本级人民代表大会常务委员会审议，常务委员会组成人员的审议意见交由本级人民政府研究处理。镇人民政府组织编制的镇总体规划，在报上一级人民政府审批前，应当先经镇人民代表大会审议，代表的审议意见交由本级人民政府研究处理。”

③ 《中华人民共和国城乡规划法》第二十六条规定：“城乡规划报送审批前，组织编制机关应当依法将城乡规划草案予以公告，并采取论证会、听证会或者其他方式征求专家和公众的意见。公告的时间不得少于三十日。组织编制机关应当充分考虑专家和公众的意见，并在报送审批的材料中附具意见采纳情况及理由。”

④ 《中华人民共和国物权法》第八十五条。

了《城乡规划法》的公法规范，两种规范共同决定了不动产权益分配的最终格局。需要特别指出的是，《城乡规划法》中对不动产相邻关系的处理并不必然与《物权法》的处理原则相一致。《物权法》要求“按照有利生产、方便生活、团结互助、公平合理的原则”① 处理相邻关系，而《城乡规划法》则以“协调城乡空间布局，改善人居环境，促进城乡经济社会全面协调可持续发展”② 为立法宗旨。因此，土地产权制度不只是涉及私法规范中的权利界定，同时也涉及公法规范中的权利保护，二者必须统一在权力规范行使的法治框架之下。正如有研究者指出的那样：“政府规划公权的行使应当遵循合宪原则、合法原则、合理原则，使公共利益与私人利益实现互动，达到公权与私权的相互制约与平衡”。③

最后，公权和私权的利益界分不应盲目地将公共利益凌驾于个体权利之上，所谓公共利益实际上是众多个体权利的集合，而个体权利的保护本身也是一种公共利益的体现。土地规划权力与土地财产权利之间的协调与平衡，需要法律规范提供利益衡量的价值优先序列，更需要判定价值序列的法律规范自身符合利益分配与权力运行的正义原则。法律应当在规范体系中将政府作为公共管理者和土地财产权人的身份加以区隔，至少裁定利益的人自身不应该成为利益的当事人。法律还应当统合公法与私法的规范体系，对土地关系中的公共利益和个体权利进行合理界定，为私权的司法救济提供切实可行的依据。唯其如此，土地产权制度才可能适应城镇化的利益变局，成为土地利益公平分配的法律基石。

## 第三节 住房保障中土地利益平衡的基本要求

土地权利的配置，主要在土地供应以及土地利用两个层面对住房保障构成重要影响。一方面，合理的土地权利配置能够有效地满足城市化进程的土地需求，为住房建设提供最重要的物质保障。另一方面，城市化进程中土地

---

① 《中华人民共和国物权法》第八十四条。

② 《中华人民共和国城乡规划法》第一条。

③ 朱喜钢，金俭．政府的规划权与公民的不动产物权［J］．城市规划，2011（02）：82.

资产的增值势必刺激土地的投资性需求，不恰当的地权配置会导致此类需求畸形膨胀，并加剧住房保障的压力。此外，各种不同类型的城镇因其产业规模、产业特性以及交通区位的差异，对住房以及土地的需求会存在相当大程度的区隔，土地权利的配置必须能够适应市场需求的变化，否则土地资源就难以有效率地投入市场运行当中。结合当前土地和住房市场的主要矛盾，本书将从以下三个方面分析中国住房保障中土地利益平衡的基本要求。

## 一、土地利益分配的市场调节与政府调节

城市化是住房保障问题的一个重要背景，住房短缺问题的出现在很大程度上是土地资源利用不合理的结果。尽管相对于中国庞大的人口而言，土地资源是相对短缺的，但城市居住用地的供应总量并不应当存在不足的问题。按照政府公开数据，2016 年底城镇和农村人均住房面积分别为 36.6 平方米、45.8 平方米。2010～2017 年的住宅房屋竣工面积则分别达到了 174603.86 万平方米，197452.24 万平方米，195103.00 万平方米，193328.47 万平方米，192545.05 万平方米，179737.82 万平方米，171471.26 万平方米，155111.82 万平方米，① 八年期间竣工住宅面积超过总量 145 亿平方米，因而住房供应总量不存在明显的短缺问题。但是，从部分城市的调查情况来看，大中型城市的城镇居民住房条件存在非常大的结构性差异，呈现出明显的“二八现象”，户籍人口中的 80% 以上拥有一套及一套以上住房，而非户籍常住人口中相当大比例的人群仅能租赁“城中村”、地下室、群租房、工棚等居住条件较差的住房之中。虽然囿于各种原因，全国城镇常住人口的住房情况缺乏精确的统计数据，但是，非户籍常住人口较大一部分集中在大中型城市，也加剧了大中型城市的住房短缺。从房地产投资以及调研访谈的情况来看，大中型城市住宅的相对短缺与中小型城镇住宅的相对过剩是并存的现象，这也和中国当前各区域的城镇化进程和发展方式存在较大差异基本吻合。所以说，中国当前的住房保障问题更主要的是结构性住房市场调整，其中，如何协调市场

① 资料来源：国家统计局数据库“全社会房屋施工、竣工面积和价值”，访问网址：http：//www.data.stats.gov.cn.

调节和政府规划控制的关系就成为一个非常重要的问题。土地权利的合理配置将是协调二者关系的一个重要手段。

### （一）城市住房市场需要政府对其土地利益进行调整

城市住房市场中存在的结构性矛盾，意味着城市化进程中的市场化调节机制存在一定程度的缺陷。价格机制难以引导大量新增城市人口进入中小城镇就业，而大中型城市的就业吸纳能力与住房供给能力又难以匹配。换言之，劳动力价格与居住价格，难以在数量和质量上达成合理的匹配水平。在相对宽松的居住条件下，中小城镇的住房价格较为低廉，但是其就业难度较大且劳动力价格也相对低廉。大中型城市的住房相对短缺，住房价格较为昂贵，但是其就业难度相对较小且劳动力价格相对较高。只要大中型城市的劳动力价格和就业机会高于其生存成本，就可能吸纳新的人口流入，但是生存成本却未必合乎社会道德和人权标准的生活水平，这就产生了城市相对贫困的问题。住房保障问题本质上只是城市相对贫困的表现形式之一，其中居住条件的合理标准，是衡量一个城市吸纳就业能力与住房供应能力是否失衡的一个重要尺度，也是所谓确定相对贫困的一个重要界线。城市产业发展提供了新的就业机会，但是就业和收入水平与城市的住房供应价格之间，未必能够通过市场机制达至均衡。因为城市产业越发达，其土地价值越高，住房价格也就越高，城市就业者的住房支付压力也就越大，而较高的劳动力价格将不利于某些产业的发展。

通常来说，劳动密集型产业和低附加值的制造业，更能吸纳简单劳动力就业，但是其对廉价劳动力的依赖也最为明显，所对应的住房支付能力也就越低。由于土地具有较强的投资属性，并且其价格黏性较高，因而此类城市中土地和住房价格的上涨速度往往远远快于城市新增就业群体的收入增长水平。当城市经济的发展是建立在类似特征的产业基础上时，住房保障的压力就会更大，市场调节所产生的住房均衡状态，通常都低于一般人权和社会道德所能够接受的水平，相对城市贫困和住房短缺也就极易产生。对于这类处于发展中或较低发展水平的地区和城市而言，政府提供较大力度的公共性住房供给，将产业发展的利益，通过公共服务适度向新增城市人口转移，将有助于促进城市经济的可持续发展，也更利于城市社区各群体之间的利益平衡。发达国家和地区的一个主要经验，就是通过土地税收以及土地增值收益形成收入来源，并通过建设公共住房向低收入群体转移支付。中国过去30年的城市发展中，特别是东部沿海较发达地区的城市，实际上并未在这方面启动过较大规模的公共住房建设计划，而是将土地税收和土地增值收益中的绝大部分用于地方政府的建设性投资当中。这虽然在一定时期内促进了整体经济规模的大幅度增长，但是却也埋下了城市发展缺乏可持续性的隐患。因此，通过地权制度的改革，改进土地公共收入的分配格局，将会是确保中国城市经济长期健康增长的一个重要手段。

### （二）政府对土地利益的调整应建立在市场规律的基础之上

政府在住宅用地供给中所发挥的作用同样存在较大缺陷，基本住房需求和投资性需求，未能在土地权利的配置中得到区别对待，从而在客观上加剧了城市住房相对短缺的矛盾。土地作为一种重要的社会财富载体，其稀缺性和不可生产性增加了土地作为投资工具的吸引力。当一个国家或地区开始进入城市化进程之后，城市土地的价值必然伴随着工商业的发展而得到快速提升。投资性需求通常更重视土地的交易价值，对于土地的交易性权利更为关注，而居住性需求往往更重视土地的使用价值，对于土地的使用性权利更为关注。当然，投资性需求和居住性需求并非完全泾渭分明，许多住房需求当中二者兼而有之，而且城市居民的住房需求会随着收入状况、社会经济发展程度以及科学技术水平的变化而变化。上述特征要求政府在制定住房政策时，必须解决两个层面的制度设计问题。第一个层面，要求政策制定者必须合理区分和区别对待投资性需求。一项成功的住房政策或住房制度，必然能够科学地引导投资性住房需求，既要形成投资促进住房市场良性发展的格局，又要抑制投资性需求过度攫取城市土地增值和经济发展的利益。第二个层面，制度设计者必须能够为住房需求的动态变化提供自动调节和引导机制，以在微观上促进住房和土地资源的合理流动与配置。制度不应当成为阻止人们改善自身居住条件的障碍，而应当通过适度给予土地和住房的投资性利益，来促进住房资源的有效配置。当一种居住性需求向投资性需求转换时，既不应该采取统一用简单划一的政策予以限制，也不应当放任土地和住房的投资收益过度集中于特定群体。

具体来说，政策和制度的制定者需要将规则确立在市场规律的基础之上，对投资性需求和居住性需求进行合乎经济逻辑的调节。当期的城市土地供应制度中，对于不同的住房需求采用了一些有限度的区别性土地供应政策，但是显然未能充分发挥其应有的作用。2006 年国务院启动的房地产价格调控政策中，就明确实施了差别性土地供应政策，[①] 但是 2006 年以来的城市住房价格仍然有较大程度的涨幅，住房结构也并未因此产生非常大的变化。本书认为，其原因至少有三。其一，全国统一的套型面积限制政策难以适应市场的差异性要求，市场在利益驱动之下势必会产生大量逃避或规避监管的行为。在经济发展程度、人口密度、居住需求差异巨大的不同城市中，70% 以上的建设开发面积，被统一限定为开发套型面积在 90 平方米内的住宅，这显然会产生明显不同的效果。一些土地和住房价格较高的大城市中，优质土地将更多地被开发为高档住宅，从而加剧小户型住宅向边远城郊转移的压力，这又进一步刺激了城郊住宅价格的上涨。对一些中小城市来说，中小户型住宅难以满足市场的正常居住需求，反而可能制造导致其住宅市场过剩的隐患。更糟糕的是，针对不同套型的差异化土地供应政策，会产生土地供应上的政策性利差，并激发与此有关的政策套利和寻租活动。例如，一些城市住宅开发项目将大套型商品房设计为两个彼此相对独立，却又可以连接使用的住宅，从而逃避套型面积的限制。其二，限制套型建筑面积的政策缺乏充足的实施手段，基于精确数据和统计的经济管理活动必须以掌握充分的市场信息为前提，限制套型建筑面积以及差别化供应土地的政策，需要决策和执法部门充分掌握具体土地开发项目的信息，对于不同城市的住宅市场需求要有充分和科学的信息来源，并且能够在信息和执法上及时、有效地予以监控，否则相关政策将很难实际推行。从近年来政策执行情况来看，不仅不同类型的住房用地缺乏明确和

---

① 《国务院办公厅转发建设部等部门关于调整住房供应结构稳定住房价格意见的通知》第一部分第（二）项规定："自 2006 年 6 月 1 日起，凡新审批、新开工的商品住房建设，套型建筑面积 90 平方米以下住房（含经济适用住房）面积所占比重，必须达到开发建设总面积的 70% 以上"。该《通知》第二部分第（六）项还明确要求："各级城市人民政府要编制年度用地计划，科学确定房地产开发土地供应规模。要优先保证中低价位、中小套型普通商品住房（含经济适用住房）和廉租住房的土地供应，其年度供应量不得低于居住用地供应总量的 70%；土地的供应应在限套型、限房价的基础上，采取竞地价、竞房价的办法，以招标方式确定开发建设单位"。

清晰的规则界定，住宅套型面积的限定也常常徒具空文。其三，在土地和住房价格上涨预期未能有效扭转的前提下，市场的投资性需求反而因为价格和供应量上的差异化土地政策而产生了更大扩张。因为减少较大户型住房数量的预期，更能够提升此类住房市场的购买动机，而中小户型本身也并不成为投资性需求的障碍。从根本上来看，只要土地供应制度不构成对土地升值预期的障碍，那么此类调控政策就难以发挥真正抑制投资性需求的作用。

所以，政府对土地利益的调节必须建立在市场规律的基础之上，其任何具体的调控措施或制度规范，都不应当忽视市场主体的利益动机。就当前的住房市场而言，加强住房保障的关键性制度，是针对住房投资性需求建立符合市场规律的差异化土地供应制度。

## 二、不同住房需求中的土地利益调整

投资性需求过度膨胀是产生住房保障压力的直接原因。一方面，投资性需求在购买力和可消费数量上挤压了居住性需求的空间，另一方面，投资性需求和居住性需求对住房价格的关联完全相反。按照一般经济原理，土地和住房价格下降会刺激居住性需求的增长，而价格的上涨反过来刺激投资性需求的增长。过快上涨的住房价格势必妨碍人们居住性需求的满足，特别是当投资性需求主要追求住房价格上涨，而不是住房出租收益时尤其如此。各国的住房保障经验也表明，为了保障城市住房居住性需求能够得到有效满足，有必要对住房的投资性需求施加一定程度的限制和约束，以差别化对待两种不同需求的土地供应。本书认为，除了财税制度之外，土地权利结构上的制度设计对平衡两种不同性质住房需求具有重要影响，具体来说可从以下两个方面进行分析。

### （一）基本居住需求中的土地利益平衡

通常来说，城市居民中的大部分群体，可以通过住房市场和收入再分配政策满足其基本居住需求，因而需要重点保障的是少部分缺乏市场购买力的低收入群体。由政府承担的公共住房体系应以满足购买力不足的群体的住房需求为主，其土地来源一般以政府或公共组织的无偿供给为主，购买或租赁公共住房的个人，通常不必为所占用的土地支付全部价款。同样，由于住房性质和需求属性不同，此类住房及其所占用的土地通常也受到市场交易方面的限制。改革开放以来，中国住房保障领域所采用的经济适用房、廉租房等类型的住房都具有类似的特征。

实践中，受到产权限制的保障性住房，容易产生土地资源低效率配置的问题。随着城市和居住者个人经济和社会状况的改变，此类住房和土地就会因无法适应新的住房需求而产生流动的必要性。但是，土地价格补贴和土地产权限制，势必导致此类住房难以满足流动性的需要，一些保障性住房及其所占用的土地，就有可能被低效率地利用。为解决上述问题，需要加强保障性住房分配管理，通过合理的申请和退出机制，来提高住房和土地的利用效率。但是，更为关键的措施是调整土地权利结构，以建立起适应市场变化的利益分享机制。以当前的保障性住房建设而言，就应当协调规划立法和住房立法的关系，将保障性住房土地需求的动态变化考虑到城市规划当中。在确保保障性住房权益人基本居住需求的前提下，以适当的方式为住房和土地用途变更提供可能。这就要求在保障性住房建设时，考虑房屋和土地用途变更的可能性，在立法中对保障性住房权益人（包括购买者和承租人）的权益补偿预先做出安排。举例来说，目前以人才公寓形式向各类专业人才提供的保障性住房，就存在人才流动之后土地和住房所有权与实际使用权分离的情形，若不对这一产权形式进行调整，可能造成住房浪费或者利益冲突的情形。①

从国外住房保障体系发展情况来看，发达国家大多经历了从住房实物保障向住房补贴转变的历程，即便保留的公共住房项目也出现了企业化经营管理的趋势。国外学者的研究认为，公共住房和住房保障社会化的趋势日益明显，“其中一个变化就是公共责任向社会责任转变，公共机构的独立性日益

① 由于一些用于保障专业人才住房需求的专用住房系占用划拨土地使用权，因而就存在以转让房屋使用权作为签订服务期合同条件的情形。当服务期届满，权益人仅取得该房屋的使用权，而无法取得住房的所有权和土地使用权，这类房屋往往也不再用于满足权益人的实际居住需要，却囿于产权关系而无法进入住房市场，也未能预先设定能够使权益人利益得到合理补偿的赎回机制，从而造成了住房资源的浪费和低效率配置。

增强。公共财政被私人融资所取代。政府补贴也从产权性补贴形式转向住房补贴或住房券等较少干扰市场关系的补贴形式”。[①] 住房保障社会化不仅表现为住房管理机构和住房保障项目的社会化，还表现为住房保障形式的流动性不断增强。一个重要的经验或教训就是，政府、社会组织以及个人向住房保障事业的投入应以具有流动性的形式提供给住房困难者，以利于他们在获得住房物质保障的同时不被剥夺选择住房的权利。仅以住房保障中的土地利益而言，国外的住房政策研究指出：“如果土地所有者以及房屋开发商能够为了租金而进行竞争，那么低收入者就会有更多的自由选择他们想要居住的地区”。[②] 概言之，发达国家的住房保障实践表明，无论是实行土地公有制还是私有制，住房保障必然涉及保障对象与社会其他群体之间的土地利益分配，保障性住房的产权形式必须在土地权利的流动性与住房保障权利的可获性之间维持平衡，剥夺保障性住房产权的流动性在一定程度上也是对被保障对象住房选择权的剥夺，应予重视。

### （二）通过竞争性税收政策调节不同居住需求

一般居住性需求应当主要以市场调节为主，但也有必要在土地利益的分配上区别对待一般居住性需求和投资性需求。纯粹的居住性需求，通常以土地使用价值为需求的主要内容，并且不动产的主要增值收益来自土地而非房屋，因此，典型的居住性需求并不能从土地增值收益中获取更多收入，而投资性需求则直接指向土地的增值收益。通过税收以及土地利益的再分配政策，有可能在抑制投资性需求的同时，确保居住性需求的市场空间。与基本居住需求不同，一般居住性需求的具体标准和范围差异较大，在不同城市、不同发展阶段以及不同收入水平下，其住房需求的具体内容具有较大差别。税收手段能够发挥作用的一个基础性条件，是税务机关能够完整、及时地掌握土地和房屋产权的登记和管理信息。因此，不能简单划一地设定和划分投资性需求的认定标准，而应当将土地和房屋资本增值税的税基认定标准交由

---

① Hugo Priemus, Frans Dieleman and David Clapham. Current Developments in Social Housing Management [J]. Netherlands journal of housing and the built environment, 1999 (03): 213.

② Danilo Pelletiere, Sheila Crowley. Affordable Housing Dilemma: The Preservation vs. Mobility Debate [J]. SSRN Electronic Journal, 2012 (05): 29.

地方政府决定。各城市之间的土地税收方案将形成城市之间的税收竞争，并且税源的大小将与其就业和居住环境相适应。竞争性的税收政策，对于城市管理者优化土地权利的结构也将产生积极影响，大量划拨用地或者限价、限购土地将不利于扩大其不动产税源，而过高的不动产价格和税收负担，则会降低城市的就业吸引力，从而抑制不动产的购买需求，减少城市长期税收来源。另外，税收在法律制度设计与实施结构上更为成熟，其适用也更具普遍性和规范性，因而通过税收这一公权对土地产权施以限制，要比行政性的管制措施更易于杜绝寻租行为。

土地税收只是土地利益调节的一个方面，平衡不同住房需求还有赖于土地利益再分配政策的配合。在不动产市场交易中，很难将投资性需求和居住性需求彻底区分开来，但是对土地增值收益，普遍征收调节性税收之后通过再分配政策来补贴居住性需求，就成为一个非常必要的政策。由土地增值部分形成的税收所对应的收入转移分配，可以防止税收对正当的居住性需求构成障碍。与一些国家立法中所采取的物业税支出政策不同，本书并不赞成将物业税对应于税源所在地的公共服务水平，因为这只会扩大社区间的利益分配差异，并降低税收对投资性住房需求的调节作用。税收作为一种再分配政策的收入部分，在普遍征收原则上，应当同时贯彻和对应均等化的支出原则。按照经济学基本原理，需求是主观意愿和客观市场的结合，具体而特定地识别某一项需求为投资性需求或居住性需求，在管理上存在较大的复杂性，立法很难设定一个准确而科学的标准来区别投资性需求和居住性需求。不论是价格标准或面积标准都有可能产生一定程度的偏差。所以，在利用税收调节不同住房需求的同时，有必要通过土地利益的再分配政策，来补偿一些可能受到损害的正当需求。例如，一些实施房产税普遍征收原则的国家通过税收返还、税收减免以及财政补贴或财政贴息等方式，向中低收入群体进行转移支付，将土地增值收益所形成的财税收入用于均等化的公共服务和公共设施购买，则是另一种转移支付手段。

无论具体采用何种模式，针对不同住房需求所采取的利益调整机制必须以完善的公共收入和支出体系为基础，缺乏公正、民主和透明的公共财政体系将难以发挥调节土地利益的作用，甚至公共财政自身反而会产生针对土地利益的寻租集团，进一步妨碍土地利益分配的公平性。只要公共财政体系本身的治理是有效的，那么在具体的收入和支出模式中是采用中国香港地区或新加坡的政府主导模式，还是采用美国的市场主导模式，是以公有土地的批租形式取得收入还是以土地或资本增值税形式取得收入，都有可能取得成功。就中国当前的住房保障和住房市场调控情况而言，加强土地的公共财税体系治理是调节不同住房需求、平衡土地利益分配的首要任务，保护私权和治理公权将是两条并行不悖且彼此呼应的改革道路。

## 三、城市住房保障体系中地权需求的差异化

不同城市、不同发展阶段的住房保障体系，需要不同的土地权利配置，不同的住房需求所指向的土地权利需求，也具有一定的差异。因此，城市住房保障体系中的地权需求理应具有一定的差异性。造成住房保障政策困惑的主要问题，在于差异化的地权需求之间可能会产生一定程度的冲突和矛盾，如何协调土地权利与住房权利、交易性权利和使用性权利之间的冲突，将是科学设定土地权利体系以满足住房保障需求的关键性问题。

首先，空间置换应当作为差异化土地管制政策的一个重要组成部分。土地的使用价值在城市经济体中主要集中于土地的空间价值之中，《物权法》事实上也间接地承认了空间权是土地用益物权一个重要组成部分。[①] 住宅在物质构造上正是建筑材料和空间的一种特定组合，不占有特定空间的住宅不可能存在，但空间又不是住宅使用价值的唯一构成因素。所谓居住性住宅需求不仅体现在居住空间的需求上，也体现在住宅构筑体的宜居性上，二者在物质基础上存在密切的关联性。法律无法将土地空间与住宅权利完全剥离，任何试图限制土地空间权利的规范，都有可能同时限制住宅权利的实现。因此，通过管制土地产权来抑制投资性住房需求，并不能取得太好的调控效果，反而可能会造成某些居住性住房需求无法得到满足。一个比较可行的方法是，放松土地产权方面的限制，转而以可置换的土地空间权利为手段来调节不同的住房需求。例如，法律可规定，不同城市可按该地区人均居住面积

① 《中华人民共和国物权法》第一百三十八条规定："建设用地使用权出让合同一般包括下列条款：（三）建筑物、构筑物及其附属设施占用的空间。"

水平确定一个合理的空间范围。当权利人需要在不同区位更换其居所时，可按照不同交通区位的空间权利进行折算后予以置换，置换范围内的住宅产权交易，可以享受免税或低税收的优惠。对于超出合理空间范围的住宅产权交易，则征收较高的税收。与现行的一些按照建筑面积进行住房交易管制不同，所谓空间权利理应将交通区位、住宅可使用面积以及社区的生活便利性等因素一并纳入权利范围，并且不同城市可根据自身经济和社会发展状况，制定适用于本地区的合理空间范围标准以及不同区块住房空间的折算比例。

其次，对土地交易性权利的限制，应当更多地通过税收而非行政审批的手段加以实施，同时要通过市场管理水平的提升降低房屋租赁的交易成本。土地的使用性权利与交易性权利的划分，在学理和研究上具有较为清晰的界限，但是在管理上却并不容易分辨和识别。因为交易的一个重要目的是通过产权的归属，消除财产使用过程中产生的经济外部性以及风险控制问题。例如，在中国当前的住房市场中，户籍人口的住房自有率高达80%以上，并且相当一部分城市的房价租售比超出了300：1的国际警戒线，[①] 此时按照经济规律，理应刺激人们转而通过租赁租房而非购买住房来满足居住需求。但是，中国的高住房自有率与高房价租售比同时存在，租房居住的人口却相对于发达国家而言较少，似乎与一般经济规律相矛盾。本书认为，其中一个原因，就是租赁契约的交易费用要远远高于购买住房，租房者所支付的真实租金水平高于其向出租者支付的房租价格。当为达成和履行租赁契约而支付的搜寻、谈判、监督以及执行成本过高时，实际的房屋租赁成本要远高于名义上的房屋租金价格，人们更倾向于购买房屋而不是租赁房屋。因此，我国住房自有率偏高不仅是居住文化心理上的因素所致，实际的经济规律也同样发挥了作用。所以，人们在多大程度上寻求土地的交易性权利和使用性权利的重合，一是取决于房屋所有权所带来的投机性升值预期，二是由房屋租赁市场的交易费用多寡所决定。对于前者，采用行政审批性质的手段来限制土地的交易性权利，无助于控制房地产价格的上涨预期，反而会因为土地交易量的减少和交易套利机会而刺激市场的购买欲望。各国的房价预期管理中，一

---

① 资料来源：吴福象，姜凤珍．租售比、房价收入比与房地产市场调控——基于区际差异化市场比较的实证分析［J］．当代财经，2012（06）：81.

个比较成熟的做法是通过对土地的增值部分进行税收调节，以降低房地产市场的升值预期。当然，在进行税收调节的同时，加强公共管理水平以降低房屋租赁市场的交易成本，是平衡土地交易性权利与使用性权利冲突的一个重要配套措施，否则，本应由房产投资者承担的高额税收，将有可能通过租赁成本的上涨转嫁给最终的住房使用者。

最后，对城市土地权利的管理实施类别化立法。当前城市土地权利的法定类型主要分为划拨和出让两种。但事实上，权利的具体需求存在较大差别，一些城市的划拨土地使用权，会通过各种途径进入住房需求市场（例如经济适用房等）；而一些城市的出让土地使用权，则会因为各种原因变成沉淀和闲置的土地资产。为了最大限度地激活土地市场以保障城市住房需求，土地权利配置需要具有一定的灵活性。这里需要强调的是，法定物权类型的基本稳定与市场交易权利的多元化并不矛盾，允许住房主体根据市场需要，在现有法定权利的框架内以约定的形式重新组合土地与住房权利，将有利于不同城市选择适合其基本情况的住房保障制度。例如，江苏省无锡、连云港、姜堰、高邮、苏州、淮安等市共安排1000户进行保障性住房共有产权试点。上述城市的试点方案通过政府和购房者共同出资购买住房，政府所持有部分的产权则以租赁形式提供给购房者使用，并按比例逐步由购房者赎回政府所持有的份额。试点方案中，“所有权的权能划分方面，政府向受助住户让渡占有权和使用权，试点均对租赁、抵押、出售等方面做了不同程度的限制”。[①] 住房共有产权、赎回权、租赁权都是现有法律体系中已经存在的法定权利形式，试点方案将其组合在一起就产生了一种新的住房保障方式。当然，囿于中国法律和政治体系中土地权利设置具有一定的政策性因素，并非所有住房保障形式中的土地权利，都可以在现有法规和政策框架下创设。前述试点方案中大多设置了国有产权部分的回赎安排，也即将共有产权作为住房保障的一种过渡性安排，证明了产权限制难以适应市场的流动性需要并且存在一定的外部性问题。所以，住房保障权利的设置既要激发地方政府在社会管理中的创造性，又要防止在权利分配过程中产生利益失范的可能。本书

---

① 吴立群，宗跃光．共有产权住房保障制度及其实践模式研究［J］．城市发展研究，2009(06)：8.

认为，一个比较可行的立法框架是对不同城市进行类别化划分，并按照不同城市类别进行土地管理和立法上的区别对待。结合当前已经在房地产调控政策领域中出现的类别化调控思路，在土地权利的管理上也应适当予以区别化对待。一些住房供应较为短缺的大中型城市，应当允许保障性住房采用更为多样的土地产权形式，而对于中小型城镇则应当推行更为市场化的土地供应制度，增强住房保障的市场化引导能力。例如，在中小城镇中允许购房者按照一定条件购买保障性住房建设所占用的划拨土地使用权，并在完成购买后将其转换为出让土地使用权。

总之，要提升中国的住房保障水平，需要在土地权利设置上进行更符合市场规律的改革，而不是只进行供求关系上更市场化的改革。政府在土地产权形式设置、土地利益分配以及土地管理方式更新中，都应当更加注重经济规律和市场规律的作用，政府自身的行为也应当纳入市场逻辑之中。

| 第三章 |

# 保障性住房土地供给法律制度之构想

完整意义上的住房保障，由针对不同收入群体的住房供给体系构成，其中，中等收入群体的住房保障主要在于住房市场机制的有效运行，而低收入群体的住房保障则更依赖于公共干预的直接介入。在一个幅员辽阔且人口众多的国家，政府或社会组织直接建造或提供的保障性住房，应当只是整个住房供给体系中的较少部分，而不应成为保障性住房供应的主体。[①] 但同时也不得不承认，一部分社会群体不可能通过竞争性住房市场获得适当住房，也不能仅依靠货币化的补贴手段增强其获取住房的能力。在中国当前住房市场体系尚不健全的情况下尤其如此。当然，政府在向中低收入群体提供住房保障的过程中，有必要根据保障对象选择不同的保障方式。如前文所讨论的一样，直接的实物保障不应当成为住房保障的主要形式，欧美发达国家的住房，也大都经历了从实物保障为主向市场化保障为主的转变历程。例如，2004 年，美国联邦政府“用于公共住房、租房券和其他直接住房资助的花费为 300 亿美元，但是它为有房户、出租房和抵押贷款收益债券的投资者提供的税收减免达到了近 1200 亿美元，四倍于它的直接住房支出”[②]。因此，只有完全或部分依靠市场机制无法实现特定城市居民的基本住房保障时，政

① 尽管中国香港地区和新加坡都通过公共性住房体系较好地解决了多数城市居民的住房保障问题，但这两个事例恰恰都是以其管辖范围局限于单一城市，经济发展速度和人口密度都较高为特征。由多种不同形态、经济发展差异较大的多个城市所组成的大型经济体则未有实施类似政策的先例。作者以为，就管理的复杂性和政府治理水平以及经济体所能承受的商业化土地价格而言，中国的住房保障并不具有大规模复制中国香港地区或新加坡经验的基础，也无此必要。

② 阿列克斯·施瓦兹. 美国住房政策 [M]. 黄瑛译. 北京：中信出版社，2008：71.

府才应当考虑以实物保障的方式向其提供住房保障，尤其是在特定时期或特定地区存在住房供应上的整体短缺时更加如此。直接以实物方式提供的住房保障必然涉及土地供应，如何规范地确立保障性住房的土地供应机制，并合理分配其中的土地权利将是保障性住房建设顺利推进的重要前提。

## 第一节　保障性住房建设用地的主要来源及其法律依据

中国目前的保障性住房并无准确的法律定义，其统计的大致范围包括了经济适用房、拆迁安居房、改造房、两限房，甚至部分企事业单位的福利房。从产权形式来看，目前的保障性住房大致可分为购买型和租赁型两个类别。由于租赁型保障房更适合我国当前城镇化建设的需要，也更贴合新增城市人口的支付能力，并且从管理和运营角度也更容易实现保障性住房分配的公平性。特别是考虑到当前住房供应格局已经从住房短缺进入供需整体平衡的阶段，由政府或公共组织所有和管理运营的租赁型住房应当成为我国当前保障性住房建设的主体。其他产权类型的保障性住房虽然也有其存在的必要性，但不宜作为保障性住房的主要形态。从土地供应的角度来看，我国未来的保障性住房主要应以公共租赁房、有限产权住房作为保障性住房的主要形式。本书将对其建设用地来源和法律依据的现状分别进行分析。

### 一、公共租赁住房的建设用地来源及其法律依据

公共租赁住房分为新建和已有住房两种形式，其中新建住房又包括政府投资建设和开发配建两种情况。目前，城市建设用地仅有国有土地使用权划拨和出让两种形式，但具体到建设用地的来源则可能存在多种情形，划拨或出让用地中的一部分来自新征收的集体土地，一部分来自城市拆迁改造过程中对土地使用权的收回，还有一些则可能来自政府依法没收或收回的违法用地。简言之，保障性住房用地可以来自城市用地中的增量，也可以来自城市

用地的存量。按照现行法律规定，政府及公共组织可以通过以下来源取得保障性住房的建设用地。

其一，征收集体所有的土地。按照现行法律的规定，除兴办乡镇企业、农村居民建设住宅、在乡村兴建公共设施或兴办公益事业可使用集体所有的土地外，其他单位或个人需要使用建设用地的都必须获得国有土地使用权。并且，建设用地涉及占用耕地的还必须办理相应的审批手续。① 所以，目前集体所有的土地要转为城市住宅用地的，都必须先通过政府征收的法定程序，将集体土地转换为城市建设用地，然后以划拨或出让的方式取得。

其二，有偿收回国有土地使用权。按照法律规定，城市土地属于国家所有，但是土地使用权通过划拨或出让为单位或个人所持有。在土地使用权期限内，需要改变既有的土地利用形式，将某一特定土地用于保障性住房建设项目，则需要对该幅土地上的建筑物和构筑物进行征收。由于建筑物或构筑物必然依附于一定的土地权利而存在，所以法律规定，在征收国有土地上的房屋时，其国有土地使用权予以收回。② 但是，按照《国有土地上房屋征收与补偿条例》的规定，土地使用权虽然因房屋征收拆迁而被收回，但其本身不属于征收补偿的范围。《物权法》中也未将土地使用权等用益物权作为征收的对象，这与土地公有制的认识显示是一致的。《国有土地上房屋征收与补偿条例》的明文规定中也未将土地使用权列入征收补偿范围之中。③ 法律对土地使用权的补偿显然不属于征收范围，而属于收回或调整。《物权法》规定了因动产或不动产被征收，导致用益物权消灭或影响其行使时可依法获得补偿。④ 同时《物权法》规定，建设用地使用权期间届满前的收回土地的，除应补偿其地上之房屋和其他不动产之外，还应当退还其相应的土地出让金。⑤《城市房地产管理法》规定了因公共利益需要而征收国有土地上单位或个人房屋的，被征收人所享有的权利，并对因征收或其他原因而收回使

① 《中华人民共和国土地管理法》第四十三条、第四十四条、第四十五条。

② 《国有土地上房屋征收与补偿条例》第十三条。

③ 《国有土地上房屋征收与补偿条例》第十七条。

④ 《中华人民共和国物权法》第一百二十一条规定："因不动产或者动产被征收、征用致使用益物权消灭或者影响用益物权行使的，用益物权人有权依照本法第四十二条、第四十四条的规定获得相应补偿。"

⑤ 《中华人民共和国物权法》第一百四十八条。

用期限尚未届满的土地使用权应予补偿做了规定。① 此外，《土地储备管理办法》也对有偿收回土地使用权做了规定。② 上述法律规定共同构成了有偿收回国有土地使用权的情形，收回的土地使用权，可纳入土地储备范围并依法用于保障性住房建设之用。

其三，无偿收回国有土地使用权。现行立法中无偿收回国有土地使用权的规定，主要见之于《城市房地产管理法》当中。该法第二十二条和第二十六条分别规定了两种无偿收回国有土地使用权的情形。③ 一种是土地使用权年限届满，而土地使用者未申请续期或虽已申请但因公共利益未获得批准的；另一种是未按土地出让合同约定期限进行开发超过两年的，可无偿收回其土地使用权。上述两项规定主要适用于出让土地使用权，并不涉及划拨土地使用权。盖因划拨土地使用权的获得本身即具有公益或公共性质，在需要调整或调换土地使用权时，依法理应依循行政方式进行统筹安排，似乎也应当属于无偿收回国有土地使用权的范围。但土地权利的利用涉及数额较大的建筑开发投资，其投资回收之年限也需要较长周期。因此，即便是对划拨土地使用权进行调整或调换，也可能涉及地上建筑物或其他构筑物的补偿问题。并且，按照平衡经济利益的观点，补偿的范围不仅应包括建筑物与构筑物的市场价值，还应当包括因搬迁或转移所需要的费用，以及由搬迁或转移

---

① 《中华人民共和国城市房地产管理法》第六条规定："为了公共利益的需要，国家可以征收国有土地上单位和个人的房屋，并依法给予拆迁补偿，维护被征收人的合法权益；征收个人住宅的，还应当保障被征收人的居住条件。具体办法由国务院规定。"其第二十条规定："国家对土地使用者依法取得的土地使用权，在出让合同约定的使用年限届满前不收回；在特殊情况下，根据社会公共利益的需要，可以依照法律程序提前收回，并根据土地使用者使用土地的实际年限和开发土地的实际情况给予相应的补偿。"

② 《土地储备管理办法》第十二条规定："因实施城市规划进行旧城区改建需要调整使用土地的，应由国土资源管理部门报经有批准权的人民政府批准，依法对土地使用权人给予补偿后，收回土地使用权。对政府有偿收回的土地，由土地登记机关办理注销土地登记手续后纳入土地储备。"

③ 《中华人民共和国城市房地产管理法》第二十二条规定："土地使用权出让合同约定的使用年限届满，土地使用者需要继续使用土地的，应当至迟于届满前一年申请续期，除根据社会公共利益需要收回该幅土地的，应当予以批准。……土地使用权出让合同约定的使用年限届满，土地使用者未申请续期或者虽申请续期但依照前款规定未获批准的，土地使用权由国家无偿收回。"第二十六条规定："以出让方式取得土地使用权进行房地产开发的，必须按照土地使用权出让合同约定的土地用途、动工开发期限开发土地。超过出让合同约定的动工开发日期满一年未动工开发的，可以征收相当于土地使用权出让金百分之二十以下的土地闲置费；满二年未动工开发的，可以无偿收回土地使用权；但是，因不可抗力或者政府、政府有关部门的行为或者动工开发必需的前期工作造成动工开发迟延的除外。"

所损失的合理利益。基于以上原因，无偿收回的土地使用权仍应以出让土地使用权为主，而收回或调换划拨土地使用权用于保障性住房，则应当以地上建筑物之历史成本及其市场价值为基础进行衡量。

其四，没收违法建筑物及其土地权利。违法利用土地需要承担一定的行政责任，其中一种行政处罚措施就是没收违法用地之上的建筑物或其他设施。没收违法建筑的主要法律依据来自《土地管理法》，该法第七十三条规定，买卖或违法转让土地的，对于不符合土地利用总体规划的应予拆除，而对于符合土地利用总体规划的，则可以没收该非法用地之上新建的建筑物或其他设施。[①] 该法第七十六条对于未经批准或采用欺骗手段骗取批准而非法占用土地的，也有类似的没收规定。依据上述立法，住房和城乡建设部 2012 年颁发了《关于规范城乡规划行政处罚裁量权的指导意见》。按照该指导意见的规定，对违反城乡规划的建筑物或构筑物，若拆除该违法建设可能影响相邻建筑安全、损害无过错利害关系人合法权益或者对公共利益造成重大损害的，可以没收该违法建设的实物。[②] 上述法规和规章虽然对建筑物和构筑物的没收做了规定，但是却对相关的土地权利未能进行规范。在实际执行中，不是所有违法建设的情形下，都可以仅没收其地上建筑物或构筑物而保留土地权利的现状。违法建设可能涉及整体没收也可能只是部分没收，有些违法建设可能不符合土地利用总体规划，还有些违法建设涉及的土地可能属于集体所有。因此，有必要通过立法进一步明确在没收违法建筑时，违法建设范围内的土地权利应如何处理，是一并没收还是在一定条件下予以没收。本书认为，应依照房地一体的原则，根据没收之后的利用和交易便利需要予以处理。总体上，应采取没收违法建筑时一并没收其土地权利的安排，但对

---

① 《中华人民共和国土地管理法》第七十三条规定："买卖或者以其他形式非法转让土地的，由县级以上人民政府土地行政主管部门没收违法所得；对违反土地利用总体规划擅自将农用地改为建设用地的，限期拆除在非法转让的土地上新建的建筑物和其他设施，恢复土地原状，对符合土地利用总体规划的，没收在非法转让的土地上新建的建筑物和其他设施；可以并处罚款；对直接负责的主管人员和其他直接责任人员，依法给予行政处分；构成犯罪的，依法追究刑事责任。"

② 《对无法采取改正措施消除对规划实施影响的情形》第八条规定："对无法采取改正措施消除对规划实施影响的情形，按以下规定处理：（一）以书面形式责令停止建设；不停止建设的，依法查封施工现场；（二）对存在违反城乡规划事实的建筑物、构筑物单体，依法下发限期拆除决定书；（三）对按期拆除的，不予罚款；对逾期不拆除的，依法强制拆除，并处建设工程造价 10% 的罚款；（四）对不能拆除的，没收实物或者违法收入，可以并处建设工程造价 10% 以下的罚款。"

于其中可能涉及的第三人合法土地权益的，则应在没收的同时给予相应的补偿。

总体而言，上述四种类型的用地，都可能成为保障性住房建设的用地来源，其中一些包括了地上建筑物的土地，甚至可以直接用作保障性住房，特别是公共租赁型的住房。具体来说，对于已经存在地上建筑物并可以用于公共租赁型住房的土地，应当尽量保持其在土地规划范围内的使用状况。对于新增的城市建设用地，可以通过划拨或在出让土地中配建公共租赁住房的形式建设保障性住房。对于有偿或无偿收回的土地使用权，其地上未建设建筑物或其建筑需要拆除的，其相应的用地指标可按一定比例优先用于保障性住房的新建。

## 二、有限产权住房的建设用地来源及其法律依据

在无法通过货币化的补贴政策实现住房保障的社会群体中，还存在一部分不适宜用公共租赁住房提供保障的群体。尽管保障范围和数量相对较小，但是法律也应当对此进行必要的规范。由于住房需求具有多样性，一些按照市场价格购买存在暂时困难的社会群体，希望通过产权型的保障性住房满足其需求，这就促成了有限产权住房这种保障性住房形式的产生。与公共租赁住房不同，有限产权住房形式的保障房以购房者具有一定的支付能力且有偿出售住房产权为前提。这种形态的保障性住房，可以视为兼具市场和政府功能的混合型保障机制，同时也是一种通过产权纽带进行住房管理的保障形式。保留部分有限产权形式的保障性住房，不仅是中国保障性住房政策历史延续的需要，也是满足住房需求多样化的一种必要举措。在具体产权形式上，是进一步完善经济适用房制度，还是创新或扩大共有产权房都将是可以探索和尝试的途径。只是，此类住房的土地供应制度，应当纳入保障性住房建设的顶层设计当中进行统筹规划，以规范其建设用地来源，并使之符合社会群体住房利益的平衡需要。

首先，应予明确有限产权住房中土地权利的分配原则。近 20 年来占据中国保障性住房主体的保障形式是经济适用房，此类住房也是有限产权住房的一种。按照《经济适用住房管理办法》（以下简称《管理办法》）的

规定，所谓经济适用房，是针对城市低收入家庭提供的政策性住房，由政府提供政策优惠，并限定套型面积和销售价格。该《管理办法》还明确指出，经济适用房的供应对象应与廉租房的保障对象相衔接。[①] 为防止经济适用房建设中的套利行为，《管理办法》严禁以补交土地出让金的形式在经济适用房项目上开发商品性住房。从土地产权和套型面积来看，该《管理办法》还规定所有经济适用房的土地以划拨方式供应，并纳入当地年度土地供应计划，其套型建筑面积应当控制在六十平方米左右。[②] 现行经济适用房的法律制度虽然对土地权利的设定已有明确规定，但规则对土地权利的动态管理却不尽合理。例如，该《管理办法》规定，经济适用住房的购买者在五年内不得交易住房，因特殊原因需要交易的，由政府在原出售价格的基础上考虑折旧和物价因素进行回购。在五年期满后，购房者交易住房的应当按照相同地段普通商品房和经济适用住房的差价，向政府缴纳一定比例的土地收益。或者，购房者可以在交纳一定标准的土地收益后取得该房屋的完全产权。并且在取得完全产权前购房者不得将房屋用于出租。[③] 上述规定在缺乏充分的住房管理信息以及监管手段的前提下，实际上很难抑制经济适用房与商品住房之间的套利行为，并且也不符合市场配置住房资源的价格规律。所以，法律应对有限产权住房的土地权利分配原则做更符合市场规律的改进。例如，取消有限产权住房中划拨和出让的区分，允许土地权利中的使用性权利按照空间置换的形式归属于购房者，也即是购房者在出售其购买的有限产权后买入新的自用住宅时，可按照区位、面积等因素予以空间置换。在置换面积内的土地权利可按照市场价格交易，收益可用于住房者购买新的住宅。但是超出空间置换范围的土地权利则应当归政府所有，应予补交或回购。本书认为，由受助住户与政府按适当比例分享土地权利，要比目前在产权上采取交易限制措施，能更有效地综合政府与市场的资源配置功能。

其次，应合理设定有限产权住房中土地供给的条件。有限产权住房因属于政策性住房的性质，其用地多采用划拨用地的方式。按照《城市房地产管

① 《经济适用住房管理办法》第二条、第三条。

② 《经济适用住房管理办法》第十二条、第十三条、第十五条。

③ 《经济适用住房管理办法》第三十条、第三十三条。

理法》的规定①，划拨用地的范围主要适用于公共用地或公益用地，政策性住房用地并未明确列入其中。这一规定，客观上造成了两个后果。一则，由于公益性用地难以准确界定，获得划拨用地的机关事业单位，可能将其中一部分用地用于建设住宅，以供特定范围内的购房者购买和居住。这部分住房虽然也需要得到政府相关部门的批准，但获得划拨用地的单位通常就是政府机关或政府管理的事业单位，甚至负责土地和建设监管的行政机关自身也在此之列。这就使有权获得划拨用地的单位存在将无偿划拨用地用于套利的可能。一些获得划拨用地的国有企事业单位建设高标准职工住房的事例即是明证。二则，由于划拨用地与出让用地的转换缺乏有效规范，很容易产生利用划拨用地进行寻租的空间。现行立法一方面禁止划拨土地使用权转让、出租和抵押，另一方面又规定特定主体所持有的划拨土地使用权，在补交土地出让金的前提下，可以将所持有的土地使用权转让、出租和抵押。② 这两项规定的衔接并不完全符合设置划拨土地公益和公用的目的，而且以用途限制取得土地的方式，在一定程度上破坏了土地资源的市场配置功能。获得划拨土地使用权的单位性质，并不完全对应于土地的实际用途，而且土地在实际使用中具有很大的弹性空间。例如，学校范围内的土地用于后勤商业性设施、政府机关建设的办公楼对外出租等，就很难区分其中的公共或公益性质。实际上，因历史政策原因所产生的公务员、事业单位职工以及其他特殊类型的保障性住房，在性质上应属于特定岗位的福利性住房，应当按照公平和透明的原则予以货币化处理，并逐步限制和取消此类实物性福利的提供与发放。因此，为进一步保障政策性住房的用地供给，应适当缩小

---

① 《中华人民共和国城市房地产管理法》第二十三条规定："下列建设用地的土地使用权，确属必需的，可以由县级以上人民政府依法批准划拨：（一）国家机关用地和军事用地；（二）城市基础设施用地和公益事业用地；（三）国家重点扶持的能源、交通、水利等项目用地；（四）法律、行政法规规定的其他用地。"

② 《中华人民共和国城镇国有土地使用权出让和转让暂行条例》第四十四条规定："划拨土地使用权，除本条例第四十五条规定的情况外，不得转让、出租、抵押。"该法第四十五条规定："符合下列条件的，经市、县人民政府土地管理部门和房产管理部门批准，其划拨土地使用权和地上建筑物、其他附着物所有权可以转让、出租、抵押：（一）土地使用者为公司、企业、其他经济组织和个人；（二）领有国有土地使用证；（三）具有地上建筑物、其他附着物合法的产权证明；（四）依照本条例第二章的规定签订土地使用权出让合同，向当地市、县人民政府补交土地使用权出让金或者以转让、出租、抵押所获效益抵交土地使用权出让金。"

和明确公益和公用事业无偿供地的范围。同时对于公益和公用事业所占用的土地应实行动态化管理，部分已用于住房建设的土地应适时纳入有限产权住房管理范围。

最后，有限产权住房的土地供给应与租赁型住房区别对待，以相对较低的市场价格出让土地为宜。同时可对此类住房的土地权利实行比例化的管理，按照保障对象的收入和居住变化情况，允许其按照市场价格购买或者出售相应的土地和住房权利。对应于有限产权住房的动态管理，管理部门应适时掌握购买人的收入和居住信息，并通过必要的多渠道监督机制予以监督。

## 第二节　保障性住房用地的区位选择、产权形态及其利益平衡

保障性住房的土地供应不仅应当在数量上有所保证，在质量上也同样应当有所规范。影响住房质量的主要是区位选择和产权形态，区位决定了住房的交通可达性以及基础设施的便利性，而土地产权形态则影响了人们对住房进行管理的经济成本。从国外的经验和教训来看，政策性住房项目的选址是否恰当不仅影响到被保障对象的生活与工作便利性，对于整个住房公共政策体系的健康发展也具有非常重要的意义。因为住房不仅是土地和建筑物的组合，同时也是居住者生存与生活环境要素的综合，保障性住房用地的区位选择和产权形态，实际上承载了被保障对象生活和工作利益的方方面面。保障性住房是健全市场经济体系的一个重要组成部分，缺乏人权保障和基本利益协调的城市，将不可能获得经济与社会的可持续发展，也无法实现城市体系的和谐秩序。对此，本书将从城市社会群体之间的利益平衡来予以比较和阐述。

### 一、居住便利与供地成本之间的平衡

城市不同区域的土地，因其交通的可达性与基础设施的便利性而具有不

同的经济价值，交通便利的土地通常会具有更高的市场价格，同时也更接近城市商业活动和就业机会的中心。就交通区位而言，保障性住房应选择交通更为便利、能够更利于被保障者就业和工作的区域，但此类区域的土地价格通常较高，社会保障的成本也相应较高。交通和基础设施便利程度相对较差的区域会有更为低廉的土地价格，但是它通常远离城市的商业活动中心，其就业机会也相对较少。有研究者提出，“保障性住房既不能一味追求低地价而选址在远郊地区进而带来生活配套上的不便，亦不能一味追求优质生活而在地价峰值区域选址，而是要在土地位置和土地价格之间寻找一个最佳平衡点，即均衡最优点”①。但是，一项公共决策的过程与利益博弈，却不可能完全体现在实现设定的数学公式当中，许多难以量化的利益因素很容易被主观的假设与估算所掩盖。因此，一个具有规范性和公平性的公共决策程序，是解决利益平衡问题的重要手段。

城市的住房保障，本质上是不同社会群体之间对经济和社会利益进行再分配的一种方式。高收入群体从城市的繁荣和发展中获取了较多的经济和社会利益，占据或拥有了城市土地资源中更有价值的部分；较低收入群体则因所分享的经济和社会利益较少而可能面临居住困难的境地。虽然造成人们收入分配差距的市场因素很多，保持适度的收入差距也的确有利于竞争和经济发展，但是任何社会体系，都不可能在排斥某一特定群体基本需求和基本利益的情况下获得持续发展。土地利益的分配同样不能将任一特定社会群体完全排斥在外，城市经济和社会发展所产生的土地利益，理应在所有利益相关者之间进行公平分配。就保障性住房的区位选择而言，土地供给成本与被保障对象的生活便利之间的利益平衡点，并非是一个绝对精确和可度量的数字，也绝非是由任何单一利益主体所能决定的。保障性住房用地的区位选择事关城市发展的整体利益，应在一致认可的利益基础上按照公开和民主的规则予以确认。具体到交通区位和供地成本之间的平衡来说，可体现为以下规范及构想。

第一，多元化的决策参与机制。利益的平衡需要利益主体的多元参与。

---

① 汪冬宁，汤小橹，金晓斌，周寅康．基于土地成本和居住品质的保障住房选址研究——以江苏省南京市为例［J］．规划研究，2010（03）：58.

对权利和参与公共事务的排斥，是公民间利益冲突的法律和政治根源，也是经济和社会分裂的一个重要因素。建设保障性住房，正是试图通过社会保障的提供整合社会群体之间的利益，以实现社会成员之间的包容和共同发展。社会排斥理论的研究认为："社会排斥是组织的功能或社会制度和体制的运行，也就是制度性排斥。通过限制获得机会、资源和实现融合所需权力的渠道，一些社会、经济、政治、公民和其他制度与体制往往引发社会排斥。当然，有时候，这些限制并不是主观的，它们往往超出了一些单个个体或实体所能控制的范围"。① 换言之，经济和社会保障方面的政策必须与法律制度中的权利保障相一致，保障社会成员的政治与法律权利才有可能促进其在经济和社会方面的融合。交通便利与供地成本之间的矛盾，表面上只是土地利益分配的问题，实质上则是社会成员参与土地利益分配的权利保障问题。包括被保障对象在内的社会成员，如果不能够广泛参与保障性住房用地的区位选择，其众多利益诉求之间的协调与妥协就不可能建立在令人信服的共识基础之上。因此，本书建议，将保障性住房的区位选择机制纳入住房保障立法之中，并且应具体规范两方面的内容：一方面，保障性住房的选址应能够满足居住者基本的工作和生活需要，其具体条件应根据城市经济发展的平均水平、中低收入工作者的平均通勤时间、配套基础设施的一般服务水平决定；另一方面，保障性住房的选址，应由地方权力机关以公开听证的形式进行，住房建设部门有义务就选址进行说明和接受公开质询，听证代表的产生程序必须透明、公开，并且代表应在所代表的利益群体中具有广泛性，同时吸纳具有独立性的专业组织或个人参与听证。

第二，多中心的城市规划原则。保障性住房选址的合理性，不仅由近期的城市交通与基础设施决定，还具有一定的动态和发展性。恰当的选址不仅是对已有土地利益的公平分配，还能够促进城市的长期发展。在土地供应更为紧缺的大中型城市，不能仅将保障性住房建设视为一项土地和财政利益的转移支付，它同时也是对城市未来发展的一项重要投资。向城市中低收入者提供住房保障能够促进城市发展的人口吸引力，并提升居民的整体消费能力，从而为经济发展提供持续动力。但是过于偏远的保障性住房选址难以发

---

① 丁开杰．西方社会排斥理论：四个基本问题［J］．国外理论动态，2009（10）：40.

挥上述作用，甚至会因无法满足居住者的基本生活需求而造成资源闲置和浪费。当然，保障性住房集中于城市中心区，势必受到土地供应数量上的客观限制。更具有发展性的方法是，将住房保障的用地规划应纳入城市整体规划体系之中，通过多中心的城市规划来创造更多的用地空间，同时也能够促进城市土地资源更为合理地利用和布局。为此，需要更为民主和科学的规范城市规划权。按照现行立法的规定，城市规划权主要属于行政机关，立法机关仅享有审议或备案的权力。[①] 实际上，城市规划的编制、批准和修改，在很大程度上受行政机关负责人的个人意志影响，很容易造成规划缺乏科学性与稳定性的问题。保障性住房的选址涉及土地利用中的各种利益平衡，土地供应的成本、财政收支状况、社区建设环境以及被保障群体的居住便利等各种利益相关者都有自己的利益诉求，甚至行政机关及其成员自身也在规划之中存在较大的规划利益。当利益彼此冲突和矛盾时，就很容易产生某一利益主体对其他利益主体的排斥和剥夺现象，城市资源也较容易通过规划过度集中于某一特定利益群体的居住地域。所以，多中心应当作为一项城市规划原则，列入相关的法律规范之中，同时应进一步规范城市规划的决策权力。仅以保障性住房的用地规划而言，应在规划立法中列入以下内容：（1）城市总体规划、详细规划应统筹考虑本地区保障性住房建设布局和用地空间安排的需要；（2）城市规划应体现多中心均衡布局的原则，并按照多个城市中心与多元化发展的需要布局保障性住房建设用地；（3）城市规划（包括总体规划与详细规划）在由报送上一级人民政府批准前，应由同级人民代表大会或其常任委员会组织公开征求意见和公开讨论，并由其审议决定报送批准的规划文稿；（4）人民代表大会或其常任委员会认为必要时，可召集与规划具有利益关系的代表举行听证会，规划编制单位有义务向其作出说明并接受其质询；（5）保障性住房建设用地的详细规划必须召集相关利益代表举行听证会，并将听证结论作为编制或修改规划的依据。

---

① 《中华人民共和国城乡规划法》第十二条规定："国务院城乡规划主管部门会同国务院有关部门组织编制全国城镇体系规划，用于指导省域城镇体系规划、城市总体规划的编制。全国城镇体系规划由国务院城乡规划主管部门报国务院审批。"该法第十三、第十四条则规定各级城市的总体规划由其上一级政府审批。第十九条规定："城市人民政府城乡规划主管部门根据城市总体规划的要求，组织编制城市的控制性详细规划，经本级人民政府批准后，报本级人民代表大会常务委员会和上一级人民政府备案。"

## 二、集中建设与社区融合之间的平衡

保障性住房是集中还是分散建设，是其区位选择中存在的另一个利益平衡问题。保障性住房集中建设更易于政府集中管理和监督，也更便于相应的配套基础设施建设。中国近年来启动的保障性住房建设规模较大，自 2008 ~ 2017 年我国进行了 3907 万套的棚户区改造，2011 ~ 2017 年全国城镇保障性安居工程建设总共完成投资 9.83 万亿元。2010 ~ 2016 年全国保障性住房和棚改安置住房竣工面积共为 15.1 亿平方米。① "十二五" 期间，全国累计开工建设城镇保障性安居工程 4033 万套，超额完成 3600 万套任务，其中绝大部分为集中规划和集中建设。集中建设虽然提高了保障性住房建设的效率，但是研究者和实际管理者都已经意识到，低收入群体在空间上的聚集，有可能大幅度提高特定社区范围内中低收入居民的分布密度，从而造成贫民区和社区管理方面的困难。从其他国家建设社会保障性住房的历史教训来看，这一担忧并非毫无根据。当一定数量的中低收入群体集中居住于某一社区时，势必对社区周边的居住和就业环境造成影响，在无法促融入主流社会生活的情况下就会被边缘化或隔离，较高收入的社会群体将会从低收入社区及其周边迁离，并产生就业和商业活动的萎缩、社区生活质量下降，甚至治安环境恶化等贫民区化的现象。美国历史上就存在通过各州《住宅法》详细规定城市住房条件，以限制过多低收入人口大量集中的经历。② 中低收入群体集中居住可能产生的贫民区问题，本质上并非社区选址的问题，而是由不同收入阶层之间的冲突与排斥所产生，其中有经济、文化以及社会心理方面的因素，也存在社会认同和社会关系等制约阶层融合的因素。例如，我国城市农民工聚居区并非社区选择产生，而是城市户籍制度、城市住房保障体系、城市租房市场、城市建设规划等多项制度性因素的耦合所致。"排斥低收入农

---

① 黄亚楠.《中国住房发展报告（2018—2019）》发布［N］. 中国社会科学报，2018 - 12 - 21.

② 1901 年，纽约通过新的《住宅法》，禁止继续建造为底层民众设计的标准式廉租公寓——"哑铃公寓"，并对已经存在的"哑铃公寓"进行改造，对每个住户单元的卫生、通风、面积、密度等居住条件进行详细规定。到 1920 年，至少有 40 个城市仿效纽约而颁布类似的《住宅法》。参见：高苏英. 美国城市化初期的贫民住宅——"哑铃公寓"［J］. 扬州大学学报（人文社会科学版），2009（02）：82.

民工的多项制度互相嵌入，强化了低收入农民工被社会排斥的困境，形成制度性社会排斥，阻碍了他们在城市的社会融入。”①

为了应对集中建设保障性住房社区可能产生的贫民区化现象，各国的住房保障政策中，开始出现分散建设公共住房或者通过货币化补贴手段来实现低收入群体分散安置的方式。例如，美国在20世纪80年代开始研究公共住房社区中所产生的贫困集中现象，以及由此引发的高犯罪率、贫困代际转移等一系列社会问题。通过研究和反思，政策制定者意识到实现各种不同收入背景阶层之间社区融合的重要性，并对住房政策作出了调整。为此，美国政府于1992年推出“希望五”（housing opportunities for people everywhere，HOPE Ⅳ）政策。该政策是美国混合居住政策的重要组成部分，“一方面将贫困家庭迁出非常简陋邻里；另一方面，对非常简陋邻里实施更新改善，鼓励中产阶级迁入以达到社会混合”②。自推出HOPE Ⅳ计划以来，通过混合居住策略，社区再发展获得了一定程度的改善。“研究发现，在大多数情况下，HOPE Ⅳ的改建对周围社区的经济发展具有统计意义上显著、积极的影响，但是，影响的程度则一定程度上取决于周围社区的位置和市场状态”。③ 当然，也有研究表明，HOPE Ⅳ计划实施以来也产生了“贫困者搬离中心城市，远郊越来越贫穷，而老社区越来越优化”④ 的现象。这说明单纯依靠强制或补贴方面的法律政策难以产生社区融合的良好效果，市场规律在保障性住房社区的发展中依然具有强大的影响力。

本书认为，要解决保障性住房建设领域集中建设与社区融合方面的矛盾，就必须将城市与社区发展建立在更广泛的社会利益共识基础之上。不同收入群体之间在城市居住空间上所产生的排斥和彼此疏离，表面上是因为经济、文化、心理或者生活习惯上的差别，但实质上是因为利益分化所产生的

---

① 彭华民，唐慧慧．排斥与融入：低收入农民工城市住房困境与住房保障政策［J］．山东社会科学，2012（08）：20．

② 孙斌栋，刘学良．美国混合居住政策及其效应的研究述评——兼论对我国经济适用房和廉租房规划建设的启示［J］．城市规划学刊，2009（01）：92．

③ Sean Zielenbach，Richard Voith. HOPE Ⅳ and Neighborhood Economic Development：The Importance of Local Market Dynamics［J］．Cityscape，2010（12）：99．

④ Todd Sink，Brian Ceh. Relocation of urban poor in Chicago：HOPE Ⅳ policy outcomes［J］．Geoforum，2011（01）：71．

社会关系断裂。较高收入的社会阶层或群体必须意识到，城市贫困以及社区分化现象最终会破坏所有人赖以生存、发展和不断进步的利益共同体，帮助中低收入群体脱离贫困与社会排斥的境遇最终是在帮助社会整体中的每一个成员，包括他们自己。利益共识的达成，需要社会组织和社会关系网络本身能够提供必要的行为指引和规范，以促使每一个社会成员能够具有凝聚力与主动性。这要求法律制度鼓励高收入社会阶层主动接纳和帮助较低收入阶层，使其能够去融入新的城市与社区环境，鼓励性措施可以是财政和税收方面的，也可以是土地开发或者产业政策方面的。对于较低收入群体来说，法律制度也不能仅以提供实物或货币方面的住房补助作为唯一政策，公民教育和社区就业政策方面的努力应当有效与公共住房政策结合起来，以促进较低收入群体能够在经济和社会发展方面获得能力性的提高，而不只是物质条件方面的提高。

就此意义而言，保障性住房建设采用集中抑或分散建设的模式，都不能完全解决其中存在的利益分化和社会排斥问题，只有将土地和住房政策与就业、教育等其他社会政策结合在一起，才有可能创造性地构建起符合社会发展规律的保障性住房建设制度。

## 三、保障性住房的产权形态及其利益平衡

对应于保障性住房的租赁和购买，其基本产权形态分别为租赁权和所有权。按照中国现行法律制度，住房的所有权可以为私人所有，但土地的所有权只能归国家或集体所有，个人仅能取得土地在一定期限内的使用权。土地产权制度与房屋产权制度上的差异，造成了房地产权在法律制度上的分离，同时为适应交易与使用中住房与土地客观上的不可分性，法律又不得不规定土地使用权应与住房所有权一并交易或转让。[①] 在这一制度框架下，对保障性住房土地使用权的交易限制或禁止，必然客观上同时限制了与之相关的住

---

① 《中华人民共和国物权法》第一百四十八条规定："建设用地使用权转让、互换、出资或者赠与的，附着于该土地上的建筑物、构筑物及其附属设施一并处分。"该法第一百四十七条同时规定："建筑物、构筑物及其附属设施转让、互换、出资或者赠与的，该建筑物、构筑物及其附属设施占用范围内的建设用地使用权一并处分。"

房权利。法律显然未能针对住房的长期性特点，设计出具有稳定预期的利益分配制度，而是将大量的解释空间留待此后的法律实践，这对于保障性住房制度同样也构成挑战。

首先，以廉租房为主体的住房租赁权应如何在土地产权的变动中得到保护，法律应予明确。就一般民法理论而言，租赁权通常被认为属于债权，当事人的权利义务因租赁合同而产生，通常不具有对抗第三人的效力。但在实践中，不动产租赁，因其长期性而产生了承租人利益被物权人侵夺的可能。为保护承租人权益，特别是不动产的长期租赁人权益，一些国家的法律承认了租赁权具有物权或者类物权的性质（例如法国）。也有一些国家虽然不承认租赁权为物权，但是通过确立“买卖不破租赁”的例外规则对租赁权予以保护（例如德国）。中国现行立法也将租赁权列为债权，并同时确立了“买卖不破租赁”和“抵押不破租赁的”规则。① 本书无意于在此讨论租赁权是否为物权或者是否为物权化的债权②，但是对于住房保障领域的租赁权应予如何保护，显然是不可回避的问题。被保障对象应享有按照法律规定向保障责任主体请求承租的权利，也即是被保障对象的承租权应得到公法的保障。在此基础上，若采用实物形式的廉租房制度，法律则应径行规定被保障人，享有所承租房屋之租赁权，具有排除住房所有权人、土地使用权人非法干预的效力。若采用货币化租房补贴制度，被保障对象之租赁权不仅应得到民法之保障，更应在立法中明确公权力机关具有提供符合适当标准的可出租房源的职责。无论采用上述何种形式，从稳定和维护居住的长期法律关系角度来看，被保障对象的租赁权，必须在一定范围内享有排除土地使用权人或住房所有权人以及其他物权人非法侵夺的效力。例如，租赁权人对公有性质廉租房是否在土地征收或房屋拆迁时享有法定的求偿权？私人住房用于住房保障时，国家应在何种程度上介入房屋产权人与被保障对象之间的法律关系？本

---

① 《中华人民共和国合同法》第二百二十九条规定：“租赁物在租赁期间发生所有权变动的，不影响租赁合同的效力。”《中华人民共和国物权法》第一百九十条规定：“订立抵押合同前抵押财产已出租的，原租赁关系不受该抵押权的影响。抵押权设立后抵押财产出租的，该租赁关系不得对抗已登记的抵押权。”

② 关于租赁权法律性质之争论大致有“物权说”“债权说”“物权化说”三种，具体可参见：高丽珂．论不动产租赁权的物权性质［J］．法制与社会，2009（04）：71－72；温世杨，武亦文．论租赁权的非物权化进路［J］．当代法学，2010（03）：95－102.

书认为，立法对于上述问题应在政府、出租人、承租人之间确立恰当的土地和住房利益分配原则。一个比较可行的构想是，将廉租房的租赁权设定为一种法定权利，其租赁关系的主要内容应当由法律直接规定，并在一定范围内上优先于土地使用权或住房所有权。

其次，对于有限产权的保障性住房，被保障对象所享有的权利也存在与市场经济规律相背离的情形。目前所采取的交易限制制度，不仅无法消除此类保障性住房的寻租和套利现象，反而有浪费和错配住房资源的可能。如前文所述，有限产权住房应纳入到住房市场之中，由政府与被保障对象共同出资购买享有完整物权的住房，并按比例享有其住房权利和利益是管理上更符合市场规律的方法，其实质相当于政府将其所出资购买的产权，以租赁补贴的形式用于被保障对象的住房保障。而其不同于廉租房的是，被保障对象享有住房和土地的部分产权，且能够在一定时期内，享有向政府或共同出资的公共机构购买剩余产权的选择权和优先权。与已有的共有产权式保障性住房实践不同，本书认为，有限产权住房的公私利益分配，应当建立在土地有偿出让和交易相对自由的基础之上。购买有限产权住房的被保障对象，相当于获取了政府或公共住房机构的一笔优惠贷款，其居住权利在受到物权制度保护的同时，也同样受到住房保障制度的保护。但是，被保障对象一旦将其所居住的住房用于交易，就只能获得自有产权部分的交易利益，而不能享有政府或公共机构出资部分的增值利益。同时，为防止利用保障性住房套利，被保障对象对共有产权中非自有部分的购买，应按照市场价格标准进行评估，并按照该市场价格享有优先购买权①。其中，对于具有福利待遇性质的经济适用房或有限产权房进行清理，分别以货币化补偿或实物折现的方式进行处理，并逐步将此类住房从保障性住房体系中予以剥离。

最后，长期的财产关系势必因货币通货膨胀而引发当事人权利的经济价值大幅波动，立法有必要在利益分配关系的规范中予以充分考虑。例如，《物权法》规定，因公共利益需要在建设用地使用权期限届满前收回土地的，应对土地上的房屋或其他不动产予以补偿，并退还相应的土地出让金。② 但

---

① 当然，法律可以规定，被保障对象因更换居住地点或其他自住性质原因需要出让有限产权住房时，仍然符合住房保障条件的，应当允许其在出售已有保障性住房之后购买新的有限产权住房。

② 《中华人民共和国物权法》第一百四十九条。

是，法律并未规定退还相应部分土地出让金时，是否考虑以及应如何考虑通货膨胀的因素。土地因其具有不可生产性，往往具有很强的抗通胀效应，土地的市场价值通常会随通货膨胀的情况而有所变化。商品性住房因其具有较为完整的可交易性，通胀对土地价值的影响会通过市场交易比较完整地予以体现，并加以分配。但是，保障性住房无论采用租赁型还是有限产权形态，都在可交易性上有所限制或约束，这也就导致了被保障对象的居住和财产利益受到更为不利的通胀影响。为此，本书建议在住房保障立法中加入通货膨胀条款，对廉租房的租赁权以及有限产权住房的住房权益进行通货膨胀调节。例如，对于廉租房的租金补贴应根据政府公布的通胀水平予以调整，即便是实物补贴型的廉租房，也应根据通货膨胀水平相应调整财政对公共租赁住房管理机构的补贴水平。

## 第三节　保障性住房规划设计中的权利平衡与利益平衡

住房建设规划是公共权力介入私人空间的重要领域，也是平衡住房及其周边权利人不动产权益的重要形式。保障性住房规划设计的过程，实际上也就是规划公权对住房权利和住房利益进行具体配置的过程。规划权对于诸如采光、排水、通行、公用设施和服务以及居住环境等方面的利益均有重大影响。尤其是在中国社会保障与公共服务与户籍制度挂钩的条件下，住房规划设计中所涉及的居住权利范围更为广泛。公共权力与私人权利之间，公法规范与私法规范之间存在不可分割的联系，体现在住房保障立法及政策当中的一个突出问题就是保障对象的权利体系残缺。保障性住房制度构建中理应认识到，公共治理中的公法权利与生活居住中的私法权利不能孤立和分割看待，保障性住房的土地供给制度不仅与土地产权形式有关，与土地区位选择和规划设计也密切相关。

### 一、规划权与住房保障权的平衡：以公法与私法的关系为视角

住房保障是国家保障体系的一个重要组成部分，是通过国家向个体提供

公共服务和公共设施的形式改善公民生活条件。宪法第十四条规定："国家合理安排积累和消费，兼顾国家、集体和个人的利益，在发展生产的基础上，逐步改善人民的物质生活和文化生活。国家建立健全同经济发展水平相适应的社会保障制度。"可见，公民有从国家获取基本生活保障的宪法权利，其中理应包括基本住房保障的权利。具体而言，保障性住房主要应以无力满足基本居住要求的社会成员为主，并兼顾社会经济发展水平适当扩大其保障覆盖的范围。宪法规范所指向的公民权利是公法和私法中个体权利的渊源，也是在实际案例中审视公法与私法关系的重要依据。本书认为，以中国当前保障性住房规划设计领域所出现的真实案例来看，宪法价值判断所指向的利益层次才是公私法分立和融合的依归。

### （一）行政规划介入相邻权纠纷中的民行关系

由于中国人口众多，城市空间相对狭小，绝大部分城市住宅的建筑密度相对较大，住户之间的相邻关系在涉及的范围和数量上均远远大于西方发达国家。实践中，规划设计的技术规范实际上划定了建筑物区分所有权人之间的权利范围，因规划部门颁发建筑规划许可证而致使他人住房相邻权益受到侵害的案件占据了规划行政案件中相当大的一部分。据基层法院调研分析，在城市规划许可类案件中，"起因大多是原告认为被诉规划许可行为涉及的建设工程侵犯了其采光、日照、通风等相邻权益，客观上影响其居住环境并致使其所住房屋价值发生贬损，其中有90%以上的案件都是因采光权争议所引发"①。从目前的审判实践来看，规划行政权介入所产生的一个重要法律问题就是单纯的民事或者行政诉讼并不能有效协调当事人的合理诉求，案件终结往往难以起到定纷止争的作用。以邵林昶（以下简称原告）诉北京市双建房地产开发有限公司（以下简称被告）案为例，被告在原告所居住的房屋南侧建造了70米高楼两栋、20米高售楼处一栋，造成原告居住的房屋日照时间大幅度减少，通风受阻。由于被告建楼行为造成原告住房的居住舒适度大大下降，使原告房屋的经济价值严重贬损。但被告则

① 北京市朝阳区人民法院行政庭. 关于审理城市规划许可行政案件有关问题的调研报告［J］. 法律适用，2010（09）：68.

认为，其建设行为已经获得规划行政许可，是合法行为，不构成对原告的侵权行为①。案件审理中一个争议焦点就在于，合法取得规划许可的建筑对相邻不动产采光的损害是否应当予以赔偿。由于被告建设行为符合规划法规，原告在法律范围内的采光权利不认为受到了侵害。同时，法院又认为，原告在该案中的采光体现为一种利益，其利益受损应按照物权法第八十四条规定之原则予以补偿。②

在该案的处理中，规划行政权对居住权益的损害被区分为两种情形：一种是规划行为不合法所造成的相对人权利和利益均受到损害；另一种是规划虽然合法，但相对人的利益仍然受到侵害。但本书认为，上述案例恰恰说明，相对人的居住权益单纯在民事领域难以求得有效保护，因为不承认权利却承认利益缺乏必要的逻辑一致性，权利即隐含了享有某种利益的资格，不构成侵权又何来赔偿的依据？事实上，案件中合法行政行为与合法民事权利之间冲突的症结就在于行政法与民法之间的人为割裂。一项行政许可行为具有行政法上的合法性是否就具有民法上的正当性？或者进一步追问，当一项行政技术规范具有限制民事权利内容时，其自身的正当性与合宪性又应当接受怎样的审视？因此，必须以宪法为基础统合行政法与民法规范，在行政法与民法两个领域同时配置对应的公民权利才有可能实现权利保护的逻辑一致性。行政行为的合法性审查不应只限于技术规范本身的范围，而应当从权利保护的宪法性规范去审视行政技术规范的正当性，当行政技术规范与民法规范存在冲突时，司法者不应回避对法律规范的宪法性思考。具体到该案来看，规划行为所依据的采光技术性规范仅构成对原告采光权合法限制的效力，也即是原告需在建筑规划范围内容忍被告的建设行为。但规划权力并不具有否定乃至剥夺原告采光权的效力，因而规划许可应同时对受到侵害的他人权利进行必要的补偿和保护。规划许可机关未同时作出补偿规定的，司法机关应在民事案件中直接予以补正，或者告知当事人以行政诉讼或行政复议方式求得解决。但是，无论采用公法诉讼或是私法诉讼，司法者从权利保护

① 俞里江，刘靖靖．规划许可建筑妨害相邻不动产采光利益的司法救济［J］．人民司法，2011（24）：23.

②《中华人民共和国物权法》第八十四条规定：“不动产的相邻权利人应当按照有利生产、方便生活、团结互助、公平合理的原则，正确处理相邻关系。”

的角度都应当对规划行政权对民事权利的影响作出完整评价，而不应只限于技术规范的范围对行政行为进行合法性评价。

事实上，在规划行政案件当中，相邻关系当事人的权利实际上也很难得到必要的保护。因为，司法机关通常只对行政行为的合法性进行审查，而不对其行为的合理性和实际效果进行审查。但是，这种合法性审查的限定是以行政机关所依循的法律依据主要由立法机关制定，而非行政机关自身制定为前提，否则行政权力的运用就很容易陷入自我监督和自我约束的境地。由于公共事务的管理日趋复杂和专业，不仅行政立法的范围已经获得了极大扩张，行政权也通过对具体事务中专业技术性问题的裁量极大地蚕食立法机关甚至司法机关的权力。在相当一部分行政规划案件中，行政机关做出规划许可所依据的技术性规范是由其自己制定并解释的，极易滋生权力寻租和腐败的弊病。究其原因就在于，现有的司法诉讼体系缺乏对行政行为当中公民合法权利的实体保护的审查，而只是着眼于行政行为的合法性。另外，当前行政体系的规范性和法治程度不高也加重了规划行政案件中公民权利保护的难度。例如，地方政府自身就是城市规划利益的重要当事人，而规划机关则只是地方政府的组成部门之一。规划主体的独立性缺失难免造成规划当中的利益分配丧失基本的公正立场。

此外，需要说明的是，虽然当前的城市规划诉讼案件多以商品住房为主，但是并不说明保障性住房的当事人权利在规划行政行为当中得到了更充分的保护。恰恰相反，保障性住房的权利人一方面在诉讼主体资格上受到了一定限制，另一方面其个体权利意识和诉求序列也都制约了其对抗规划侵权行为时的司法行动能力。事实上，保障性住房规划权介入相邻关系的事例在规划选址上体现得更为突出，其对权利的侵害也更为严重。

### （二）保障性住房规划设计当中的公法与私法关系

保障性住房的规划设计与一般商品住房不同，住房权利人的权利配置有限，权利人既无法利用市场的“货币投票”机制对规划设计者进行约束，也很难在民事权利的司法救济渠道中对规划设计中的侵权进行审查。与一般商品住房不同，保障性住房因住房产权上的限制，一旦居住者权益受到规划权的侵害，将更加难以寻求充分和必要的公法或私法救济。具体而言，保障性住房规划设计当中的主要矛盾可以从现象和成因两方面进行阐述。

在现象上，保障性住房规划选址不当的主要问题表现为供需结构失衡。通过对部分城市进行实地调研，可以了解到，保障性住房规划设计中存在的突出问题是由于选址不当而导致的住房供需结构失衡。一些规划较早的保障性住房小区随着城市快速发展和配套公共设施的不断增强而呈现供不应求的状态。例如，宁波 2002 年开工建设的经济适用房关爱小区，附近已经发展成为城市中心区域，周边交通和商业配套设施已经非常成熟和完备，此类小区的房源供不应求。而一些新近规划在远郊的保障性住房小区，则因其交通不便或配套设施严重滞后导致一些项目出现了遇冷、弃选、弃租现象。例如，2013 年，北京最大的公租房项目京原家园有三成家庭弃选；深圳最大的保障房项目龙悦居首次选房有约 45% 的家庭选择放弃，宁波首批 2031 套公租房有 234 户放弃入住资格。从已有的保障性住房项目建设来看，相当一部分城市的保障性住房规划选址存在两个方面的问题。一方面，选址偏远，配套不全，造成住户生活不便。选址中受“土地财政”利益的驱使，地方政府更愿意将配套成熟区域的土地资源用于商业性开发，而将保障性住房选址在较为偏远的区位。据统计，问卷受访者上班往返所需时间超过 2 小时的占 65.4%，所调查的保障性住房社区住户普遍感觉交通不便，公交线路少或等候时间较长，出行不便。类似的公共配套设施问题是出现空置或入住率不高现象的直接原因。另一方面，由于行政决策与市场需求之间脱节，导致不同类型城市的保障性住房建设与实际需求结构之间存在差异。保障性住房任务自上而下下达，其总体规划的实施过程又缺乏科学的决策机制，造成规划决策未能摸清各类城市的实际需求及需重点建设的保障房类型。例如，北上广等大中城市，流动人口多，住房市场的有效供给缺口较大，相对应的保障性住房特别是公租房的需求也较大；而中小城市，例如，呼和浩特、宜春等流动人口相对少的城市，居民自有住房率近 90%，保障性住房的需求与大城市有较大差异。

从成因来看，保障性住房建设之所以出现供需不配套的情况，其根源主要在于保障性住房规划选址的决策过于行政化，被保障对象的住房保障权利未能在公法和私法上充分体现，从而造成供需结构上的冲突。首先，本书认为，保障性住房的申请人与住房保障机构之间的法律关系不只是体现在公共福利给付的单一层面，而是应当涵盖保障对象参与公共管理与行政给付两个层面。住房保障是社会保障的一个组成部分，因而在行政法理论上被视为福利行政或给付行政的一个具体类型。在给付行政理论中，保障性住房申请人与住房保障机构之间的法律关系可以通过住房保障契约来界定，因而其契约属性也应界定为行政契约。有研究者认为："住房保障契约作为行政契约，与民事契约相较而言'异大于同'。其在契约的缔结、权利义务的配置（包括履行条款、单方变更条款、违约责任、解约条款）和纠纷解决方面都与同类的民事契约迥异。究其根源，便在于住房保障契约承载着公共利益，承载着国家行政意欲保护的群体利益"。[①] 但是，本书认为，仅以住房保障契约并不能完整地解决被保障对象的居住权益保护问题。因为规划权对保障性住房居住者权益的影响并无法纳入给付行政契约的法律关系当中，保障性住房社区邻里之间的法律关系也不完全是行政给付的内容。在规划设计和管理的全程中，居住权益是一个完整而不可分割的整体，被保障对象的住房权利体系应当是连贯而一致的，所需要的法律保护不应当因公法和私法的界限而产生割裂与断层。所以，一方面，在保障性住房规划选址等公共决策过程中，被保障对象的决策参与权利应得到充分的保障；另一方面，被保障对象的管理参与权还应当在保障性住房社区管理的过程中得到体现。同时，被保障对象的公共管理参与权应与住房保障契约之间建立起完整的权利连接机制，以住房利益为纽带将保障性住房的相关主体纳入一个契约组合当中，形成公法关系与私法关系的有机连接，从而促进住房保障目标的落实。

## 二、保障性住房规划设计法律制度的构想

基于前文的分析，住房及其周边设施的规划设计对居住者实体权利的影响十分重要，正当与合法的规划是保护居住者权利的必要前提。保障性住房对此则具有更为特殊的情形需要予以关注。结合住房规划中所产生的主要矛

---

① 赵佛蓉．给付行政视野下的住房保障契约研究［J］．东南大学学报（哲学社会科学版），2013（S2）：29．

盾和冲突来看，在保障性住房的规划设计制度中至少应从以下四个方面予以明确。

### （一）明确保障性住房规划的法律地位

本书认为，应按照《城乡规划法》的框架，将保障性住房建设规划纳入相应的城镇规划当中，经立法机关和上级人民政府审查和批准的规划，应具有相应的法律效力，非以相同法定程序不得随意变更。保障性住房规划应符合住房保障工作的总体要求，其规划原则和规划内容，应适应不同城市住房保障形式的客观需求，并与地方财政和土地供给情况相一致。住房保障立法，应明确各级地方政府之间制定和执行住房保障规划的权力与职责。考虑到城市住房保障占据了住房保障任务的主体，并且各城市因其经济和社会发展情况差异较大，具体的保障性住房规划应具有一定的差异性。住房保障立法应将规划制定权主要设定在市县一级政府，并综合考虑城市常住人口规模和经济财政状况，来划分其权限和责任大小，而不是完全按照城市之间的行政级别来划分其规划权力和责任。

明确保障性住房规划法律地位及责任主体的同时，还需要进一步明确保障性住房建设的财政支持与土地供应计划。其中，城镇住房保障的财政资金计划应列入年度财政预算之中，并将具体支出计划提交同级人民代表大会审议和公开。保障性住房建设资金具有多元化的来源，但财政应承担基础性和主体性的责任。立法有必要对财政资金供给规模的确定程序和决定因素予以明确，用于城市住房保障的财政支出规模应当与城市的国民经济规模、财政收入水平、常住人口（而非户籍人口）数量、中低收入家庭数量、城镇居民收入中位值（而非平均值）、当地住房价格中位值、家庭居住面积等指标相适应。中央财政的转移支付资金规模，应综合考虑全国的住房需求情况，以一般性转移支付方式列入中央财政预算，并重点向低收入和欠发达地区倾斜。此外，保障性住房建设的土地供应计划，不仅应纳入当年度城镇建设土地供应计划，且应在住房保障立法中明确土地供应的主要方式以及责任主体。结合目前的实践情况来看，保障性住房的土地供应方式应根据住房建设的具体形式确定，可采用出让土地配建项目、出让土地有限产权住房项目、划拨用地廉租房项目、划拨与出让混合型项目等类型，其中，应明确以廉租房作为保障性住房的主体形式，其土地供应以划拨形式为主。对于具有一定产权功能的保障性住房，则不宜采用划拨形式供应土地。

### （二）建立保障性住房规划设计的分类管理制度

保障性住房应实行分类管理，针对不同保障对象和不同经济社会发展水平的城市，采用不同的住房供应结构，并在保障性住房规划和设计中体现这种结构性差异，为多样化的保障性住房供给模式提供必要的基础性规范。地方政府应根据本地区住房保障的需求情况制定规划，综合评估本地区居民中应予保障的人口数量及其需求差异，针对不同类型的保障性需求规划特定阶段的住房保障结构。整体上应根据居民收入和住房支付能力来划分保障性住房的供应类型。保障性住房建设主要应面向低收入群体，包括存在阶段性支付困难的群体，例如城市暂时性失业群体、新增低收入就业群体等。根据收入水平差异，住房保障的方式将有所差异。其中，最低收入群体可免费使用公共住房，较低收入群体则应以廉租房形式保障其住房需求，并向低收入群体提供有限产权住房。针对其他收入群体的住房保障主要应以理顺住房市场机制，保障自住性住房需求的市场供应为主要手段，并主要依靠综合利用财政、金融以及市场监管手段予以保障。

在住房保障立法中，应确定划分不同类型保障对象的基本标准或参考性评价指标，同时根据不同保障对象选择适用的保障性住房供应形式。住房保障立法可依据各城市的经济发展水平和人口居住水平，将全国各城市划分为不同的管理类型，对于不同类型的城市采取差异化的保障性住房规划标准。对于人口密集、承载低收入劳动力就业量大的城市应列入保障性住房建设的重点城市，在建设用地规划指标等方面给予优先安排。对于人口密度较小，或者住房供应较为充分的城市，则应适当限制其保障性住房新建规模，重点以政府购买或租赁存量住房的形式，向中低收入者提供住房保障。另外，按照城市之间的交通和区位联系，中央政府应在城市功能划分以及产业总体布局的基础上，对相邻或关联城市的保障性住房布局进行整体规划设计。中央政府还应积极通过产业和社会保障政策，引导劳动就业人口适度分布，以与保障性住房规划相适应。

### （三）项目选址及配套设施建设的决策透明度与民主性

保障性住房项目的规划设计决策必须透明和民主。在城市总体规划设计当中，应规范保障性住房规划的决策程序和决策依据，并在规划的编制、讨论、审议和批准过程中都应当保持适当的信息公开程度。尤其是关于保障性住房建设的区位分布，是采取集中还是分散建设方式，如何选择其交通手段，以及配套设施和公共服务如何提供等问题，都应当明确纳入立法规范的信息公开范围当中。负责编制规划和进行设计的政府部门，有义务将编制和设计所依据的法律依据、规划设计的思路和原则以及可能产生的城市经济、社会和环境影响等信息，以规范的形式向社会公开，经公开征求意见之后方能交由立法机关讨论和审议，对于存在较大争议或引起较大社会影响的规划设计内容，则应依法举行公开听证或说明会，由立法机关主持并公开其过程。城市规划设计的总体布局，应遵循科学决策和民主决策的原则制定，并得到本地区人民代表大会和上级人民政府的审查和批准。参与编制和论证的规划设计部门负责人，应对规划设计的专业技术内容符合技术性法律规范承担责任，参与审议的立法机关成员或负责审批的上级政府负责人，应对规划设计的合理性承担政治责任，并接受问责机制的追究。

对于具体的保障性住房项目，则应进一步明确其信息公开的范围，其土地供应方式、产权形态、选址依据、户型设计、建设方案、资金来源以及保障对象等都应当向项目所在城市的公众公开。其公开在时间上应及时有效，公开形式应能够便利社会公众的获取和查阅，公开内容应准确清晰，公开范围应满足可能的利益相关者判断和识别其利益状况的需要，同时也应满足一般社会公众对保障性住房项目进行社会监督的需要。在保障性住房建设项目中，凡是不明确涉及国家机密或个人隐私的信息，都应当列入信息公开范围，负责管理具体项目的部门有主动公开其信息的义务。此外，凡规划建设保障性住房项目，应组织其所在社区的居民、公共服务机构以适当形式参与该项目的规划设计论证，听取其意见并将意见作为规划设计工作底稿记录在案。

### （四）保障性住房规划设计中的法律监督

保障性住房规划设计接受公共监督的同时还应接受法律监督，其中，立法机关和司法机关的监督为其主要形式。立法机关及上级政府应对规划设计的方案有审查或审议的权力，对于规划设计的执行情况也享有质询、审查和组织审计的权力。司法机关则通过规划利益相关者的民事或行政诉讼，对规划设计进行司法监督。如前文的案例分析所展示的那样，住房的实际权利受到规划权的广泛影响，特别是与相邻权有关的日照、采光、通行、排水以及环境污染等权利在很大程度上受到规划设计的影响。立法机关和上级政府应对规划设计的合理性进行监督，其监督的内容不仅应排除不当和有害的规划影响，还应当尽可能通过规划和设计上的优化，增进居住者可以享有的环境利益和公共服务。司法机关的监督则应当通过对规划设计行为的合法性审查，防止可能的行政侵权与违法。司法审查的范围，应包括规划和设计所依据的技术性规范是否符合上位法的规范，规划设计程序是否履行了法定程序，以及行政相对人的权益是否得到了行政程序上的充分保护和救济。

此外，保障性住房规划设计的法律监督，除可参照现有商品住房开发中的规范外，还应当依据保障性住房的产权特点以法律形式进行特别规范。一般商品住房的所有权人，可依据物权立法的规定对规划设计中可能存在的不当行为提起民事或行政诉讼，以维护其合法权益。但保障性住房的产权形式中，住房的所有权人通常为政府或特定公共机关，被保障对象通常仅为承租人或有限产权人，一旦其居住权益受到侵害，其在法律上并无相应的诉讼资格。为此，法律明确公共租赁住房的承租人、有限产权型的保障性住房的权利人，属于规划设计行为中的利益相关人，其居住权益受到规划设计影响的可作为民事或行政诉讼的当事人，具有提起诉讼的权利。

## 第四节　住房保障与城乡建设用地统筹中的利益平衡

城市住房保障问题的产生，在一定程度上是城乡人口流动产生空间分布失衡的结果。在经济和社会发展较为均衡、城市对新增人口的容纳能力较强的情况下，理论上不应存在城市住房困难问题。因为农业劳动力在总体居住空间上的需求并不因其转移到城镇就业而增加，且城市社区居住空间的容积率显著高于乡村社区。城镇化过程中，城市住房困难问题的产生，一方面是因为部分城市人口的收入水平与城市土地空间的价格上涨幅度难以匹配，另一方面是因为城市空间的拓展受到了制度或客观环境因素的制约。从各国城镇化的经验和教训来看，遵循市场规律来配置土地资源，将能够更好地解决城市空间拓展和城市住房土地供应的问题，土地开发和规划限制等法律或行政措施，应以引导市场规律有效发挥作用为原则。以中国当前的城市住房保障问题为例，住房价格的高涨中就蕴含了客观的市场经济规律，只是这一规律不可避免地受到了法律制度所设定的权利格局影响，其呈现出来的后果明显偏离了合理的均衡状态。

从城乡建设用地的空间平衡角度来看待保障性住房的土地供应问题，乃至住房保障问题，就必须着眼于土地供应制度的完善，使城乡建设用地市场能够成为市场机制有效发挥资源配置作用的统一市场。2013 年中共十八届三中全会作出的《中共中央关于全面深化改革若干重大问题的决定》中，就已提出要建立城乡统一建设用地市场的要求，并明确允许农村集体经营性建设用地与国有土地享有同等的市场待遇。对此，本书拟从城乡建设用地空间平衡和城乡土地利益再分配的视角，对农村集体建设用地制度改革进行分析和探讨，以期能更好地应对城镇化进程中的住房保障问题。

## 一、农村集体建设用地制度中的利益失衡

按照现行立法，农村集体建设用地是指农村集体所有的土地中依法用于建造住宅和公共设施、交通水利设施等建筑物或构筑物的土地。此类土地由县级人民政府登记造册并核发土地证书，以确认土地使用人的建设用地使用权。① 农村集体建设用地中的绝大部分，仅限于由集体经济组织成员使用，除依法利用农村集体建设用地进行工商业经营的企业用地可在破产或兼并时转移其使用权之外，其他情形下农村集体建设用地不得以出让、转让或出租等形式进入土地交易市场。② 上述法律规定，客观上造成了农村集体所有的

① 《中华人民共和国土地管理法》第四条、第十一条。
② 《中华人民共和国土地管理法》第六十三条。

土地被人为割裂于城乡土地市场之外，产生了一些资源效率低下、土地利益分配失衡的情形。所谓小产权房问题的产生，在一定程度上是市场规律对现行土地制度的自发性矫正。

首先，农村集体建设用地的交易限制降低了此类土地物权的市场价值，客观上也剥夺或限制了农村集体建设用地权利人的财产性权利。建设用地是市场经济中的一种重要资源，其使用价值与交易价值不能完全剥离，交易价值必须以使用价值为基础，而使用价值也需要通过市场交易得到提升和体现。在城镇化的背景下，农村建设用地的交易权利具有更为重要的作用。因为市场体系组织生产活动的一个重要手段，就是通过产权的交易和转移内化社会化大生产所产生的组织成本，从而提升资源的利用效率。限制农村集体建设用地的交易权利，客观上也就限制了土地的具体利用形式，进而阻止了这部分土地资源进入城市经济体系当中。目前，法律所允许的农村集体建设用地交易情形，主要是发展乡镇企业和村办集体企业所产生的所谓“集体经营性建设用地”。此类农村建设用地因历史政策而产生，是农村土地政策与现代企业法律制度畸形结合的产物，并非当前土地产权形态的主流。在市场经济的制度框架中，传统农村集体经济因其主体地位的模糊性和管理的非现代化，必然面临着重组和再造的需要，属于这一历史产物的农村集体经营性建设用地，势必因集体经济的市场化和现代化而逐渐转变为其他市场交易制度所要求的产权形态。所以，对于城乡土地市场的统一和发展而言，农村集体经营性建设用地应仅为农村土地制度改革的起点，而非全部。

其次，农村集体建设用地制度以农村社区的自然经济生产方式为纽带，其成员构成和产权管理具有极强的地域固化特征，严重脱离了市场经济的社会化生产的要求。为了维持农村社会组织的稳定性和生产方式的稳定性，法律制度就必须将农村集体建设用地的权利限定在集体经济组织内部，并且以家庭生产为主要形式来固定和维系农村土地的主要生产方式。一旦这一生产方式被大规模改变，用以支撑农村社会权力结构的经济基础即告消亡。即便以土地使用权的形式将农村土地投入市场流通之中，农村和农业经济的组织形式，都会立刻被企业化和工业化的城市工商资本所重新塑造，任何以土地产权为基础的农村社区组织也都必然随之解体和消失。基于上述现实考虑，农村集体组织要么成建制的转换为城市居民，要么就被排斥在市场经济社会化生产体系的边缘。对于前者，集体土地的征收和国有化是唯一途径，而对于后者，则日益受到社会整体经济发展的冲击。按照现行立法和实际操作情况，集体土地征收后将转为国有土地并改变用途为建设用地，也就不存在所谓农村集体建设用地的问题。但是大量实践表明，农村土地征收制度所产生的利益分配格局，明显不利于土地利益的平衡，农村集体及集体组织成员的利益极易受到强势公共权力的侵夺，而且还非常容易造成农村集体组织之间和集体成员之间的利益失衡。少数被征地农民因土地大幅增值而坐享巨额财富的现象与城郊失地农民的贫困现象并存，土地利益的失衡所引发的各种社会矛盾与冲突时常见诸报端，已成为社会所公认的弊病。

最后，农村集体建设用地在资源配置上明显不符合市场经济规律，也不利于农村社区环境的建设。现行农村集体建设用地制度以农村土地用于农村居民宅基地以及公共设施为主要利用形式，但是法律却不可能阻止经济意义上的农村和城市之间的地理联系。于是，城市经济的自然延伸必然受到土地法律制度的限制和约束，成为城市经济扩张和发展的阻力。所谓小产权房无非是城市居民自行向农村居民购买宅基地用于住房建设的一种形式，虽然有违现行立法的规定，却具有明显的经济合理性。虽然本书并不赞成农村集体建设用地毫无约束地进入城市住房的土地供应体系，但是也不认为简单的立法禁止能够阻止市场规律配置资源的自发动力。禁令与不恰当的管制因其违背市场规律，并不能真正保护法律应予保护的公共利益，而只是在客观上增加了一些利益群体的寻租机会。只有建立起一个能够适应城市经济和市场经济发展要求的农村土地制度，才可能从根本上平衡城乡不同群体之间的利益关系，并促使农村集体建设用地能够以更有效率的方式进入社会化生产的动态产权体系之中。

## 二、城乡建设用地统筹中的公共利益及其保护途径探讨

要将农村集体建设用地纳入市场经济的社会化大生产体系当中，首先要准确辨明农村土地制度中的公共利益范围，并合理设定其保护途径。农村土地制度中集体所有权的设置，是维系农村集体组织的一个重要手段，其存在原因有历史传承的纽带作用，也有现实政治和社会考量的需要。甚至仅以自

然资源分配的公平性和可能性而言，就不能简单地将集体土地所有权国有化或私有化。保留集体土地所有权，将在相当长的一个历史时期内具有其现实性和合理性。同时，也必须正视统一城乡土地市场在经济和社会发展中的重要作用。从根本上改变城乡土地资源配置的基本方式，才有可能通过公平竞争的市场机制有效平衡土地利益的分配。例如，征收方和被征收方往往对土地征收补偿标准的高低存在较大分歧，但市场交易价格则可以为此提供较为客观的判定依据。若土地利益的分配主要不是通过强制性征收，而是以市场竞价以及普遍适用之税收准则予以调节，则平等交易的双方必然对利益分配结果的公正性更为信服。

当前之所以限制集体土地通过市场交易的形式进入城市土地供应体系，主要理由之一是保护农村集体土地所有制。维护土地公有制的目的，一是保证土地这一主要自然资源属于全民共享；二是防止市场化进程中城市工商业资本对农民土地权益的掠夺；三是稳定农村生产关系和社会组织体系；四是防止私人土地权利滥用。虽然将这四者笼统地解释为公共利益不免有失偏颇，但从立法和制度设计的意识形态方面来说，上述几个方面的考虑，的确可以被视为农村集体土地制度市场化改革的主要症结。本书认为，其中一些原因和认识确有其合理性和现实性，但同时也不免存有谬误之处。

其一，土地公有制与私人占有、使用土地并不矛盾，也不必然排斥私人享有土地的收益以及获得一定限度内处分土地的权利。相反，任何否定特定个体对土地占有、使用、收益和处分的土地制度，明显有悖于经济常识和社会理论，也完全不可能在现实中真正得到推行。土地作为一种主要和重要的自然资源，其利益主要应由全民共享，这恰恰要求我们采用普遍适用和一致的土地税收手段来分配土地收益，而不是对土地实物进行统一而均等的分配。

其二，允许农村集体土地中的部分权利进入城乡土地市场交易，并不必然引发一场全面的“圈地运动”。相较于城市工商业资本而言，中国当前的农村居民在整体上的确处于弱势地位，其投入生产经营的可用资源和资本非常有限，在城市工商业资本的土地竞价中也很难享有经济意义上的平等地位。但是，农村居民的市场地位应主要由法律制度保障，而不只是由所拥有的货币选票所决定。缺乏公平和规范的土地市场秩序，不应当成为限制农村集体土地权利的理由，也不可能依靠限制土地权利的交易达到保护农民土地权益的目的。本书认为，农村居民的土地权益应主要体现为对土地收益的分享权利，而不必限定为对土地的实际占有和使用。否则农村建设用地或者农业用地都必然具有极强的人身依附性，势必产生农民身份和职业的固化，同时也将农村土地利用形式固化为特定的生产和生活方式。因此，在剥离农村土地所有权与使用权的基础上，应当将农村集体经济组织成员的收益权，从农村土地产权中再次剥离出来。法律所要保证和维持相对稳定的是农村居民对原有利益范围内的土地收益权，而不应拘泥于其对土地的实际占有和使用状态。包括农村宅基地在内的集体土地使用权，都应当在收益权初始分配的基础上，逐步建立起农村集体建设用地的市场化权利体系。

其三，在任何一种土地产权制度中，对历史所形成的利益分配秩序都应当有所继承和延续，同时也必然存在对私人土地权利的适当限制。土地的公共需求不会因为所有制的改变而消亡，也不会因为法律所规定的产权归属而被完全否定。公有制不必然导致公共需求和公共利益的扩张，承认土地的私人权利也并不必然意味着与公共利益的冲突与矛盾。防止私人土地权利的滥用和保护农业生产关系的稳定等制度需求，循法治和民主的框架是能够获得圆满解决的。例如，保护耕地和统筹土地资源的布局，可以通过政府购买土地发展权、耕地指标以及实施土地用途管制来得到实现。国外的土地立法实践证明："土地发展权定额配置和转让制度可以平衡政府规划对土地价值的影响，减少或避免土地法规带来的市场扭曲，更正政府规划带来的利益分配不公平现象"。[①] 保护耕地，就必须让耕地在市场竞争体系中具有一定的经济价值，同时以普遍一致的法律规则约束农村土地的利用行为，而不是一味以禁止和限制来控制耕地数量。

本书建议，在土地管理中，可以允许符合规划要求的农村建设用地，以长期出租的形式进入城乡土地市场，也可以在规划和建设用地指标制度更为完善的前提下，允许农村建设用地以转让、抵押的形式直接进入土地市场。甚至可以考虑对建立城乡统一的建设用地指标交易体系，使农村建设用地指标可以按照一定空间置换比率进行折算和交易。这样，一方面保证了农村建

① 陈柏峰．土地发展权的理论基础与制度前景［J］．法学研究，2012（04）：109.

设用地中农民的利益，同时，还可以通过统一的建设用地指标交易体系，在空间分布和利用方式上更有效地平衡城镇化进程中土地资源的配置。

## 三、城乡建设用地统筹及改进城镇住房保障体系的构想

社会主义市场经济体系在理论上要求所有生产要素能够按照市场机制有效配置，土地是市场经济体系中资源要素市场最为重要的组成部分之一。在经济层面，建设用地本不应被区分为城市建设用地或农村集体建设用地，因为这样的划分既不是土地规划的客观要求，也不符合土地市场平等交易的基本原则。目前，农村集体建设用地尚不能进入住房土地供应市场的原因之一在于，农村集体建设用地的产权结构还不完善。农村集体土地的所有权属于集体组织，而建设用地的使用权则可能属于集体组织、集体企业或者集体成员个人。集体建设用地使用权的获得主要以集体组织内部平均分配为主，同时又兼顾了一定程度的人口流动和变化需要。不同于国有建设用地的所有权主体，在管理规范和收益分配等方面，集体建设用地的权利主体还较为混乱，甚至还存在一定程度的模糊。因为集体组织本身并非完整意义上的民事法律主体，村民自治组织和集体经济组织都可以被称作为农村集体组织，其中仅有一部分具有法人地位。目前，全国还缺乏对农村集体组织的统一法律规范，其组成形式、权利结构、管理机制都远未明晰。在此基础上要实现城乡建设用地市场的统一，就很可能导致农村集体土地所有权的权益受到损害，对于农村居民所拥有的土地权益以及土地市场秩序都可能造成冲击。所以，统筹城乡建设用地市场的首要前提就是对农村集体组织的治理结构予以规范，并明确农村集体建设用地交易中的利益归属和分配原则。

具体而言，集体建设用地的所有权收益应分为三个部分区别对待。对于农村集体所有并由集体使用的公共设施或公益用地，应主要着眼于建设用地在空间和利用效率上的改进，通过农村集体建设用地的整体规划和土地整理项目，提高农村社区的适度集中建设，将能够更有效地提高土地资源的利用效率。同时，还可以通过建设用地的空间置换和用地指标有偿交易制度提高农村集体组织的土地收益，增强其集约用地的积极性。对于集体所有但使用权已转让给集体兴办的企业的土地，即政策性文件中所称的集体经营性建设

用地，则应当在符合土地总体规划的范围内允许其以转让、抵押或者出租的形式进入土地使用权交易市场。

对已由农村集体成员所有的宅基地使用权，长期而言，也应以适当方式纳入城乡统一的土地使用权交易市场，以促进市场公平与公正。农村居民所拥有的宅基地使用权是一项重要的财产权利，限制其转让或交易也就难以实现其真正的市场价值，不仅剥夺了权利人应有的财产权，也必然损害了土地市场的完整性和公平性。从目前一些地区的改革试点情况来看，农村宅基地置换是农村建设用地改革的一项主要措施，但是其具体置换模式差异较大。① 从课题组在浙江和上海等地访谈的情况来看，农村宅基地置换的动因有扩大城镇建设用地指标、征收近郊土地用于城市建设、推动农村居民集中居住、发展农业规模经营等多种因素；其置换对价包括货币、异地房产、城镇建设用地使用权以及城镇社会保障待遇等类型；置换的法律形式分为政府征收和协议置换两种。在实际推行中，多数实例均伴有农民和农村城镇化背景，但是因置换补偿标准以及置换后的城镇化发展空间不同，农民的置换意愿存在一定差别。总体而言，城乡建设用地市场统筹在缺乏顶层设计的情况下，农村宅基地置换的具体模式很难在规范性和公正性上获得一致评价，置换过程中所产生的保障公平性问题甚至多于城镇居民。

在农村宅基地置换过程中，失地农民的住房需求大多向城镇产生了迁移。无论采用货币、实物还是混合形式进行补偿，最终都体现为在城镇的住房需求，其中一部分置换方案中则直接体现为安置房形式的保障性住房。但是，无论采用何种置换模式，农民进入城镇居住都产生了新的住房保障问题，同时农村宅基地的腾退也为城乡建设用地市场的统筹平衡提供了新的机遇。能否利用农村宅基地置换的形式将农村建设用地纳入城市住房保障体系当中，首先取决于城乡土地制度在市场交易主体、交易地位上能否真正享有平等和一致的权利。“城乡统筹要求改变城乡二元基础制度，从制度上建立新型的城乡关系，让城乡要素以价格信号进行流动，同时农民权益能够得到

---

① 据不完全统计，已开展农村宅基地置换城市住房的地区包括北京、上海、天津、浙江、江苏、广东、重庆、湖南等。通过置换，一定程度上提高了农村建设用地集约利用的效果，改善了农村社区的居住条件，促进了农村居民向中心市镇集聚。参见：赵维清．农村宅基地置换城镇住房改革研究综述［J］．山东农业大学学报（社会科学版），2011（01）：6－8.

保护并分享工业化、城市要素价值增值收益。”① 在部分地区，农村宅基地置换中出现违背农民意愿进行强制置换的事例说明，缺乏法治基础和权利保障的城乡统筹很可能造成新的权利失衡，一些失地农民甚至因此而出现了基本住房权利得不到保障的情形。在农村建设用地改革中，一个比较典型的实践方案就是重庆“地票”交易模式，所谓“地票”实为建设用地挂钩指标，具体是指“农村宅基地及其附属设施用地、乡镇企业用地、农村公共设施和公益事业建设用地等农村集体建设用地复垦为耕地后，可用于建设的用地指标”②。但是，由于缺乏顶层设计的制度性规范，“在重庆地票制度实践中，地方政府有职能异化的倾向，存在异化为与民争利的一方利益主体的现象”，并且“重庆地票试验中农民权益保障机制的不健全、不完备，使地票制度的进一步深入推进面临一些难题”③。在其他形式的农村建设用地置换或统筹模式中，同样也存在类似权利保障缺失的问题。并且，距离城镇偏远的农村集体建设用地因不具有太多的市场交易价值而无法分享本应属于全民的土地权益，其公平性更加令人质疑。因此，城乡建设用地统筹应在平等设置城乡土地权利的前提下进行，同时通过政府获取的土地增值收益建立覆盖城乡全体居民的住房保障体系，以实现住房保障用地均衡配置、土地利益公平分享的制度目标。

① 曲福田，田光明．城乡统筹与农村集体土地产权制度改革［J］．管理世界，2011（06）：34.

② 《重庆农村土地交易所管理暂行办法》第十八条。

③ 杨飞．反思与改良：地票制度疑与探——以重庆地票制度运行实践为例［J］．中州学刊，2012（06）：72.

# 第四章

# 政策性住房金融制度中的利益分析

土地和资金是保障性住房建设中最重要的物质保障，也是平衡其中利益的关键环节。与土地利益分配中所具有的自然约束及历史约束不同，在政策性住房金融体系的利益分配中，制度性因素发挥着更为显著和直接的决定性作用。制度因素通过对成本和收益的影响，强有力地引导着金融资源在住房体系中流动，同时也通过住房这一载体，影响了国民经济体系中资本的配置和存在形式。可以说，住房金融体系不只对城市住房的供给具有举足轻重的地位，其对整个经济体系的影响也是不容忽视的。政策性住房金融是住房金融体系中的一个重要组成部分，对于住房保障的实现具有不可替代的作用，同时也是改善住房市场和金融市场运行的必不可少的补充。由于住房建设所需资金数量巨大，对于大多数消费群体而言其支付周期都相对较长，需要利用金融工具实现资金在时间期限和信用结构上的转换。即便能够在整体数量上保证充分的住房供给，也可能因为个体收入和支付能力上的差异而产生住房困难的情形，甚至一些较高收入群体也会因为住房市场的投资属性而被挤出住房市场。因此，利用政策性金融体系促进住房资源分配的相对均衡非常必要。

## 第一节　政策性住房金融的特性及其利益分析

所谓政策性住房金融是“以国家信用为基础，根据政府的政策，由政策性住房金融机构，或者政府委托商业性住房金融机构以及其他机构所开办的优惠性住房金融业务。政策性住房金融属于政策性金融的一个组成部分，同样具有政策性金融中的政策性和非营利性特征"[①]。但是，不同于一些研究者所拘泥的范围，政策性住房金融不应当仅局限于住房公积金领域，而应当根据住房保障政策的需要，将一切有助于达成政策目标的金融机构、金融工具和金融活动纳入其中。住房兼具生活必需品和投资品的特性，是住房耐用消费品和土地空间资源的有机结合，因而住房金融的特性决定了市场和政府具有不可替代的作用。纯粹的商业性住房金融难以支撑住房市场的健康和持续发展，而完全脱离市场的政策性住房金融会因为缺乏效率而难以为继。2008年金融危机所带来的反思，为我们认识政策性住房金融体系的本质特征以及其中所产生的利益关系，提供了极具价值的样本，值得中国住房保障制度的设计者认真思考和探讨。

## 一、政策性住房金融的基本特性

住房金融中包含了商业性金融和政策性金融两个组成部分，但是并不能简单地通过金融机构或者金融工具的差别来对二者进行区分。因为金融市场与其他市场相比具有更为模糊的市场属性。金融市场最基础的交易对象和交易价格，都不具有典型意义上的市场特性，货币及其基础价格几乎完全以政府法令和政策的形式产生，以致 2013 年的伦敦银行间同业拆借率（Libor）[②]诉讼案中美国联邦法官内奥米·赖斯·布赫瓦尔德（Naomi Reice Buchwald）在判决中认定，伦敦银行间同业拆借率的 16 家报价银行并不涉及垄断。"因为 Libor 价格的形成是合作性而非竞争性的，因此银行间的拆借市场实际上并不具有市场性"[③]。在法定纸币时代，货币的基本功能完全建立在法定信用的基础之上，货币供应数量在极大程度上并不处于市场性的供给体系之中。现代金融体系对货币政策和货币制度的依赖性，已经极大地改变了政府在市

① 李晓红．中国政策性住房金融研究［M］．北京：中国金融出版社，2012：7.

② Libor（London InterBank Offered Rate）是指伦敦银行间同业拆借利率，它是国际货币市场的一种指标性利率，被作为全球数以千亿美元计的金融产品定价基础。

③ Nate Raymond，Carrick Mollenkamp. Banks score major win in private Libor suits［EB/OL］. http：//www. reuters. com.

场中的地位，所谓商业性金融的背后，实际上都存在无法抹去的权力影子。如果将政策性目标作为区分金融活动性质的标准，那么几乎整个金融市场都服务于某个特定政策目标，并受到政府货币政策和金融监管措施的制约与控制。仅就住房保障政策而言，传统的商业金融体系就很难置身事外，政策性住房金融的影响实际上远远大于人们的想象，人们也常常忽略它对宏观经济的巨大影响。从住房需求的市场性和社会性角度来看，政策性住房金融具有的特征，还远未得到清晰和深刻的认识。

首先，住房金融所涉及的利益层面极为广泛且彼此交织互联，其政策性与商业性往往难以区隔。住房政策的利益不仅局限于住房领域，利用金融手段来实现政府的住房政策目标既具有公共利益的内容，也包含了政府自身利益、个人利益以及企业等营利性组织的特定利益。以中国当前住房市场的调控为例就可以看出其中所涉及利益的广泛性和复杂性。2013 年以来，中央政府开始启动了深层次的改革计划，金融改革被视为其中具有战略性的一环。金融改革中的一个重要举措就是大力推进利率市场化改革，中国人民银行于 2013 年 7 月 19 日公告，经国务院批准自翌日起全面放开金融机构贷款利率的管制，其中，对于金融机构贷款利率、票据贴现利率的管制均告取消，对农村信用社贷款利率的上限也予取消。但是，人民银行在放开贷款利率管制的同时，也以严格执行差别化住房贷款政策、促进房地产市场健康发展为由，继续对个人住房贷款利率浮动区间实行管理。政策层面明显区别对待住房贷款利率与其他贷款利率的一个重要原因，就在于住房金融市场所涉及的利益极为复杂。个人的住房金融需求不仅与个人和家庭的基本需求相关，也与宏观经济和社会秩序的稳定紧密相连。政府及政府官员能够通过金融的期限转换作用，在规模庞大的住房产业链中寻求产业经济与财政税收上的经济利益，也可以通过住房金融管制中的经济利益调节手段，满足其社会控制的需要。按照国家统计局统计，2018 年房地产业的固定资产投资为 14.62 万亿元，约占同期全社会固定资产投资 64.57 万亿元的 22.64%，约相当于同期全部第二产业固定资产投资 23.79 万亿元的 61.45%。[①] 国家统计局的统计还

---

① 资料来源：国家统计局网站，《2018 年国民经济和社会发展统计公报》，访问网址：http://www.stats.gov.cn.

显示，2018 年全国商品房销售额达到 14.9973 万亿元，相当于 2018 年全国城镇消费品零售额 32.56 万亿元的 46.06%。① 各项经济指标清晰地展现了房地产业在国民经济、居民消费以及政府收入中的比重，其所涉及的利益任何其他行业均无法比拟，由此产生的影响也远远超出经济领域。其中的公共利益、群体利益与个人利益，政府利益与私人利益，经济利益与社会利益盘根错节；其中的政策性与商业性、公益性与营利性、公共性与私人性都很难区分。

其次，政策性住房金融受到政府社会政策与经济政策的双重影响。由于住房金融中所体现的住房政策目标与经济政策目标具有极为复杂的关系，因而政策性住房金融中的目标和手段具有明显的多元属性，以至于政策性住房金融的政策目标与政策手段之间常常产生脱离。有研究者对美国住房金融制度演变与次贷危机的关系进行研究后得出结论，认为美国政府把获得住房视为美国梦的一个重要组成部分，因而"联邦政府在税收、金融、法律等多个层面、多个领域中的政策都体现出强烈的公共政策目标，住房金融体系尤其如此"②。国外针对 2008 年美国金融危机的研究，也同样将问题的症结指向了美国政策性住房金融领域。有研究者认为，加拿大金融机构在危机中之所以比美国金融机构要好得多，其中有几条原因就在于："（1）加拿大政府不明确支持公共住房租赁者拥有住房，政府更倾向于支持低收入者租赁住房；（2）加拿大金融机构不受类似于美国社区在投资法案的法律约束；（3）加拿大的社会安全网减少了因失业或疾病医疗而导致的付款困难问题；（4）如果购房贷款为抵押贷款，则按揭保险应超过 80%；（5）加拿大政府为私人抵押贷款保险提供了 90% 的担保资助"。③ 从金融危机的经验和教训来看，住房政策是社会政策的一个重要组成部分，同时对宏观经济政策具有重大影响。对于住房保障政策和政府金融政策，有必要注意二者之间的平衡与协

---

① 资料来源：国家统计局网站，"固定资产投资和房地产""国内贸易"等指标，访问网址：[2019-03-30] http://www.data.stats.gov.cn.

② 张宇，刘洪玉．美国住房金融体系及其经验借鉴——兼论美国次贷危机 [J]．国际金融研究，2008 (04)：7.

③ John Kiff, Stevern Mennill, Graydon Paulin. How the Canadian Housing Finance System Performed through the Credit Crisis: Lessons for Other Market [J]. The Journal of Structured Finance, 2010 (03): 44.

调，滥用或者错用货币金融政策对于住房保障问题的解决很可能造成灾难性后果。住房保障问题的解决需要货币金融政策的配合，但是也应当对货币政策失控所产生的金融风险时刻保持警惕。加上现代金融体系中货币权力影响的重要性已经与传统金融体系不可同日而语，通过货币权力和货币政策的运用，金融市场在一定程度上已经成为政府实行公共政策的一个重要工具和介质。

例如，利率工具就是公认的政府宏观经济调控手段，而利率通俗地说就是金融市场最基础的价格。一个基本定价权由政策制定者决定的体系，已经很难说是一个市场性的体系。住房金融市场因其占据金融市场的重要比例，又涉及广泛的经济与社会利益，住房贷款利率的市场化程度则更低。从金融市场的特性来说，住房利率的水平应由住房金融市场的资金供求以及信贷风险水平决定，中低收入群体的支付能力较弱，应以较高的信贷利率弥补资金供给方的风险收益。但是，社会住房保障政策要求向中低收入群体提供住房金融支持，降低其贷款利率是确保住房政策得以实现的重要条件。政策性住房金融必须在市场规律和政策需求之间取得平衡，否则政策性住房金融就有可能催生潜在的或实现金融风险，并以金融危机的形式大规模破坏社会建设成果。美国次贷危机的源头中就包含了两项明显冲突的政策因素：一方面，美国政府所实施的大规模“居者有其屋”计划，鼓励信贷机构以非常宽松的借贷条件满足中低收入阶层的住房金融需求；另一方面，并没有足够的就业和收入增长政策来补偿信贷资产在未来所可能产生的兑付风险。甚至政府动用手中的金融权力，以不负责任的货币扩张政策来压低市场利率水平，同时还以相对宽松的金融监管政策放任金融机构围绕风险资产所做的所谓种种金融创新。当未来经济增长的预期无法覆盖当期累积的金融风险时，金融危机就有可能爆发。金融危机中，社会政策与经济政策之间的矛盾，常常导致经济结构的调整措施难以推行，各社会阶层之间的利益冲突也有加剧的风险。

最后，政策性住房金融中政府金融权力的作用具有极强的隐蔽性。一些国家住房政策中的副作用，常常被政府所掌握的金融权力所掩盖，政府运用金融权力所采取的行动，几乎还不曾受到宪政和民主体制的有效制约。政府的金融权力主要体现为货币政策权和金融监管权，其中，货币政策权的主要内容是控制和调整货币供应量的权力。尽管很多国家的中央银行立法都禁止中央银行直接向政府财政透支，也不得直接购买政府债券。但是，宽松的货币政策非常容易透过金融市场向政府提供财政支持，包括直接和间接的支持。例如，政府财政负有向公民提供公共服务和公共福利的责任，住房保障就是其中之一。当政府无力负担或者难以负担住房保障政策的财政压力时，金融政策就会成为一种更为可行的方案。不同于增加税收或者举借国债，利用货币权力增加市场的货币供应，不会产生显性的税收强制效果，通过普遍的物价上涨（也即通胀）所产生的通货膨胀税更为隐蔽，更容易被市场自身的价格波动所混淆。在政策性住房金融的实施手段中，财政的贴息或者税收优惠政策往往并不占据主导地位，被广泛采用的是内置了政府信用的金融工具。例如，向美国住房按揭抵押贷款提供再融资业务的房利美（Fannie Mae）和房地美（Freddie Mac），就必须在三个方面依靠政府财政金融权力的运用：其一，这些住房贷款再融资机构是以财政部的担保作为融资的基础信用，并将市场信用与政府信用融合为新的金融工具，以满足次级抵押贷款资产的流动性需求；其二，美联储的长期通胀政策为住房信贷市场创造了低利率的市场环境，使其能够以更低的利率水平和更为宽松的信贷条件，向中低收入群体提供住房金融支持；其三，信用条件较差的次级抵押按揭贷款能够大规模推行，必须依靠金融工具的创新来实现市场资金的期限转换，并利用这些金融工具增强住房信贷资产的市场吸引力，这就必须依靠相对宽松的金融监管政策环境。然而，政府金融权力的运用必然受到政府及其成员特定利益的影响，政府与金融市场之间的复杂关系以及金融市场自身的专业性却很容易隐藏了这些特定利益的意图和动机，给社会公众试图规范权力运行、协调各方利益的努力造成困难。

## 二、政策性住房金融中的利益分析

住房经济与住房金融，对于社会资源和经济资源的配置具有重大影响，其本身就涉及广泛的公共利益，多种公共政策目标在其中汇聚和交织。有研究者认为："政策性住宅金融是一种为公共政策服务特殊的金融安排，其目的有三：一是弥补市场失灵，提供市场未能提供的金融服务；二是满足中低收入等特殊群体的住宅金融需求；三是维系整个住宅金融体系的可支付性、流动性和稳定性。”① 但是，即便把政策性住房金融的范围，限定在为保障中低收入群体住房需求而提供的金融支持上，其所涉及的利益层面和利益形式也极为广泛。按照政策性住房金融可能影响到的利益层面，本书拟对其中存在的利益格局和利益传导机制进行简要分析。

### （一）对社会收入分配格局的影响

严格来说，建立政策性住房金融体系的目的，在于弥补中低收入群体住房支付能力的不足，对社会收入分配格局应当具有较为明显的福利效应。换言之，通过政策性住房金融体系应当达成一定的转移支付作用，促进社会收入分配更趋平均，增加中低收入群体的收入与提高较高收入群体的公共责任应当是对应和同步的。因为任何社会政策的实施，在一定时间阶段内都只能通过转移支付的方式为社会特定群体提供公共服务，不可能也不存在免费的公共服务和公共福利。政府根本上只是公共产品和公共服务的组织者和分配者，而不是它们的生产者和提供者，政府本身没有任何直接的收入和产出，一切公共产品和公共服务的物质资源需要通过财政税收机制由全体公民分担。政府通过提供公共品可能会改善社会的整体福利水平，降低社会生产的交易成本或者提高社会生产的效率，但是这些增加的收入和产出会体现在未来的经济生产中，而支出却需要在当期实际予以兑付。因此，公共政策的实施，需要利用金融工具的期限转换功能来平衡社会投入与社会产出在时间期限上的矛盾。

由于受到政府自身治理水平以及经济体系的结构均衡等因素的影响，对公共产品和公共服务的投入，并不必然导致交易成本的降低或者生产效率的提升，甚至有可能因为政府治理水平的低下而产生经济效率的漏损，或者因政策实施策略的错误而产生扭曲经济结构的风险。例如，政策性住房金融如果与商业性住房金融错误匹配，就可能产生抬高住房资产价格并催生不动产资产泡沫的后果。由于住房资产的占有明显有利于高收入阶层，因而资产泡沫会明显产生拉大收入差距的作用。中国近 10 年来的住房市场发展和美国

---

① 汪利娜．政策性住宅金融：国际经验与中国借鉴——兼论中国住房公积金改革方案［J］．国际经济评论，2016（02）：87.

次贷危机前后的住房市场情况都证明，资产泡沫加剧和恶化了社会收入分配格局。两国的体制虽然差异巨大，但其中都存在实行不当的政策性住房金融措施，而加剧住房市场和金融市场结构扭曲的问题。更值得警醒的是，政策性住房金融的不当运用很可能会远远背离其最初的收入分配调节目标，而朝着更不利于中低收入群体的方向演变。

### （二）对政府及其成员利益的影响

政府自身的利益，尤其是财税利益是公共政策制定中一个非常重要的决定因素。财税收入是政府实施公共管理的基础，也是政府存在的物质基础。无论是专制政府还是民主政府，获取并维持一定规模的税收收入是其存在的必要前提。对于组成政府的官僚集团而言，财税收入也与其个人或群体利益具有直接而密切的关系。任何一项公共政策的目的常常都被描述为“公共利益”，但实际上却很可能只是被包装成“公共利益”的某些特定群体的特殊利益，这些特殊利益与“公共利益”的界限很多时候十分模糊①，以至于我们很难在公共政策的讨论中将其清晰地区分开来。如果我们不能否认政府及其成员的个人或群体利益是有别于公共利益，就必须承认在公共政策的制定中必须以适当的机制约束和限制政府的行为，并根据政府及其成员的利益特性设定必要的激励和约束规则。

政策性住房金融从多个方面对政府的财税利益构成影响，在住房保障政策的制定中应当予以正视和审慎对待。其一，政策性住房金融是财政资源与市场资源的结合，财政资源的必要投入势必影响政府的预算支出规模和结构；其二，政策性住房金融涉及公共权力对经济资源的控制和分配，具有潜在而巨大的权力寻租空间；其三，政策性住房金融的推行能够服务于政府其他社会或经济政策，不同政策目标之间的交织和重叠产生了政治利益交换的可能；其四，政策性住房金融对政府部门之间的利益关系构成影响，尤其是

① 按照一些公共选择学派学者的观点：“我们仅仅承认，那些据观察受到全体成员一致赞同的变化，是‘更好’的变化。任何确实得到全体一致赞同的变化，显然就是‘合伙需要的’变化”，而且我们可以说，这样一种变化就是‘公共利益’。”但是，实践中却极少能够出现全体一致认可的政策，因此公共政策实际上是特定利益彼此妥协和制衡的结果。参见：［美］詹姆斯·M·布坎南，戈登·塔洛克．同意的计算——立宪民主的逻辑基础［M］．陈光金译，北京：中国社会科学出版社，2000：311.

在财政、金融、城市建设和管理部门之间产生了复杂的利益互动关系，对部门间的权力分配和利益分割具有重大影响；其五，设立政策性住房金融的管理机构势必产生新的部门利益，对政府金融权力和金融管理造成一定程度的影响；其六，政策性住房金融对不同城市政府的利益具有不同的影响程度和影响方向，各地方政府在住房金融中的政策性目标会存在较大的差异。概言之，政策性住房金融是影响政府及其组成人员利益的重要领域，必须在公共政策的制定中予以充分考虑。

### （三）对宏观经济体系的影响

政策性住房金融对金融和财政政策都具有重大影响，它通过影响住房市场和金融市场，从而对宏观经济体系发挥作用，并从资金流向、产业结构、财政收支、收入再分配以及消费结构等多个层面，形成对宏观经济的影响。政策性住房金融不同于商业性住房金融的一个突出特点，就是非市场性的资源配置，金融资源在相当程度上是依据政策目标的导向流动，政策措施通过影响住房金融市场的供求关系，在很大程度上改变了金融市场的资源配置，甚至有些领域还存在以法律或命令形式强行配置资源的情况。当绝对和相对规模都较为可观的金融资源通过政策性住房金融体系配置时，与住房市场密切相关的宏观经济体在很大程度上会因此而产生变化。本书认为，其影响可重点从以下三个方面予以观察。

其一，政策性住房金融对金融市场利率的影响。利率是调控宏观经济的一个重要政策工具，维持政策性住房金融领域较低的信贷利率，就必须适当增加此类信贷的货币供应，较低的信贷利率和较多的货币供应，对货币币值的稳定具有明显的副作用。因此，在具有高度流动性的金融市场中，如何阻止政策性住房信贷产生的货币资金进入其他信贷领域，将是一个非常具有挑战性的工作，也是信贷立法应予探讨的问题。其二，政策性住房金融对不动产资产价格的影响。政策性住房金融，因其所处的金融和住房市场结构差异以及政策性资金的来源不同，对住房供求关系的影响各有差异。但是，政策性住房金融对不动产价格具有显著影响，并且大多数情况下都会抬高商品性住房的资产价格，从而构成对住房产业投资的正向激励。政策性住房金融的规模若过度脱离即期和远期金融市场平衡，就有可能在一定历史阶段造成不动产资产泡沫，并在随后的阶段造成不动产价格大幅下滑，从而导致经济长时间的萧条或衰退。其三，政策性住房金融对社会消费能力的影响。建立政策性住房金融体系，能够在提高中低收入群体住房支付能力的同时，释放这些群体在其他方面的消费潜能，但是也有可能在增加特定时期消费能力的同时透支未来的消费能力，因为从根本上来说，向中低收入提供的政策性住房金融资源或者来自转移支付，或者来自未来金融资源的贴现。如果不能有效平衡不同时期的金融利益关系，就极有可能是以长期社会消费能力的大幅波动来促成短期政策性住房金融目标的实现。

### （四）对金融利益集团的影响

政策性住房金融不同于单纯的财政性住房补贴政策，它在本质上是通过对未来住房金融利益的贴现来弥补现阶段住房支付能力的不足。因此，政策性住房金融通常扩大了住房金融的规模，为各类金融机构及其从业人员所组成的金融利益集团带来了巨大的商业性机会。即便是以政府管理和控制的住房公积金为主的政策性住房金融体系，也同样能够为商业性金融机构提供从资金存管到再融资服务等大量的金融业务。特别是，当政策性住房金融主要通过对商业信贷进行贴息或者再融资担保等形式进行时，商业性金融机构就获取了将政府信用与其商业金融业务混同的可能，由此产生的巨额收益远远大于其自身所需要承担的风险。特别是在金融风险责任约束机制缺乏的时候，这种风险和收益不对称的结构，就会极大地激励商业性金融机构不当扩张政策性住房金融的规模。

从美国金融危机的事例中我们可以观察到，政策性住房金融机构具有滥用政府信用的倾向。而住房金融所产生的风险往往因其规模庞大而对整个金融甚至经济体系造成冲击，从而产生问题金融机构绑架政府和公共利益的可能。美国 2008 年金融危机中，社会保障政策调整也常常造成公共福利的减损，因住房金融创新而获得巨额利润的金融利益集团却很难受到应有的惩戒。危机的主要受损者是住房抵押贷款的债务人、低端劳动力市场的就业者等中低收入群体。但是，大量问题金融机构不仅获得了政府在财政或金融政策上的救助，而且因应对危机的大规模货币刺激政策而迅速恢复了盈利能力。所以，政策性住房金融的推行，必须从利益激励和约束两个方面同时规范相关金融机构的行为。

## 三、政策性住房金融中的利益调整

政策性住房金融中的利益关系较为复杂，其中的基本要点在于政府信用与商业信用的结合。通过信用组合，商业性金融机构才具有从事政策性住房金融业务的动力，而专门的政策性金融机构，也才有可能利用金融市场筹集政策性住房金融所需要的资金。围绕这些不同的信用组合，各国金融机构创造出多种多样的政策性住房金融工具，并利用这些工具来调整政策性住房金融中各利益相关方的利益关系。法律制度如果不能有效规范这些金融工具中的风险和利益配比，就有可能打破政策性住房金融行为在激励和约束机制上的平衡，从而增加产生和累积金融风险的可能性。

首先，必须规范政府信用的使用行为，建立起住房金融市场中政府担保行为的监督和信息公开制度。政府信用的介入是政策性金融发挥作用的基础，也是扩大政策性金融支持力度所必不可少的要素。但是，政府信用的介入，对商业性金融活动以及公共财政都具有难以估量的双重影响。政府信用是以财政收入能力为担保，其收入来源的强制性使政府信用在信用能力和信用水平上大大优于一般商业信用，利用政府信用所进行的金融活动，实际上就是对公共财政资源的市场贴现。例如，发行政策性住房金融债券，就可以利用政府信用有效降低发行利率，但是政府信用也并非可以无限透支的金融工具，欧洲主权债务危机以及通货膨胀引发的货币贬值，实际上都是市场抵制政府信用透支行为的表现。在现代金融体系当中，政府信用主要通过货币信用以及国债信用表现出来。货币的币值波动客观上代表了持币人对一国货币未来购买力的预期，当一国政府试图通过通货膨胀政策来偿付其所承担的债务，或者试图利用通货膨胀手段向社会政策提供资金支持时，持币人就有可能通过金融交易来减少其持有某一特定货币现金的数量，从而抬升可替代资产品的价格。资产泡沫以及跨国间的资本流动，在很大程度上是由一国货币币值波动所引发的，货币贬值实际上就是一国政府信用的贬值。另外，在多数情况下，政府信用的贬值还直接从政府债券的利率上涨中体现出来。通常主权债券因其财政担保而具有金融市场中的最高信用等级，但是全球化和开放的国际金融市场，可以根据不同国家政府的财政收支以及经济发展状况，来量化评价一国政府的信用水平，并将其作为衡量一国主权债券的信用指标。政府透支或者滥用自身信用的行为，在金融市场中主要体现为主权债务危机，信用水平下降的政府，将被迫以更高的利率价格借贷资金，甚至根本无法再从金融市场中筹措资金。在政策性住房金融中，不可避免地要使用政府信用来从金融市场筹集资金，而且因为政策性住房金融的需求规模相对庞大，其信用和风险控制要求也更为突出。在设计政策性住房金融制度时，有必要对政府信用的使用和管理予以规范。

其次，有必要规范政策性住房金融活动的风险责任机制。政策性金融活动中一个非常普遍的问题，是缺乏有效的监督和责任约束机制。政策性金融机构的资本，通常由政府授予或者以政府信用为担保向金融市场筹集，其经营风险也主要由政府财政承担。在政策性金融机构的运行当中，社会政策目标通常不具有营利性，其多元的社会效益要求使政策性金融活动的后果难以量化评价，对具体管理和执行者的责任约束机制也很难予以量化。再则，社会政策目标的实现并非政策性金融机构的行为所能够完全主导的，复杂的社会与经济环境，对政策性金融活动的影响很大程度上会模糊其执行效果，尤其是政府信用的介入，还极大地弱化了金融市场的责任约束机制。所以，各国大多通过立法对政策性金融机构的人员组成、决策程序、业务审计、风险补偿等问题做了比较详尽的规定。一般“由董事会（理事会）对政策性金融机构具体行使最高的决策、监督、协调职能，包括机构内部的人事安排、业务运营与限定、资本和税赋减免的获得等，同时由法律对此予以明确定位、保护与制约。这样，就从政策性金融机构的外部和内部两个层面上，构成了政策性金融独特的监督机制和权力结构”[①]。但是，从2008年国际金融危机的情况来看，政策性金融领域的风险责任机制，仍有许多需要探讨和深化之处，针对政策性住房金融的风险责任问题更需要认真对待。无论是美联储通过宽松货币政策向住房信贷市场提供支持的行动，还是欧洲国家通过超出财政支付能力的主权债务来承担较高水平的社会福利项目，二者都暴露出

① 白钦先，王伟．政策性金融监督机制与结构的国际比较［J］．国际金融研究，2005(05)：37.

政策性住房金融活动的范围远远超出了法定政策性金融机构和金融工具的范围，对这些金融业务的风险控制，将决定政策性住房金融能否可持续、健康的运行。

最后，应当吸取经验教训，建立起恰当的政策性住房金融激励机制。政策性金融的业绩导向以特定的社会政策为目标，通常很难量化评价，且目标实现程度与政策性金融机构的管理者之间缺乏足够的利益联系。利益激励机制的匮乏和责任约束的虚化，容易导致政策性金融机构效率低下。一些国家试图通过商业性金融机构来开展政策性金融业务，并借助于其市场化的激励机制来提高政策性金融的效率。但是，政策性金融业务在经济收益上通常具有很大差异，有些业务活动因其政策性必然缺乏盈利空间，而另一些业务却有可能产生较高的经济收益。特别是当某些政策性业务具有垄断地位时，极有可能利用这种垄断地位产生额外的经济收益。从政策性住房金融的实际运行中可以看到，房利美和房地美等二级按揭抵押信贷机构，就利用其法律授予的垄断地位获取了较高的经济回报，并将业务风险转嫁于金融市场。中国的住房公积金信贷，则因其缺乏经济上的吸引力而在实际的住房市场上受到了一定范围的抵制。所以，在约束政策性住房金融风险的基础上，还必须解决其中的利益激励问题。对于政策性金融业务执行者需要给予一定的利益激励，同时也必须将这些具有利益置于竞争性机制之中，才有可能使利益与责任之间保持适度的平衡。

## 第二节　中国政策性住房金融体系中的利益现状

中国目前的政策性住房金融，主要由住房公积金和保障性住房融资两部分组成，其中，住房公积金制度设立的初衷，是通过强制性储蓄制度满足中低收入群体的住房金融需求，而保障性住房融资，则主要用于满足保障性住房开发建设的金融需求。整体上，中国的政策性住房金融体系还很不健全，其体系缺乏完整性和必要的法律规范性，相当一部分制度和措施还处于非制度化的政策层面。在具体执行过程中，无论住房公积金体系还是保障性住房信贷，都未能有效地促进住房金融领域的社会利益平衡，甚至住房公积金体系还产生了中低收入群体补贴较高收入群体的逆向福利效应。基于利益分析和利益平衡的观点，本书将对中国目前政策性住房金融体系中的利益现状及其存在的问题和成因进行阐述。

## 一、住房公积金制度中的利益失衡

中国的住房公积金制度自建立以来已超过 20 年，其运行状况与实际发挥的作用还很难给予全面而准确的评价。仅从住房公积金制度中的利益构造来看，其所能够发挥的作用，显然已无法满足当前政策性住房金融的实际需要，加之运行和管理过程中的偏差就更弱化了住房公积金制度对现阶段住房保障政策的支持。针对当前新的政策性住房金融需求，改革住房公积金制度已成为各界的普遍共识，只是对于其调整方向和具体措施还需要深入探讨。本书仅从政策性金融中的利益调整与利益平衡角度对此进行分析，其中一个基本的出发点在于，明确政策性住房金融的本质，是对不同收入群体以及不同时期、不同阶段经济利益的期限转换和支付转移，任何住房公积金制度的改革措施，都应当充分考虑政策性金融中风险责任与利益激励之间的平衡。具体可从以下三个方面展开。

### （一）住房公积金制度的目标定位模糊

公积金制度的建立，具有明显的互助和公益色彩，其基本设计思路与互助性储蓄具有基本一致的原理。与一般互助性储蓄有所不同的是，公积金制度通常具有一定的强制性。较早建立公积金制度的国家中以新加坡模式较为典型，其 1955 年建立起来的公积金制度，以国家强制的形式建立起了涵盖住房、养老、医疗方面的社会保障储蓄基金。住房公积金是新加坡中央公积金制度中的一个重要组成部分，在新加坡住房保障体系中发挥了重要作用。但是，由于公积金的累积和使用受到通胀以及住房价格等因素的影响，其住房互济作用相对有限，甚至一些低收入群体并不能实际享受到公积金的住房保障待遇。有研究者已经指出，新加坡“中央公积金制度的社会共济作用很小，一些低收入者或者年轻人在相当长的时间内难以积累到足以满足购房或者在规定期限内分期偿还购房款支出的需要，这样他们就难以享受到中央公积金所带来的利益，势必形成待遇差别悬殊和贫富不均的社会现象”[①]。所以，新加坡的公积金制度也因住房和金融市场的发展而面临着改革的要求。

从公积金制度的构造来说，其住房金融功能主要以互助互济为基础，同时融入了部分政府的税收和公共管理要素。中国1994年全面建立住房公积金制度的目的之一，就是将其作为实现住房商品化的重要配套措施。在全面取消住房福利分配制度之后，住房商品化体制下需要向职工个人提供一定形式增强其住房购买力，并针对市场化住房建设机制建立国家、单位和个人结合的筹资方式。按照现行《住房公积金管理条例》的规定，住房公积金是指机关和企事业单位及其职工缴存的长期住房储金。住房公积金由单位和个人按照国家规定的比例和基数分别缴存，由此形成的长期储蓄主要用于职工购买、建造、翻建、大修自住住房。[②] 按照税法的相关规定[③]，住房公积金可以从纳税义务人的应纳税所得额中扣除。因此，住房公积金当中也具有一定的财政补贴性质，只是总体而言还是以储蓄互助为主要内容。中国的住房公积金制度与其他国家的住房储蓄制度具有一定的共同之处，其利率、期限以及信贷条件方面都具有一定的政策性，条件一般优于商业性信贷。但是，与政策性住房金融机构相比，中国的住房公积金制度在目标定位上还存在一些偏差，以至于妨碍了其住房保障目标的实现。

例如，与住房储蓄银行相比，中国的住房公积金管理机构不具有金融机构的法律地位，其所开办的住房金融业务中也不享有财政的政策性支持。法律所规定的住房公积金管理委员会和管理中心，只是作为住房公积金的政策制定和管理机构[④]，既难以利用金融市场实现积存公积金的保值增值，也无法动用多样化的金融工具来推行其政策性目标。以现代金融体系的标准来衡量，中国现有的住房公积金机构在职能定位、组织管理、业务范围以及政策性工具上都不符合政策性金融主体的要求，因而也就难以实现和推行住房金

① 贾洪波，穆怀中．新加坡中央公积金制度改革评析［J］．北京交通大学学报（社会科学版），2009（04）：94．

② 《住房公积金管理条例》第二条、第十六条、第二十四条。

③ 《中华人民共和国个人所得税法实施条例》第二十五条。

④ 《住房公积金管理条例》第八条规定：“住房公积金管理委员会，作为住房公积金管理的决策机构”，第十条规定：“住房公积金管理中心是直属城市人民政府的不以营利为目的的独立的事业单位”。

融的政策性目标。为促进住房保障政策目标的实现，中国有必要建立专门的政策性住房金融机构。本书认为，将住房公积金体系改造为既具备政策性信贷功能，又能够全面利用金融工具的住房储蓄银行，将是值得探讨的方案之一。

### （二）住房公积金制度的公平性问题

虽然住房公积金的权威统计数据并未完全公开，但是仅从可获得的数据以及局部观察中可以发现，现行住房公积金制度，并不像其设想的一样能够增强和改善中低收入群体的住房支付能力。有研究者通过实证分析估算了中国住房公积金政策所覆盖的范围。他们认为在不同的城市就业者定义下，中国的住房公积金仅能覆盖最低 30%，或者最高 60% 的劳动力，并且实际使用公积金贷款的城市家庭比例甚至低于 6%。[①] 此外，由于公积金制度实施过程中的执法严格程度不同，许多中小型企业、私营企业和外资企业，无法定期承担或者逃避他们的住房公积金责任。与住房保障的社会政策目标不同，实际的住房公积金制度中许多失业工人、农民工、临时工根本就未曾纳入公积金体系，也无法享有住房公积金的待遇。应该说，就住房金融政策的公平性而言，现行住房公积金制度还存在许多不尽如人意之处，缴存环节上的不合理设置更加剧了其不公平性。

首先，住房公积金是强制性的储蓄制度，并享有个人所得税方面的税收优惠。企事业单位的支付能力与个人的收入水平具有较大差异，其公积金缴费水平的不同在一定程度上扩大了不同收入群体之间的分配差距。目前，各城市住房公积金缴费基数的确定，多介于上年度城镇职工平均工资的 60% ~ 300%。由于城镇职工平均工资反映的是平均收入水平，且其数据统计中并未包含收入相对较低的群体，因而公积金缴存基数的确定，实际上不能很好地体现收入分布情况，加之各单位的支付能力差异较大，就很容易造成缴存待遇上的不公。

其次，住房公积金的提取以购买或者租赁房屋为主要条件，住房价格的

---

① 数据来源：Mattias Burell. China's Housing Provident Fund：Its Success and Limitations［R］. Housing Finance International，March 2006：47.

高低直接影响了公积金的使用效率。在相当一部分大中型城市，住房价格的增长速度远远高于职工收入的增长速度，这使住房公积金的累积很难达到住房消费的基本要求，公积金贷款实际上仅为少数较高收入群体所享有。目前的公积金贷款在获取便利性、适用地域范围和具体住房项目上都存在一些限制，客观上将部分合理的住房金融需求排斥在外。由于公积金信贷条件无法适应住房需求市场的不断变化，大部分中低收入群体实际上很难真正享有公积金贷款的待遇，反而是住房购买能力较强的群体更容易获得公积金贷款的政策性优惠。至于更低收入群体的住房公积金，由于其积存总额几乎很难在大中型城市购买住房，其主要用途实际上限于一种长期储蓄或者用于租赁房屋，以公积金贷款形式体现的住房保障功能则几乎与之无关。

最后，现行住房公积金的存贷利率都由政府制定①，并实行“低存低贷”的政策。截至 2018 年 12 月末，住房公积金的存款利率为 1.5%，与之相比，银行一年期至三年期存款基准利率分别为 1.5%、2.1% 和 2.75%，并且商业银行可在基准利率以上自行决定执行利率。上海银行间一年期拆放利率近年来基本在 3% ~4.5%。此外，国家统计局的公报显示，2014 ~2018 年居民消费价格指数分别比上年增长 2.0%、1.4%、2.0%、1.6%、2.1%②，五年平均为 1.82%，高于住房公积金的存款收益。住房公积金作为法定的长期储金，其收益率甚至低于商业银行的同类储蓄及通货膨胀水平，这势必降低其缴存的积极性。如无法享受购房贷款优惠，则缴存公积金，几乎等同于低收入群体在住房信贷上向较高收入群体提供补贴。简言之，住房公积金具体规则和政策措施上的缺陷，客观上背离了其政策性住房金融的初衷，扩大了住房金融市场的不公平性。

### （三）住房公积金的投资管理低效问题

住房金融中的资金筹集和使用，以及住房产品的消费都具有较长的时间周期，必须将资金的时间价值作为重要影响因素纳入制度设计之中。通货膨

① 《住房公积金管理条例》第六条规定：“住房公积金的存、贷利率由中国人民银行提出，经征求国务院建设行政主管部门的意见后，报国务院批准。”

② 数据来源：国家统计局网站“年度数据”，访问网址［2019 - 03 - 30］：http：//data.stats.gov.cn.

胀以及金融市场的时间风险，都会严重影响长期储蓄的实际可操作性。缺乏有效的投资管理手段，将造成长期资产的实际购买力下降，从而影响到储蓄意愿和资金的结构平衡。金融活动在一定程度上是时间价值的贴现，通过金融工具的期限转换功能，为长周期的经济活动提供资金支持是金融不同于其他经济领域的重要内容。住房公积金首先应当定位于住房金融的一个组成部分，并以符合金融市场规律的思维来调节和平衡资金的供给与需求。

任何资金的供给和汇聚都有直接的成本和收益考量，政策性金融与商业性金融的区分，不在于金融运行过程中的利益动机，而在于政策性金融是否能够成功地将长期的公共利益和社会利益，转化为直观并且可以关联于特定个人的经济利益。政策性金融可以通过行政命令或者市场管制来推行某项特定政策，但是能够产生良好效果的政策，必须符合微观经济行为中的利益动机。住房金融领域中，储蓄和贷款实际上都只是投资住房建设的一种方式，资金的筹集模式、信用杠杆的利用以及外部经济增长等，是决定资金收益水平的主要因素。政策性住房金融不可能脱离金融活动的基本规律有效运行，其收益水平同样应当受到资金筹集模式、信用杠杆以及外部经济环境的约束，并且只有在整体收益水平高于或等于商业性住房金融的情况下，才可能吸引到足够的资金参与住房建设投资。以住房公积金为例，其储蓄的法律强制性并不能保证资金来源的吸引力，若其整体收益长期低于商业性金融市场，势必引发资金的逃离，规避或逃避法定缴纳义务的现象就会广泛出现。当然，住房公积金的整体收益回报应由两个方面构成：一是储蓄资金的投资收益；二是因储蓄资金所获得的贷款补贴。这两方面的收益能否实现，是由公积金的投资管理制度以及管理能力所决定，因此，改进住房公积金的投资管理，是促进政策性住房金融发展的一个重要命题。

本书认为，首先应当改革当前住房公积金存贷款利率的确定方法。在利率市场化的背景下，应当进一步缩小住房公积金存贷款之间的利差，使其低于商业性金融机构的一般利差水平。一方面应强化公积金的管理规范性，以提高资金管理的效率并降低管理成本；另一方面应适当扩大积存资金的投资范围和投资渠道，以通过多元化的投资组合增加长期储蓄的收益回报。此外，通过降低公积金贷款的信贷条件、扩大公积金贷款的适用范围，提高公积金贷款的可获得性及其覆盖面，增强公积金缴存的积极性和资金吸引力。

## 二、保障性住房融资制度中存在的问题

住房保障需要针对不同收入群体提供不同的保障模式，住房金融同样也需要适应不同保障模式的资金需求。与住房公积金制度的保障对象和保障形式不同，保障性住房融资主要应针对公共住房的需求，其中尤以公共租赁型住房建设为主。按照中国人民银行的统计，2018 年末保障性住房开发贷款余额 4.32 万亿元，同比增长 29.5%。[①] 据统计，我国保障性住房建设资金缺口在 8000 亿元左右，显然，一般商业性金融机构难以提供如此大规模的信贷支持。对此，2018 年 6 月国家发改委发布《关于利用债券融资支持保障性住房建设有关问题的通知》，鼓励投融资平台公司发行企业债券进行保障房项目融资，并提出要充分引导更多社会资金参与保障性住房建设。总体而言，在目前的保障性住房建设融资当中，其主要面临以下问题。

### （一）租赁型保障房建设资金匮乏现象相对突出

目前保障性住房建设资金的来源形式包括：中央和地方政府的财政预算资金、土地出让收入、国家开发银行贷款、商业银行贷款、住房公积金项目贷款、商业性房地产项目配建、其他社会投资资金等。此外，政府还先后出台了一些政策，尝试通过发行特种债券或者房地产信托投资基金（REITs）等金融手段筹集保障性住房建设资金。但是，从资金利用的实际情况来看，在经济适用房、限价房或棚户区改造等可出售型保障房的建设中，商业银行贷款与企业投资资金参与相对积极，而在廉租房等租赁型保障房的建设中则参与较少。究其原因，前一种保障性住房的商品性其实更为突出，其潜在的经济效益更可能吸引商业性资金参与。甚至一些以经济适用房、限价房或者改造房名义运行的保障性住房建设项目，在享受税收和土地优惠政策的同时，却部分地进入了商品房市场，其最终所获益的对象是否属于应保障范围十分令人质疑。与之相比，廉租房等公共租赁型住房的建设则因其建设周期

---

① 资料来源：中国人民银行《2018 年金融机构贷款投向统计报告》。访问网址：http://www.financialnews.com.cn/sj_142/jrsj/201901/t20190125_153695.html.

长、租金收益低、现金流差、缺乏可抵押资产等因素，导致社会资金缺乏参与的动力。可以说，以公共租赁型房为主体的保障性住房建设，本应成为住房保障工作的基础，而现实情况却恰恰相反，租赁型保障房的推行往往最为困难，缺乏必要金融和财税措施为其提供资金支持是主要障碍。

保障性住房融资虽然具有很强的政策性特质，但是多个方面的因素也决定了其建设成本不可能完全由财政或者公共收入承担。首先，保障性住房建设的投入相对集中于城镇化的初期和中期，此时城乡人口的集中转移产生了更多的公共性住房需求，但城镇化建设所产生的即期经济收益，还不能完全满足住房保障的需求。其次，满足保障性住房需求具有一定的社会效益，其对于经济和社会发展所产生的利益，并不能完全转化为货币收益。而且，其社会效益和经济效益通常都是在较长的发展周期中体现出来的，这就造成了保障性住房投入和产出在效益类型和时间周期上无法对应。最后，保障性住房建设的资金投入及其产生的社会和经济效益，在不同利益主体的配置上存在结构性矛盾，难以形成足够的利益激励机制。例如，住房保障所产生的社会稳定利益，在中央和地方政府的利益衡量中就具有不同的价值序列，而中央和地方财政所承担的建设资金比例，却与其利益结构难以匹配。加之保障性住房建设所产生的社会和经济利益难以在较短的任期内体现出来，投入却相对较大，一些地方政府在整体衡量其财政收支计划时，也很难将其列入优先保证项目。上述原因，势必使地方政府对保障性住房建设项目的投入相对消极，中央政府甚至不得不采用与地方政府行政负责人签订目标责任书（俗称“军令状”）的特殊形式，来约束地方政府的建设行为。①

### （二）保障性住房建设的金融支持缺乏制度性安排

保障性住房建设是城镇化健康和持续发展的一个重要措施，同时也是国家经济和社会发展战略的有机组成部分。包括保障性住房建设在内的住房保障工作应从长期政策的角度予以规划和设计。由于缺乏基于长期战略而制定

---

① 按照财政部 2007 年制定的《廉租住房保障资金管理办法》第六条规定，除了中央和各级政府的财政预算安排的各项建设或补助资金之外，住房公积金增值收益中扣除计提贷款风险准备金和管理费用后的全部余额，土地出让净收益中不低于 10% 的资金都应安排用于廉租住房保障的资金。但实际上用于保障性住房建设的资金仍然相对缺乏，廉租房等租赁型公共住房的建设进度并不理想。

的政策性住房金融立法，目前，以棚户区改造以及公共租赁住房建设为主的政策性住房融资还很难形成相对稳固的融资模式，融资安排中不同公共政策所包含的多元利益诉求还不能形成规范的利益平衡机制。同时，各城市的政策性住房金融措施具有很强的功利性和临时性倾向。其具体措施虽然繁多，却基本上是建立在地方财政或者土地财政基础上的金融工具组合，在政策定位、业务规范以及金融风险控制方面均依附于地方政府的宏观经济政策目标。各地实践中采用过的融资措施包括：以配建捆绑的方式由商品房开发者筹集保障房建设资金；出售保障房配建商业设施以回笼部分建设资金；将部分公租房出售给符合条件的承租人以回笼建设资金；通过地方政府融资平台筹集商业贷款；在提供政府担保的基础上，成立保障房投资基金或发行债券等金融工具；通过没收违法建筑直接作为保障房等。另外，也有一些地区通过将大型企业自建房作为保障房建设的一种类型，或者要求国有企业承担部分保障房建设任务等。但是，上述措施中的绝大部分都受到特定条件的限制，难以成为保障房建设资金来源的通行方式，其利益和风险分配结构也缺乏明确的法律规制，因而难以构成具有可持续性的政策性住房金融机制。

目前，除了财政资金以外，最大的保障性住房建设融资实际上来自国家开发银行，但是国家开发银行的政策性住房金融业务却缺乏必要的法律制度予以规范，其金融风险控制与政策目标之间的平衡缺乏起码的制度基础。国家开发银行 2014 年发放棚改贷款 4086 亿元，累计支持总建设面积 9 亿平方米，惠及 916 万户、2857 万人。[①] 同期人民银行统计的新增保障性住房开发贷款为 4119 亿元，到了 2018 年年末，房地产开发贷款余额 10.19 万亿元，其中，保障性住房开发贷款余额 4.32 万亿元，同比增长 29.5%。[②] 一个值得关注的现象是，在经济增速和房地产业增速下滑的背景下，国家开发银行等政策性金融机构大幅增加了保障性住房贷款，而央行则通过注资和再贷款等手段对国家开发银行提供金融支持。2014 年，人民银行向国家开发银行新设的住房金融事业部发放 1 万亿元抵押补充贷款；2015 年 7 月，人民银行

---

① 资料来源：国家开发银行《2014 年年度报告》。访问网址：http：//www.cdb.com.cn/web/Column.asp? ColumnId = 5.

② 资料来源：中国人民银行《2014 年金融机构贷款投向统计报告》和《2018 年金融机构贷款投向统计报告》。访问网址：http：//www.pbc.gov.cn.

又通过所持有的外汇储备委托贷款债转股的形式向国家开发银行注资 480 亿美元。2015 年上半年，国家开发银行发放的棚户区改造贷款新增 4198 亿元，全国保障性住房开发贷款仅增加 3895 亿元，并且 2015 年上半年保障性住房开发贷款增量占同期房产开发贷款的 68.6%。[①] 就规模而论，国家开发银行住宅金融事业部已经在一定程度上发挥了当前中国政策性住房银行的主要职能。并且与美国房利美和房地美相类似的是，国家开发银行从事政策性住房金融信贷的一个重要金融支撑是来自央行的定向货币宽松政策。基于以上事实以及对国际金融危机经验教训的认识，本书认为，为有效平衡金融风险控制与住房保障政策之间的利益关系，通过立法规范政策性住房金融机构的运行已经刻不容缓。

从央行再贷款到国家开发银行的保障性住房开发贷款，再到地方政府融资平台利用国家开发银行贷款支持具体的保障性住房建设项目，其间的金融业务环节众多；从项目贷款到打包的开发贷款，从国家开发银行为支持政策性住房融资在金融市场进行的专项融资，再到央行的再贷款，都涉及结构复杂和种类繁复的金融工具；不同金融机构之间以及金融机构内部的人员、业务和管理风险控制还涉及多个层面的金融监管领域。因此，在缺乏法律制度支持的系统性规范前提下，政策性住房金融规模的急速扩张隐含了巨大的潜在风险。从实际操作情况来看，国家开发银行以棚户区改造或者廉租房为主的政策性贷款通常是直接针对地方政府或者地方政府成立的保障房建设融资平台，而不是直接针对具体保障项目。保障性住房融资项目的风险控制实际上并不是由专业金融机构来完成的，而是主要依赖于地方政府的财政担保。例如，宁波市以保障性住房建设投资公司的名义向国家开发银行进行统一借贷来筹集公租房建设资金，其还贷和融资费用，则由负责保障房建设的各区政府承担。根据地方政府的规定，所谓统贷资金由宁波市保障性住房建设投资有限公司向国开行宁波市分行进行融资，并由宁波市保障房投资公司负责保障性住房项目统贷资金归集汇总、可研报告编制、日常监督、资金借贷、拨付、归还等日常管理工作。作为实际使用资金的各区县住房保障部门则按

---

① 资料来源：中国人民银行《2015 年上半年金融机构贷款投向统计报告》。访问网址：http：//www. pbc. gov. cn.

照规定负责及时、足额向市保障房投资公司支付统贷资金本金和利息，若未按期归还贷款本息，由市财政局在年度结算时扣回。① 类似的贷款安排在其他城市的国家开发银行棚户区改造贷款或保障性住房专项贷款中。由于地方财政是最终的还款义务人，目前以国家开发银行为主体的政策性住房金融具有准财政的性质，同时还具有央行货币政策的隐性背书。政策性金融机构具有将业务风险向公共财政和央行转嫁的可能性，却缺乏必要的法律或市场约束机制，其道德风险不容忽视。

### （三）财政和政策性资金无法与市场资金形成合力

保障房建设投资在短期内虽然无法产生可观的经济效益，但是从长期来看，它必然通过促进人口的城市化，为当地的社会和经济带来巨大的潜在收益。因此，从经济规律来讲，住房金融的核心功能，就是将保障房建设的宏观效益与微观效益、长期效益与短期效益加以匹配，以形成社会资源在住房市场和金融市场上的良性循环。政策性或者财政性资金在保障房建设中的作用，主要是弥补市场资金在短期和长期收益上的失衡，并通过政府的税收分配作用将保障性住房建设所产生的外部效应内部化，从而引导社会资金的合理配置。但是，从目前的融资情况来看，财政性和政策性资金实际上是建设资金的主要来源，市场或社会资金的参与几近于零。一方面，这是由于监管政策上尚未对商业银行等金融机构参与保障性住房融资做出过多的差异化安排；另一方面，也是因为缺乏一个完整的住房金融市场体系来为各类保障性住房贷款提供再融资市场。因此，保障性住房建设所产生的长期收益难以在即期市场上有效贴现和定价，从而限制了市场资金的参与程度。

本书认为，国家的金融监管应在现有政策的基础上，进一步将为保障性住房建设融资而产生的地方性公共债务区别对待。例如，降低商业银行参与保障性住房建设项目，尤其是廉租房建设项目贷款的风险权重，减少此类贷款的资本金占用；对地方政府自主发行符合监管要求的保障房专项债进行制度性规范，以促进其有效推进。更重要的是，国家应以保障性住房项目融资

---

① 《宁波市保障性住房项目建设统贷资金管理办法》（甬建发〔2012〕249号）第一条、第四条、第二十条。

为试点，尽早建立住房贷款的再融资市场。各类住房贷款占用银行信贷资金的存量较大，对于经济结构调整十分不利，也容易造成金融资源在期限和结构上的错配。因此，建立住房贷款的再融资市场势在必行。由于保障性住房项目贷款体量较小、信贷结构较为清晰，因而将其作为试点，既可以确保改革能够稳步推行，又可以在当前阶段更好地支持保障性住房建设。此外，还能以旧城改造和棚户区改造为契机，将社区银行等社区投资金融机构制度纳入金融改革计划之中。通过此类金融机构，可以使现有的住宅小区物业维修基金更为规范和透明的纳入现代化的金融体系中运行；同时还可以考虑在住宅开发管理和物业管理中以社区投资金融机构为主体，按照适当比例归集部分住宅维修基金，以投资于住宅社区持续的维修、改造和再建。在经过实践探索的基础上，国家应适时制定中国的社区再投资立法，以建立城市社区的更新、改造和再建的金融支持体系。

### （四）住房保障资金的安排和利用缺乏必要的差异性

在保障房制度中，针对不同社会群体所提供的住房保障具有不同的经济意义和保障性质，其具体形式理应被区别对待。例如，针对少部分特殊困难群体的住房保障，本应具有社会救助和社会基本保障性质，资金投入也具有明显的公益和社会救助性质；而针对部分大学毕业生和农民工等在一定时期支付能力较低的群体，则应当以公共租赁型住房的形式提供住房保障，其经济意义主要是调节个体收入的阶段性差异，因而财政或政策性资金的主要补充环节，应集中在公共租赁住房租金与市场租金之间的差价，而不应当将政府性资金过多集中于建设环节。同理，目前纳入保障性住房范畴的人才引进房、企业职工用房等也具有不同的保障性质，政府性资金所扮演的角色显然也应当有所差异。

目前，各地保障性住房资金在统一借贷和管理的同时，却未能就不同类型保障房所针对的保障群体和保障特性进行差异化对待，从而导致政府性资金和其他社会资金之间出现了错配的现象。例如，部分行政机关事业单位或国有企业的职工福利性住房，却享受了低收入群体保障性住房建设的待遇，而一些理应被优先纳入保障体系中的特困群体，反而未列入保障性住房的金融支持体系之中。在目前的地方保障性住房建设中，为特困群体提供免费住所的项目还极为鲜见，慈善等公益类资金的参与也不在保障房建设的计划范围之中，这显然极不合理。本书认为，应当通过立法明确允许社会组织以项目制形式发起、参与和运营以特殊困难群体为保障对象的住宅公益项目，并制定规范此类项目运行的法规。一方面要为此类项目的土地和财税优惠措施提供法律依据，另一方面要为此类项目投入、运营和管理运作提供规则依据。此外，作为社会公益的一个补充，国家也可以考虑在现有福利彩票体制中，设立专门以公益性住房为目的的彩票基金，鼓励社会资金通过多种渠道向公益性住房项目捐资。

## 第三节　住房保障及保障性住房建设中的金融抑制

住房保障问题的产生有一定的经济动因，也与金融财税制度中的权利缺失具有重要的关联。经验表明，高速的经济增长与规模不断扩大的金融市场并不必然导致所有社会成员的收入增长和社会保障增加。由于经济发展战略所选择的模式不同，货币政策、财政支持以及价格管制等制度性安排人为地抑制了生产的资源品和资本品的价格，在短期内推动出口加工型企业繁荣的同时却抑制了本国居民长期消费能力增长。因为金融抑制战略“给某些经济部门带来好处的微观经济决策，没有适当地考虑对其他部门的影响”①。在制定金融政策过程中，政府基于通货膨胀的货币利益也是采取抑制政策的重要动因，但是这些政策也抑制了相当一部分社会群体的收入增长和消费增长，对城镇化和现代化进程的可持续性造成了不利影响。住房保障问题在一定程度上并不是普遍的支付能力问题，而是结构性的收入差距问题。换言之，保障性住房建设及住房供给中所体现的中低收入群体住房困难，本质上是收入分配的结构性失衡所造成的，其中，金融市场的利率抑制对收入分配失衡具有明显的推动作用。有实证分析认为，“政府干预资本市场的结果是金融抑制，金融抑制将导致穷人面对更低的存款利率和更高的贷款利率，形成一种

① ［美］爱德华·肖．经济发展中的金融深化［M］．邵伏军译，上海：三联书店上海分店，1988：14.

穷人补贴富人、居民补贴企业的'倒挂'机制。这将导致居民财富分布向作为企业家的富人集中，收入不平等现象趋于恶化，甚至造成长期的'两极分化'"①。要从根本上提升住房保障水平以及推动保障性住房建设，需要深化金融体系改革，缓解资本在住房市场中的堆积，降低住房购买成本。同时通过金融深化促进产业结构调整，优化居民收入分配和城市产业结构的分布，以平衡城镇住房供需结构。

## 一、金融抑制、收入分化及住房保障

人们对金融抑制的解释存在一定差异，但其主要是指政府通过货币政策手段人为抑制利率、汇率等金融市场基础价格，以改变金融资源的配置。一般认为，金融抑制的产生与政府干预以及政府的经济发展战略有关，金融抑制，在一定程度上降低了特定产业和企业的融资成本以及生产要素价格，提高了金融以及特定产业领域的资本收益。但是，金融抑制也同时造成了劳动密集型产业工人以及一般城市居民的收入抑制，因为他们难以享受到低成本资金和资源品所带来的利益，也难以从金融和不动产的资产价格膨胀中获取收入。金融抑制通常与政府的货币和财政政策相关，政府对金融价格（包括利率和汇率）的干预改变了市场的收入分配结果，它"使收入分配更有利于城市中已拥有许多财富的富人，这样，在失去高度盈利性投资机会的同时，经济上的分化也加剧了"②。金融抑制通常与资本的廉价化、土地管制、出口导向以及腐败和垄断特权相关联，因而大多数情况下经济分化的结果，势必扩大中低收入群体的范围以及社会保障需求的规模。所以住房保障问题的本质是城镇化过程中的收入分配问题，而特定的城镇化模式之所以产生较大规模的住房保障需求，往往与具体经济发展模式中的金融抑制政策密切相关。

中国近十多年以来的城镇化进程明显加速，大规模的城市建设要求巨额的廉价资金投入。支持既往城镇化模式的资金主要由地方政府筹集，其中，土地出让收入以及由土地抵押所形成的金融信贷投入是城市建设和开发的主

① 陈开斌，林毅夫．金融抑制、产业结构与收入分配［J］．世界经济，2012（01）：20.

② ［美］罗纳德·T·麦金农．经济发展中的货币与资本［M］．卢骢译，上海：上海三联书店/上海人民出版社，1997：35.

导性融资模式。土地出让收入的多寡与土地出让价格的高低成正比，而土地抵押的融资成本与借贷利率的高低成反比，所以较高的土地价格与较低的融资成本，直接影响了特定模式下城市建设扩张的速度与规模。国家统计局的统计数据显示，2003～2018 年，中国的广义货币供应量（M2）从 22.12 万亿元增加至 182.7 万亿元，增长了 826%；全社会固定资产投资就从 2003 年的 5.55 万亿元增加到 2018 年的 64.57 万亿元，增长了 1163%。房地产住宅投资从 2003 年的 0.67 万亿元增加到 2017 年的 7.51 万亿元，增长了 1121%；并且 2017 年房地产住宅投资占到了全社会固定资产投资总额的 11.71%。2003～2017 年的 15 年间，中国的国内生产总值（GDP）年增长率位于 6.7%～14.2%，年平均增长 9.41%；同期的居民消费价格指数（CPI）处于 -0.7%～5.9%，年平均增长 2.62%；[①] 而此期间的一年期存款基准利率维持在 1.5%～4.14%，一年期贷款利率则维持在 4.25%～7.47%。

上述数据说明，中国近 10 年来居民储蓄存款实际上处于负利率状态，而廉价的信贷资金对房地产为主导的产业投资起到了明显的促进和催化作用。房地产价格方面虽然缺乏全面而翔实的数据，但是土地出让收入的增长，已经从另一个侧面反映了近 10 年来土地和不动产价格的增长速度，远远超过同期的国民经济发展水平以及居民收入增长水平。按照自然资源部统计，1999～2008 年累计国有土地出让收入为 5.3 万亿元，其中，2006 年的全国土地出让收入达到 7677 亿元，而金融危机之后的 2009 年，国有土地出让收入就达到了 1.59 万亿元，到 2013 年全年国有土地出让收入则达到了创纪录的 4.125 万亿元[②]。2006～2013 年的 8 年间土地出让收入增加了 589%。低利率甚至是负利率政策，刺激了以不动产为主体的资产泡沫，同时也为城市建设和房地产开发投资提供了廉价资金，却降低了居民从一般储蓄中获得收入的份额。同时，随着城市经济发展，不动产拥有情况的差异拉大了城市居民之间的收入差距，收入分化又反过来加剧了城市住房困难问题。概言

---

① 资料来源：国家统计局网站，《年度数据》中“货币供应量”“全社会固定资产投资”“房地产住宅投资”“居民消费价格指数”，访问网址：http：//data. stats. gov. cn.

② 资料来源：国土资源部网站，历年《中国国土资源公报》，访问网址：http：//www. mlr. gov. cn/sjpd/gtzygb.

之，金融抑制是收入分化和住房困难问题产生的一个基础性因素，也是解决住房保障问题需要探究的深层次原因。结合金融抑制理论的分析，我们可以比较清晰地看到，货币和金融政策在城镇化进程中对收入及住房问题的影响，也为我们指出了解决住房保障问题的一个重要途径。

基于上述分析，本书认为，中国当前的城镇化转型必须将金融与经济政策调整到以就业和收入增长为核心的路径上来。否则，所谓城镇化就仅仅是城市建设规模和国民经济规模的增长，是建筑和设施空间上的城市化，而不是社会个体生活与生产方式的城市化，这将是一种无法包容、不可分享与不可持续的增长。货币和利率政策对居民收入和住房的影响，应当被视为解决城市住房保障问题的基础性要素，特别是针对住房金融中的利率政策，更应当重点纳入住房保障政策体系中。其中，存贷款利率的调整以及建立针对中低收入群体的政策性住房金融服务体系，是消除住房金融领域金融抑制的两项可行措施。在利率市场化改革中，存贷款利率的调整不仅应当区别对待个人住房贷款金融服务的差别，而且应当将住房公积金中的存款利率提高到市场真实资金成本的水平，以促进住房储蓄的收入正向调节作用。组建以住房金融服务为专门业务的住房储蓄银行或住房储蓄协会，将有助于对其实施区别化的利率和金融监管政策，以及消除住房金融中的抑制现象。另外，在个人住房按揭贷款的再融资市场建设中，应当综合发挥政策性住房金融和商业金融的作用，共同建立起市场化的住房金融补贴机制。

## 二、金融深化与住房权利保障

金融抑制在收入分配中的影响是普遍而广泛的，现代经济体中的任何经济活动都是建立在政府法定货币的信用基础之上的，所以货币政策与利率政策导向所产生的市场效应，具有完全的覆盖性和控制力。不过，本书要强调的是，金融抑制在微观经济活动中所造成的收入分化，不仅与利率或汇率价格的人为抑制有关，而且更与收入结构背后的权利排斥和权利缺失有关。研究表明，低收入群体的信贷权利受到排斥，是金融抑制产生收入分化的一个重要原因。金融排斥对于个体意味着：“以更高昂的成本来获得基础金融设施和信用；无法获得某些金融产品和服务；缺乏安全管理和持有现金的手段；产生获得就业机会的障碍；固化其所受到的社会排斥”[①]。按照法定利率和担保规则，较高收入群体比低收入群体更容易获得较低利率的信贷支持，并占用大量低成本的信贷资源。低收入群体因其就业、收入以及家庭状况，往往被排斥在基本的金融服务之外，这些群体由于没有能力获得基本的金融服务，也就丧失了获取其他重要社会资源的机会，从而难以摆脱其贫困境地。

关于权利缺失是经济排斥与社会排斥主要原因的观点，早有学者提出并系统论述了其中的作用机理。其中，社会保障的缺失被视为权利缺失的一个重要方面，而政府不恰当的社会和经济政策，则是权利得不到实现的一个主要原因。“社会保障系统会影响到每一个人可以控制的商品组合，它们是一个人交换权利的组成部分”。[②]“对一个人就业或获取信贷等机会的排斥会导致他在经济上的穷困，而经济上的穷困反过来又会导致其他形式的剥夺。因此，社会排斥本身不但是能力剥夺的一部分，而且也是造成各种能力不足的原因之一”。[③] 解决社会排斥问题，显然不能只停留在消极意义上的权利保障，还必须从权利实现的角度采取积极行动。向被排斥群体提供社会保障是消除排斥的一项重要举措。但是社会保障本身的内容也同样包含了消极和积极两个层面。在消除社会排斥的实践中，研究者和政策制定者进一步提出包容的理念。不同于传统的社会排斥理论，包容性发展的观点，指出了非排斥的政策未必是促进社会发展的合理政策，因为不排斥不等于包容，只有包容和促进每一个体权利的增进才是真正的共同发展，才符合社会所应有的价值观念。包容并不意味着分配结果上的均等，而是强调在发展机会上的平等，政府在积极促进发展以创造发展机会的同时，还应当通过社会保障以及公共服务的提供，促进发展机会的平等分配，以形成可持续与可共享的发展路径。概言之，社会保障或收入再分配的目的“不是简单地实现收入均等化，而是通过促进与实现机会的平等来改善收入分配”[④]。应该说，权利发展的可

---

① HM Treasury. Promoting Financial Inclusion [R]. London: The HM Treasury, 2004: 2.

② [印度] 阿玛蒂亚·森. 贫困与饥荒——论权利与剥夺 [M]. 王宇，王文玉译. 北京：商务印书馆，2001: 12.

③ [印度] 阿玛蒂亚·森. 论社会排斥 [J]. 王燕燕译. 经济社会体制比较，2005 (03): 2.

④ 林毅夫，庄巨忠，汤敏，林暾. 以共享式增长促进社会和谐 [M]. 北京：中国计划出版社，2008: 37.

持续性与发展的公平性具有密切的关联，缺乏制度性的权利保障机制就很难达成社会分配的公平，而分配的失衡往往是发展不可持续的重要原因。城市住房保障问题只是发展过程中收入分配失衡的一个表象，其内核仍然是基于住房权利和金融权利分享上的缺失。金融深化的观点与包容性发展的观点，在这一问题上是彼此相通又能够相互映照的。

以住房保障为例，法律虽然没有直接限制市场主体获取住房金融和信贷服务的权利，但是，住房信贷政策和金融监管政策客观上将高风险的低收入群体信贷排斥在了市场之外。住房公积金制度的具体运行也具有类似的经济和社会效果。一方面，与户籍制度结合在一起的城市住房公积金制度将无法获得城市户籍的劳动者排斥在公积金制度之外；另一方面，高度商品化（而非市场化）的住房供应体系又以远超出新增城市人口收入水平的住房价格将其排斥在住房商品市场之外。社会最低收入群体通常不享有任何住房金融服务，而相当一部分中低收入群体则因为难以负担高额的购房支出而被迫处于对较高收入群体的逆向补贴机制之中。简言之，中国近 10 年来城市住房市场的高速发展，并未向大多数中低收入群体提供更多以及更公平的发展机会，其住房权利在高速的城市化进程中相对弱化而非强化。住房及金融制度设计中一些市场与管制的畸形结合，客观上排斥而非促进了一些群体的权利。例如，住房需求的市场化住房供应的高度计划性结合，导致了不动产增值收益分配的严重失衡；而住房信贷业务的市场化与信贷利率的高度管制，导致了个人住房金融成本远高于个人储蓄收益。之所以产生上述后果，权利抑制的制度性原因远远大于市场自身的竞争性因素，其中，金融权利的缺失是住房权利缺失的一个重要构成部分。

法律制度的调整，首先应当消除排斥性的内容，将保障中低收入群体享有金融服务的权利作为金融立法和金融监管的一项重要内容。应当针对不同金融服务对象的住房金融服务实施差异化的金融监管措施，对其存贷款利率水平、资本风险监管采用更符合住房金融市场需求的设计。更重要的是，从积极权利的意义上来说，法律应当积极促进和实现弱势群体的住房信贷权利，而不是仅在法律文本上宣示所有主体平等地享有获取信贷的权利。法律承认一种权利仅为一种消极的权利，法律制度以及公共政策能够切实地保障和促进这些权利得到实现更为重要，也更具有现实的积极意义。例如，中低收入群体的住房贷款风险相对较高，因而金融机构所需要的利率风险溢价也就更高，为保障中低收入群体的住房金融权利，就应当以财政补贴的形式来弥补这种利率差异，以综合市场与政府的收入分配作用。当然，更为积极的权利保障措施，是通过经济与社会发展政策促进中低收入群体享有更多的就业和发展机会，以就业和收入增长策略促进城市居民的住房条件改善才是最根本的住房保障政策。

## 三、保障性住房建设中的金融深化与利益平衡

金融深化可以从两个方面来促进城市居民的住房保障，它可以优化储蓄分配的渠道，增加居民储蓄在收入中的比重并扩大金融资产选择的范围。“金融自由化及其相关的政策，有助于促进收入分配的平等。”① 实际存款利率的提升以及金融管制的减少，能够保证社会保障的长期储蓄收入维持相当的购买力，而居民储蓄的意愿增强，则会导致投资于房地产等其他替代类资产的意愿下降。长期来看，通货膨胀所产生的财政收入增长，并不会促进社会收入真实水平的提高，平衡金融和财政政策的利益关系，将更加有利于促进收入分配的改善。保障性住房建设中的金融活动，本质上也是收入分配在时间期限以及主体范围方面的一种调整，金融深化同样能够发挥非常积极的作用。

首先，保障性住房建设中的金融深化需要释放低收入群体的住房金融权利。获得基本住房的权利是个体的一项社会权利，它以政府的对应责任为基础。住房不仅是特定的物理居住空间，更是与生活和工作环境相关的社会关系载体。在充满流动性的城市经济体中，个体的基本住房权利应当具有一定的空间选择自由，这与保障性住房建设的集中建设存在一定的冲突。因此，保障性住房的分配，应当以一种权利性而不是实物性的分配为主，被保障对象的住房权利，可以通过一种金融化或者证券化的权利来得到保障，其住房权利还应当是可以通过金融交易予以利用的完整经济权利。限制低收入群体

① ［美］爱德华·肖．经济发展中的金融深化［M］．邵伏军译．上海：三联书店上海分店，1988：10.

在住房领域的转让、抵押在很大意义上就是对其经济权利的抑制。法律有必要为其住房权利的金融功能提供必要的制度空间。当然，低收入群体的住房金融权利，同样应当包括其获得住房信贷等金融服务的权利，他们的信贷需求不应当被高昂的住房价格所排斥，也不应当因为其住房金融需求的较低的风险收益比而被金融市场所忽视。政府和社会应当为低收入群体获得住房领域的基本金融支持提供切实的帮助。例如，城市低收入群体为改善自身居住条件所需要的信贷支持，应当从单一的住房按揭贷款扩大到住房租赁、改造、维修等多个方面，其信贷条件、信贷结构和信贷期限也应当具有多样化的组合。如果无法推动金融深化和扩大金融市场的自由，显然无法利用金融市场的竞争与创新来满足如此多样化的住房金融需求。政府在金融深化和保障金融权利中的作用，不只是缩小金融管制的范围，还应当包括以积极的财政和金融政策手段来促进这些权利的实现。降低金融交易的制度成本、以公共服务的形式扩大基本金融服务的服务范围和服务群体，增强金融服务的可获得性等都将有助于在住房保障领域推动金融深化。

其次，金融深化能够为保障性住房建设创造良好的宏观金融环境。保障性住房建设过程中所出现的融资困难，主要由两个层面的原因造成。一方面，保障性住房建设融资缺乏足够的利益激励。在信贷资源相对稀缺的条件下，资金实际上是以银行信贷配额的形式在不同投资领域分配。保障性住房建设的资金回报率相对较低，其承载的社会效益无法直接转化为投资者的经济效益。利率管制和金融市场的竞争匮乏加剧了银行实施信贷配额管理时对保障性住房建设融资需求的漠视，他们更倾向于将资金优先分配到风险较低而收益相对较高的商业性住房金融市场。通过金融深化增强金融市场供给方的竞争性可以提高金融机构的经营效率，从整体上降低资金供给的成本，从而优化市场资源的配置结构，为保障性住房建设融资提供更大的市场空间。另一方面，保障性住房建设的融资需求具有一定的多样性，其融资周期、收益分布以及需求结构往往存在一定的差异，一般的商业性住房金融产品也很难满足此类需求。金融深化需要法律减少对金融产品和服务类型的管制，推动市场主体按照更符合需求的方式创新和开发新的金融产品。其中，保障性住房建设融资的担保形式、再融资安排、承办机构的资本监管以及业务风险控制规则，都需要综合运用政策性与商业性两种金融工具，以相对灵活的形式予以保障。金融深化对金融市场的开放和创新具有积极的推动作用，能够在市场基础上为保障性住房建设的融资提供更丰富的产品类型，创造更具有竞争力的市场工具。

最后，保障性住房建设的融资需要从整体上降低住房金融的交易成本。政策性住房金融同样需要平衡风险和效率，通过金融市场体系进行资金筹措、风险评估和定价，对于政策性金融的健康发展至关重要。金融深化以市场定价的开放与竞争来提高金融活动的效率，并推动金融监管体系自身的改进与提升。在相对落后的金融市场中，金融价格和市场准入的管制与金融监管的低效率是彼此伴生的。价格与准入的管制使监管部门获得了巨大的资源配置权力，势必产生大量的寻租空间。准入环节的监管，要求监管机构事前对金融业务的风险进行识别和判断，事实证明，这些事前审核大多数情况下都超出了监管机构的能力范围。监管机构并不比市场主体更具有预见性和前瞻性，也并不必然以中立和客观的立场代表公共利益，甚至监管机构在缺乏充分市场信息的情况下会采取加大市场风险的错误监管措施。金融深化需要构建以信息和信用制度为核心的监管体系，监管的作用在于为市场主体提供优质和可靠的信息来源，由市场主体根据信息自行判断金融交易的风险，并通过监管机构的执法行为确保市场信用能够得到维护。所以，金融深化可以有效降低住房金融市场的交易成本，提高金融活动的效率，将正规金融体系的市场覆盖面扩大到更广泛的经济主体之中。在保障性住房建设融资中，如何评价不同融资主体和融资项目的信用风险是维持政策性住房金融体系可持续发展的一个重要前提，只有通过金融深化措施改变金融监管模式才有可能促使市场信息和信用机制更为健全，也才有可能在金融制度的基础上更有力地支撑保障性住房建设的融资需求。

概言之，保障性住房建设所需要的金融支持，必须建立在能够高效识别和评估风险，并能够给予风险正确定价的住房金融市场的基础之上。政策性住房金融手段能够发挥将社会效益转化为经济效益的作用，但是却无法替代市场的风险定价和风险控制作用。只有不断深化金融体系的制度改革，才有可能从市场基础和政策措施两个方面共同创造出具有可持续性的保障性住房融资机制。

# |第五章|

# 保障性住房资金供给法律制度之构想

保障性住房融资制度，是政策性住房金融体系的一个重要组成部分，也是有力推进保障性住房建设的一个重要支撑点。基于对政策性住房金融特性以及其运行机制的认识，本书认为，保障性住房融资法律制度的核心在于，为市场主体参与保障性住房建设提供清晰的权利界定，并以权利保障来实现社会利益与经济利益的有效平衡。其中，政府财政责任的承担，是实现长期社会利益与住房金融市场利益有效融合的一个基本前提。在适当发挥政府财政分配功能的基础上，还必须建立起能够有效利用市场机制的政策性住房金融体系，扩大并改进住房公积金体系的政策性住房金融功能，吸纳和融合商业性住房金融工具的筹资能力，为保障性住房建设提供高效、持续、风险可控的资金来源。

## 第一节　保障性住房建设的财政责任与财税利益的平衡

财政学家马斯格雷夫（Richard A. Masgrave）认为，“财政资源提供的方式决定了个人与国家的关系”“国家是以个人成员的共同利益为基础并且反映这种共同利益的契约组织”[①]，因此，国家财政的主要职能是供应公共物

---

① ［美］詹姆斯·M·布坎南，里查德·A·马斯格雷夫．公共财政与公共选择——两种截然对立的国家观［M］．类承曜译．中国财政经济出版社，2000：24．

品、实现分配正义以及推行宏观政策。保障性住房建设具有极强的社会效益，政府财政理应在其中发挥核心的利益调节与收入分配作用。同时也要强调，在法定纸币体制为基础的现代市场经济体系中，政府财政与金融体系之间具有千丝万缕的联系，财政与金融在推行社会政策过程中的作用甚至已经难以区分。所以，财政在保障性住房建设中的利益调节和收入分配功能，可以通过金融手段予以放大，也可以利用金融政策来创造重要的融资条件，当然也可能因为失当的金融政策而累及社会政策目标的整体效果。中国在设计和构思政策性住房金融制度时，必须首先准确地定位政府财政在保障性住房建设中的职责范围，并以适当和谨慎的形式来最大限度地发挥财政资源的作用。财政在保障性住房建设中的责任范围和责任形式以及财政资金投入的制度保障是其中应当重点探讨的问题。

## 一、保障性住房建设中的财政责任及其实现形式

政府财政是一种公共收入，因而主要应当服务于公共利益。在不同的经济和社会发展水平下，住房保障中的公共利益范围虽然有一定的伸缩空间，但公共利益的认定并非政府可以任意为之，必须依据一定的公共决策机制才能将特定的利益归之于公共利益的范畴。住房保障中的公共利益同样应基于公共决策机制予以设定。本书认为，住房保障中的公共利益应至少满足四个方面的条件：其一，住房保障对象的认定标准、保障规模与形式等应按照公开和民主的立法程序来设定；其二，住房保障的财政支出应受到预算规则的约束，并限定在宪法所规范的公共财政限度之内，不得为此任意征收其他形式的税收或费用；其三，住房保障待遇的享有应以公开和透明的形式接受正式和非正式的监督；其四，住房保障的权利应以法律形式规定，并得到司法体系的保护和救济。结合上述四个方面的要件，保障性住房建设中财政责任的范围及形式可做如下三个方面设计。

### （一）以社会共同利益为基础合理确定保障性住房的财政支出范围

鉴于中国的幅员辽阔以及区域经济发展程度的较大差异，市场化供给仍应是住房建设的主体。从世界主要经济体的住房和城市化进程来看，市场化

的机制对于土地和住房资源的配置仍然是最有效率也最为可行的方法。类似于新加坡这样的城市型国家，其大规模公共性住房供应体系并不适合资源配置状况和公共治理状况相对复杂的中国。历史经验也证明，公共住房占据城市住房供给的绝大部分将抑制资源配置的效率，产生更为普遍的住房困难问题。因此，提高住房保障水平应主要以理顺住房生产的要素市场、保证市场机制的有效运行为主。在此基础上，一方面通过货币化的补贴机制提升中低收入群体的住房支付能力，另一方面通过保障性住房建设在市场机制尚难以发挥作用的领域维护公民的基本住房权利。换言之，以实物保障为主要形式的保障性住房建设，其财政支出范围应以满足公民的基本住房权利为限，而非大规模代替住房市场的资源配置作用。当然，对于公民基本住房权利的量化标准，需要按照特定的经济和社会发展水平进行动态管理，制度层面则应以确保其权利充分和程序公正为主。

首先，全体社会成员必须以宪法为基础，认同住房权利是公民基本权利的必然延伸，也是城市化进程中实现各利益主体之间的共同利益基础。当然，利益共识的达成，并非是简单地阐释宪法文本的权利内容，而在于依据宪法原则对住房制度的产生进行公开的博弈和探讨。本书认为，有关住房保障的基本制度应由立法机关以法律的形式确定，而不应当以部门规章、地方立法等形式来规范。因为公民的基本权利保障应当具有一定的统一性，地方立法的差异只能是在统一最低要求基础之上的调整。在住房保障制度的立法层面，对居民住房权利的基本内容以及对应的政府责任应当有所规范，尤其是针对社会低收入群体的基本住房权利，应该有更具约束力的规范。不同于一般性住房保障内容，保障性住房建设应以保障城市低收入和最低收入群体的基本住房权利为主，其建设和供给形式也应当充分体现基本保障需求。目前的保障性住房建设中，仅有公共租赁型住房和有限产权住房两类形式，而城市流浪者、贫困家庭等最低收入群体，实际上无法从上述两种类型中获得住房保障。这显然有悖于宪法基本权利平等原则，也不符合社会保障具有兜底性质的政策价值。

其次，按照保障性住房的类型不同，财政支出责任的范围也应有所区别。在保障性住房立法的基本内容中，应当按照保障不同收入群体基本住房权利的需要来设定不同的财政责任。本书建议，划分保障对象的标准，宜同时采用绝对和相对两个方面的量化标准。结合基本生活需求以及物价指数所设定的贫困标准，可以作为量化标准之一，设定为享有一定住房保障待遇的基本门槛。① 但是，也必须注意到社会保障的相对性，所以应同时采用与多项社会经济指标相关联的动态计算公式来设定相对的住房保障对象划分标准，并可参照各级人民代表大会的任期规定每五年进行一次调整。例如，可以规定以当地城市家庭收入的中位值为标准，分别将收入达不到该标准一定比例的家庭，作为提供免费住房或公共租赁住房的保障对象。如此规范，一来可以将地方政府的财政保障责任与城市收入差距相关联，促进政府采取积极措施将家庭收入差距保持在合理的范围之内；二来可以将保障性住房建设的规模，控制在城市经济发展和财政收入的一定范围之内。当然，从保障的绝对标准来看，保障性住房建设应优先保障最低收入群体的基本住房需要，其住房供给应以免费提供居住权作为主要形式。并且，在国家层面的立法中应确立最低保障对象的统一标准，以之作为各地区和各城市建设免费公共住房规模的基本依据。同时，中央政府应按照各地财政收入的水平和最低保障对象需求之间的差距，实施财政转移支付政策。

### （二）以权利保障为核心建立有约束性的保障性住房建设预算机制

对于公共租赁型和有限产权型的保障性住房，财政支出的范围应当具有更大的地域差异，法律规制的重点应侧重于相应的财政预算机制。预算制度是现代国家公共财政体系的核心，也是实现财政民主和公共治理的重要手段。保障性住房建设的公共预算虽然在财政预算的总体规模中占比不大，但是其社会保障性质对于宏观经济意义重大，可以作为完善中国财政预算制度的一个切入点来推行。预算制度是财政民主和财政监督的具体制度形式，增强透明度是改进预算制度的主要着力点。在中央一级财政预算的公开性逐步加强的背景下，地方各级政府的预算透明度建设明显滞后于社会发展的期待，也严重阻碍了国家治理体系和治理能力的现代化。保障性住房建设是改善民生和促进新型城镇化发展的一项重要政策措施，在缺乏公共参与和公共

---

① 国外立法中就有关于贫困门槛（poverty threshold）或贫困线的规定，例如，美国《1964 年经济机会法》就按照家庭规模和家庭最低生活必需品（尤其是食品）的标准设定了美国贫困门槛的计算和调整方式，并由社会保障局按年度公布。

监督机制的情况下将难以发挥其应有的作用。目前的地方政府预算编制和预算审查制度中，应优先从住房保障资金的预算刚性和预算透明度两个方面予以改进。

首先，现行立法中尚未明确规定住房保障资金应列入法定预算支出范围，其列支规模的设定也缺乏必要的法律规范。在目前的预算管理体制下，政府对预算项目的规模和范围拥有较大的自主权，保障性住房建设的财政性支出规模也不同程度受到行政机关政绩动机的影响。从发达国家住房保障立法中可以看到，通过立法机关制定住房法案以保证公共住房建设拥有持续的财政资金来源是比较通行的做法①，也是确保公共住房建设中能够规范使用财政资金的重要手段。中国当前的住房保障立法几乎还停留在部门规章的层面，早在 1983 年就已经开始拟议的《住宅法》由于种种原因始终未能正式立法。如今，经济和社会发展情况已经发生了非常大的变化，住房与社会保障需求也逐步成为各阶层所不得不面对的共同问题，讨论并制定一部住房保障方面的基本法律已经迫在眉睫。本书认为，住房立法中的一个重要内容就是对住房保障的财政性支出予以刚性约束，并且应当以立法机关制定法律的形式予以明确，而不应当在审议中的《城镇住房保障条例》中规定。因为由行政立法对预算项目做出刚性规定缺乏立法上的严谨性，也难以确保住房保障预算约束的法律权威。

其次，应当增强保障性住房建设财政资金的透明度。按照现行《预算法》的规定，预算支出项目由经济建设支出，教育、科学、文化、卫生、体育等事业发展支出，国家管理费用支出，国防支出，各项补贴支出，其他支出六项组成，而每项支出的具体划分由国务院规定，并报全国人民代表大会常务委员会备案。② 从预算制度的一般原理来看，预算收支项目是预算审查的关键，也是立法机关对行政机关实施财政监督的实质性内容。但是，预算项目的划分却由行政机关自行拟定，并且在预算制度的实际运行中几乎缺乏

---

① 例如，美国历史上就通过了多个住房法案以为公共住房建设计划提供联邦财政预算的支持，其中从最早的《1937 年住房法案》到《1965 年住房与城市发展法》之间共颁布了 5 个住房法案，此后又通过了《1974 年住房法与社区发展法》《1986 年税收改革法案》《1987 年住房与社区发展法》《HOPE VI 计划》等多个法案为公共住房项目提供财政支持。新加坡的《中央公积金法》《住房发展法》，日本的《公营住宅法》《住房建设计划法》等都有类似规定。

② 《中华人民共和国预算法》第十九条、第二十一条。

具体支出事项和范围的说明。因此，立法机关所审议的预算案不可能具有实质性的监督意义。我们甚至可以做一个简单的类比，各级地方政府向同级人民代表大会提交审议的预算案，甚至远远达不到证券市场公开上市企业年度报告的详尽程度和信息披露水平。在预算执行过程中政府的支出信息同样缺乏必要的信息披露规范，其支出情况的信息公开形式、公开内容、公开时间以及公开责任均没有强制性的立法规范。在此基础上的财政预算审议监督和预算透明也就几乎徒具空文。因此，建议立法机关在制定住房保障法案时，应在规定政府财政支出范围和责任的同时，规定政府应按年度公开保障性建设项目的详细预算情况，并将已完成项目支出的会计和审计信息完整公布，以充分发挥透明原则在财政监督中的独特作用。

### （三）以利益平衡为原则实现保障性住房财政收支的合理匹配

法定的预算收入主要包括税收收入、依法上缴的国有资产收益、专项收入以及其他收入等。① 其中，税收收入是现代政府财政收入的主要形式，其征收的规范性、法定性和正当性是保证政府财政行为符合现代国家治理要求的基础。保障性住房建设中的财政性资金也应当以税收收入作为主要来源，而不应当将其他收入形式作为其主要形式。因为无论是上缴的国有资产收益还是其他专项收入，或者是国有土地出让收入都不具有税收的普遍性和法定性特征，难以承担持续和广泛的公共支出需求，更难以承担税收所特有的收入转移支付功能。基于对城市经济发展中利益平衡的观点，本书认为保障性住房建设中的财政性资金来源形式，应当充分体现收入再分配的主体差异和时间差异。

首先，城市经济发展是税收增长的根本源泉，也是居民持续改善住房条件的基本前提。建设保障性住房旨在通过实物性住房补贴满足低收入群体的基本住房需求，税收在其中发挥着关键的收入再分配功能。城市经济发展过程中，不同社会群体因其经济资源和社会资源的先天禀赋不同、竞争能力不同以及其所处的经济地位不同而产生了收入分化，市场机制以及收入分配调节机制的缺陷也加剧了不同社会群体之间的收入差距。因此，需要通过建设

---

① 《中华人民共和国预算法》第十九条。

保障性住房对不同主体之间的收入差异进行调节。为实现上述功能，保障性住房建设中财政性资金的来源应当与城市经济发展的水平相适应，并且与特定区域内收入分化的状况相一致。中央政府的税收收入应当体现基本权利保障中的一致性与平等性，以满足各地区住房保障中最低收入群体的基本住房需求。而各城市的财政性住房保障支出则应当与当地经济发展情况和地方税收相关，在税种特性上主要应当以个人所得税、消费税以及不动产税收来实施收入调节。其中，个人所得税与城市吸纳就业和创造收入的能力直接相关，其累进税制也更能体现收入分配上的个体差异。[①] 消费税与不动产税也是与经济活动的地域性相关较大的税种，比较能够反映特定区域城市居民收入水平和经济发展程度。尤其是不动产税，其主要体现为财产税，与特定城市的土地和物业价值直接关联。通过不动产税收为保障性住房建设筹集财政资金，能够更有效地反映城市土地资源分配中的公平性，也能够更有效地促使土地产权所有者以更具效率的方式利用土地。

其次，保障性住房建设中的财政性资金投入，具有平衡不同财政时期之间利益的性质。由于资本积累和人力资本开发的因素，政府财政在经济发展的初期或中期，往往需要将更多的公共资源投入到生产性建设和投资当中，其分享到的人口红利与经济增量也更多。如果不能通过适当机制对不同经济发展阶段的收益进行调节，受到任期制约束的政府就极易产生过度占用居民收入以进行生产投资的动力。社会保障责任让位于经济建设就是其中的一种突出表现。所以，必须通过财税改革体现经济发展中隐含的社会成本，资源开发和资本占用的经济活动都应在事实上分担对应的社会保障义务。保障性住房建设所需的财政性资金应该能从时间期限上对此进行调节。例如，通过城市的公共性债务在当期体现未来的社会保障性支出需要，并且以预算控制和财政责任的形式，增强城市公共债务对公共经济决策的约束力。

---

① 按照中国现行税制，个人所得税为中央和地方分享税，中央和地方按照60%和40%的比例分配。在个人所得税中，则按照11个类别分别进行征收，其中仅个人工资、薪金所得以及个体工商户所得是按照累进税制进行征收。劳务所得则按照所得额的多寡分段实施加成征收，有类似于累进税制的作用。所以，个人所得税的累进税制在实践中尚难以发挥较好的收入调节作用，甚至因为以工薪和劳务所得为主要征税对象，被认为有劫贫济富的可能。

## 二、财税制度改革与保障性住房建设中的财政责任

保障性住房建设只是住房保障的一部分，但是其资金供给更依赖于财政直接或间接的支持。在具体保障性住房建设项目上虽然可以通过住房金融手段调整资金在不同时期的余缺，但是财政性资金才是保障性住房建设资金的根本保障。因为保障性住房建设主要是政府的公共责任，是通过公共机制对市场竞争结果的一种修正。所以，一个高效和公正的保障性住房资金供给机制，首先应当建立在一个法治的公共财政体制之上，必要的财政和税收制度改革将有助于保障性住房建设任务的顺利推行。从利益平衡的角度出发，当前的财政税收制度可重点从以下三个方面予以改进，以适应保障性住房建设的需要。

### （一）提高地方政府预算管理的透明度

财政是公共行政的基础，也是现代市场经济体系中公共部门经济活动的基础，其所遵循的基本原则与市场配置资源的私人活动具有共同的伦理基础，也就是约翰·罗尔斯（John Rawls）所强调的正义观念，“所有社会价值——自由和机会，收入和财富、自尊的基础——都要平等的分配，除非对其中的一种价值或所有价值的一种不平等分配合乎每一个人的利益”①。无论市场机制还是预算机制，都应当以此作为基本原则。但是，市场的分配主要是通过竞争来实现分配的正当性，而预算机制则主要是通过民主和法治来体现其正当性。预算民主不只是体现为多数表决，还体现为民主过程中的公开以及程序的正当。所以，合乎正义观念的预算制度首先应当是具有透明性的制度，其决策的原因、决策的过程、决策的程序以及决策结果都应当是公开且透明的。公众能够充分获取预算相关的信息，是社会群体能够达成利益妥协和利益平衡的前提，也是确保民主决策能够保证社会最弱势群体利益的一个重要前提。社会最弱势群体在公共事务管理中，通常最缺乏表达其诉求

---

① ［美］约翰·罗尔斯．正义论［M］．何怀宏，何包钢，廖申白译．北京：中国社会科学出版社，1988：58.

的渠道和能力，对公共事务的信息常常也最为匮乏。所以，提高公共财政预算的透明度是维护社会正义最有效的手段之一。

按照法律的正义原则，保障性住房建设中的财政性资金分配，应优先用于改善住房状况最差群体的居住环境。但是具体应以何种方式确认需优先保障的个体，应以何种程度的保障来满足其需求，以及应由哪一级财政投入多少资金进行保障，这些具体问题的处理虽然有可供依循的原则指引，却仍需可供适用的规则来详加规范。提高保障性住房建设预算的透明度，将是解决上述问题的必要前提，也只有通过透明度的提升，才能有效引入公共参与的民主决策机制，以维护保障性住房建设中的基本价值。信息的公开和利益讨论的公开，是公众理性参与公共事务的基础，包括社会弱势群体在内的个体成员，也只有在信息更为充分的条件下，才有可能做出更有利于自身以及社会整体的利益判断。所以，在选择具体的保障性住房财政支出方案之前，必须大幅度提高相关预算信息的透明度。这其中有两个方面的法律规则，需要在预算规则的改进中予以明确和推行：一方面是确立保障性住房建设预算信息公开的程序性规则，具体应由住房建设部门在每一预算审议之前至少三个月，将保障性住房建设项目的立项理由、建设方案、财务预算等信息予以公开，在供社会讨论和征求意见的基础上，将预算方案提交同级人民代表大会讨论和审议；另一方面是应当确立保障性住房预算信息公开的实体性规则，信息公开的目的，是为了给予不同社会群体参与讨论和参与监督的权利，特别是利益相关群体的参与和监督尤为重要。因此，提高保障性住房建设的预算透明，还需要建立必要的建设听证制度，在预算案交付立法机关讨论和审议的阶段，应当在时间和规则上，保证立法机关能够召集利益相关方的代表进行询问和听证，以利于在凝聚共识和民主决策的基础上选择科学优化的保障性住房预算方案。

### （二）重构地方政府收入结构以推动保障性住房建设

虽然在行政压力的驱动下，地方政府的保障性住房项目的建设能够在短期内取得一定进展，但是长期的住房保障任务必须以足够的利益激励机制为动力。地方政府需要足够的财政来源向保障性住房建设提供资金，也需要有足够的动力将保障性住房建设作为其任期内的政治选择。只要承认政府与其他市场主体一样具有利益为导向的行为动机，就必须承认财税利益的激励是政府行为逻辑的主要规律。在前文论述中，本书已经分析了保障性住房建设对现阶段政府财税利益的影响。土地出让收入的减少、财政支出需求的增加以及短期财税和经济增长利益的丧失，是建设保障性住房项目所必然产生的短期现象。在现有的任期和权力来源机制下，地方政府保障性住房财政支出动力主要来自行政责任，而非积极的利益激励。这其中存在保障性住房建设缺乏显著经济效益的原因，更主要的则是因为现行税收制度未能形成良性的城市发展激励机制。

饱受诟病的土地财政问题，是妨碍保障性住房建设的第一个障碍。地方政府追求经济增长的模式，是其依赖于土地出让收入的根源，但是这一模式的客观效果，就是土地价格的增长与经济增长产生了不恰当的循环机制。政府不是通过发展实体经济来提高不动产价格，以获取更多的不动产税收；而是通过高额的土地出让收入来维持高额的基础设施投入，从而拉动经济总量的增长。结果造成土地和住房价格越高，需要住房保障的社会群体就越多，保障性住房支出越大，其基础设施投入的资金来源反而就越少的矛盾。这其中的症结就在于，土地出让收入，本质上是国有土地资源税收的集中变现，而土地市场的国有垄断又为高额土地出让收入创造了条件。因此，在改进城市土地供应制度的同时，还必须从税收制度上形成对地方政府的良性激励机制。

从各国的财税发展进程中可以看到，在经济发展的生产环节征税，容易激励政府采取投资鼓励措施；而在消费环节征税，更容易鼓励政府采取培育消费能力的政策措施。只有建立其以消费为核心的地方政府税制体系，才有可能改变政府所主导的投资增长模式，并从根本上鼓励地方政府将保障性住房建设，作为吸引消费人群以及扩大消费能力的财政措施。当然，以消费为核心的地方税制并不是以消费税为主的税制：一是因为中国当前的消费税，还是仅以少数税源性消费品以及奢侈和能源性消费品为主的消费行为调节税，而不是对多数消费品进行普遍征税的主体税种；二是因为消费税并不是消费环节的全部，甚至不是多数。城市经济中对不动产等资本品的消费，具有更为广泛也更为积极意义的经济行为，在构建地方政府税源时，对持有不动产等财产进行征税，将更有助于鼓励地方政府采取保护和培育经济增长潜力的行为。

### （三）构建公众参与的保障性住房财政监督制度

财政学理论表明，公共部门与私人部门的重要区别在于，其产品主要用于集体消费，因而难以获知明确的价格信号以及消费者的消费偏好等关键信息。在此基础上公共部门的产出与绩效难以评估，其盈利与亏损也难以形成对公共部门责任人的有效约束。“当政府官员不知道或不关心公民需求时，我们面临着政府失灵问题。如果市场失灵意味着市场无法供应社会最优产出水平和综合产出。政府失灵则意味着纠正市场失灵的干预不能提供比私人市场更好的结果，或者实际上提供比私人市场更坏的结果。”① 通过积极的公民参与机制能够在一定程度上向公共部门提供有效的消费信息，并且能够对财政行为提供必要的监督。公民参与机制是民主决策和规则约束的有机结合，是在法律规则的约束下所形成的共同讨论与集中决策机制。其中，保障公民对公共管理的知情权和参与权，是优化公共资源配置的重要前提，但是公民参与公共管理的规则直接决定了其参与的有效性。不同的投票和表决规则产生不同的资源配置结果，而公民理性自利的动机，并不能保证投票和表决在任何规则下都能产生公平与效率相协调的结果。在保障性住房的财政选择机制中，如何科学地设计公民参与的规则，将是一个非常重要和关键的内容。

基于对财政金融利益平衡的认识，本书认为，保障性住房财政支出计划的公共参与机制应当至少由以下五个方面构成：其一，改革户籍制度是体现保障性住房财政支出计划公正性的前提。城市化进程必然以人口流动为基础，我国现行户籍制度中对城市户口落户条件的种种限制，并不完全符合市场经济的规律。应当建立主要以就业状况为主的入户管理制度，充分体现市场需要对人口调节的作用。在此基础上，政府应当为具有就业需求的新增人口提供适当形式的住房保障，并将这些新增人口纳入保障性住房财政支出的公民参与范围之中。其二，确保被保障对象的参与权，是优化保障性住房财政资金利用效率的必要条件。应当按照城市就业和收入特征建立规范的被保

① ［美］荷雷·H·阿尔布里奇．财政学：理论与实践［M］．马海涛，顾明，李贞译．北京：经济科学出版社，2005：94.

障群体认定标准，并根据这些标准形成被保障群体的公共参与机制。在参与规则上应将较大范围的公开调查与公开透明的代表选举机制相结合，并在人民代表大会制度和政治协商的框架下，构建保障性住房财政支出计划的公共决策机制。其三，公众参与的过程必须具有高度的透明性。公众参与的意见表达、投票或表决过程中存在较多的个人利益动机，公共治理的一个难点就在于，集体利益与个人利益之间如何形成良性的互动关系。提高公众参与的透明度，将个人利益的诉求和现状展现为公共信息是一个重要的治理方法。所以，保障性住房建设的财政支出计划中，必须将公众参与的具体内容和具体过程以公共信息的方式展示出来，透明度的提升将有助于资源配置的公共决策具有更强的正当性和合理性。其四，公共参与的基本权利应当体现为刚性的法律规范，而不应是政府部门或者权力机关的任意行为，通过立法在程序和责任约束方面强化公众参与的权利，是改进保障性住房财政监督机制的另一项措施。其五，应充分利用住房市场信息提升公众监督保障性住房财政支出效率的作用。保障性住房的消费信息中虽然很难体现完整的价格信息，但是商品性住房市场在保障性住房的建设和供给方面却能够提供更为准确和可信的成本信息，利用这些信息来监督保障性住房财政支出计划将有助于提高公共参与的质量。

## 第二节　保障性住房建设与国有土地出让收益分配的平衡

与大多数发达经济体不同，中国的公共部门在税收收入之外还拥有规模非常庞大的非税收入来源，这与中国在历史进程中所形成的公有制经济体制具有密切关系。有效发挥公有制的所有制特性能够更好地服务于公共利益，也能够更加突出公有制在分配公平方面的优势。其中，土地公有制是中国公有制经济体系中的一个重要组成部分，也是城市发展和建设中的一个重要制度基础。如何体现土地公有的积极意义与国有土地收益的分配密切相关，失去土地收益分配的公平性也就同时失去了土地公有制存在的道德基础。法规和政策要求将国有土地出让收入的一定比例用于保障性住房建设，即是这种分配公正性的一种体现。但是，具体到分配以及资金运用规则上仍然有较多的规范性问题需要探讨，缺乏这些规则性细节的勾勒，所谓分配公平和公有制优势也将黯然失色。本书将对其中几个主要问题分别进行了阐述，并结合政策性住房金融制度的建立提出了一些构想。

## 一、国有土地出让收益分配的地域平衡

在法律属性上，国有土地属于全民所有的自然资源，其收益应由全民所有和分享。城市经济发展所带来的土地增值收益，在所有制特性上应体现为全民公共福利的对应改善。但从实际发展情况来看，国有土地出让收入的地域差别极大，其对应的土地收益分享也具有较大的地域差别。经济较为发达地区的土地出让收入较高，其城市公共设施的建造水平较高，因而所能够分享到的公共福利也就相对较多。经济欠发达地区的土地出让收入较低，城市公共设施的建造也相对落后，分享到的公共福利也就相对较少。除此之外，在同一地域的不同城市之间、城乡区域之间也存在类似的土地收益分配差距。从基础设施和公共福利的分配上，土地资源的全民所有并未产生更为公平和均等的收益分配格局。体现到公共财政收入和社会保障领域的土地收益分配，同样也未能展现土地资源全民所有制所应有的积极效果。土地收入分配的分化显然与公有制特性之间存在一定冲突，其成因主要是基于土地收入分配的规则当中并不能够有效地体现公有的产权内涵。

首先，土地公有制在所有权构造上并不成熟，产权主体在立法上被简单地从全民推导为国家，并由国家而推导为各级政府。在理论逻辑和实际利益关系上，全民与国家、政府之间显然存在一定的差异，各级政府的利益更不能理所当然地理解为全民的利益。特别是各级地方政府作为土地产权的实际控制者，享有几乎全部的土地出让收入更加不符合土地资源全民所有的基本逻辑。土地是自然资源的一个组成部分，由自然因素所形成的土地区位差别会导致土地利用价值和土地价格上的不同，这部分收益应当由国土资源的共同主体所分享，而不应归之于某一特定主体。在目前的土地开发和土地利用中，虽然通过税收归集了一部分土地收益，但是这些税收并不是对土地产权收入的分享，而只是基于一般征税权所产生的公共性收入，并不能体现土地

公有制的特性。对土地收益进行必要的分层和量化处理，才能够清楚地界定土地自然资源价值所产生的产权收益，并且应当在全国范围内统筹和归集这部分收益，以用于全国性的公共支出。除此之外的土地收益则应当根据土地增值收益产生的基本来源进行分配。理论上讲，土地增值收益应做如下分配："土地的使用者获得由于其投资风险而产生的收益；政府获得由于基础设施和公共设施投资所产生的收益；由于人口增长和城市化引起的增值收益，则由社区获得；而政府可代表社区获得该部分收益。"①

其次，土地收益分配的形式过于单一阻碍了土地公有制分配优势的体现。国有土地收益可以通过土地出让价格以及税收进行归集。其中，土地出让价格是产权收益的主要形式，其对应的支出形式也应当与土地税收有所不同。按照目前的法律法规，土地出让收入全部纳入地方政府的基金预算管理，其支出范围则主要包括土地征收和拆迁补偿支出、土地开发支出、支农支出、城市建设支出和其他支出五个方面。② 实际使用过程中，土地出让收入成为地方政府进行银行融资、投资城市基础设施以及进行房地产开发投资和融资的主要工具。虽然，对于加速城市化发展进程发挥了积极的作用，但是，"随着地方政府'土地财政'与'城市土地经营'实践的深入展开，其弊端也日益凸显，主要包括如下方面：（1）大量农民'失地'又'失业'；（2）公共部门利益对私人产业产生依赖而滋生腐败；（3）地方政府'届际'之间的不公平；（4）土地储备融资隐含财政金融风险"。③ 所以，应当将土地出让收入在中央和地方政府之间进行分配，并将中央集中的部分土地出让收入，以保障性住房建设资金等社会保障方式向地方政府转移，以平衡自然资源禀赋在地域之间的分布，调节土地出让收入的地域性差距。

## 二、国有土地出让收益分配的时间平衡

目前的国有土地出让收入和支出形式都过于单一，其出让收入通常按

---

① 田莉．土地有偿使用改革与中国的城市发展——来自香港特别行政区公共土地批租制度的启示［J］．中国土地科学，2004（06）：44.

② 《国有土地使用权出让收支管理办法》第四条、第十三条。

③ 娄成武，王玉波．地方政府土地财政公共治理变革研究［J］．当代财经，2011（10）：43.

照土地使用年限一次性收取，而支出则主要交由地方政府投入到城市开发建设当中。当前的土地使用权年限，通常都数倍于地方政府的任期，现阶段的城市土地出让收入在政府的收入周期上明显有失均衡。虽然城市化进程中不同发展时期的城市开发投资具有较大的阶段性差异，但是将土地出让收入过于集中在特定时点，则有透支未来地方财政能力的可能。按照国家统计局的年度统计数据，截至 2017 年末，中国各级城市的城区面积总计达到 19.84 万平方千米，建成区的面积也已经达到 5.62 万平方千米。[①] 中国城市开发建设的总面积已经达到了相当大的规模，城市占用土地资源的增长速度，已经超出了城市人口的增长速度。按照世界各国城市人口容纳能力测算，中国目前的城市市区面积已基本能够容纳未来的城市化人口增长需要。[②] 与土地资源总量供给上的低效率相比，少数特大型城市，也存在因人口密度过高而造成的规模不经济现象。这其中，国有土地出让收入分配的不均衡，是激励地方政府快速扩张城市面积，却低效率利用土地资源的重要原因。因此，国有土地出让收入在时间期限上必须有所调整，以实现财政利益在不同阶段的均衡分配，从而促进城市开发和建设的相对均衡。

从城镇化发展以及城市社会保障发展的角度来看，国有土地出让收入过于集中，在某一特定时段也容易产生利益失衡与矛盾累积的问题。首先，国有土地出让收入过于集中在某一特定时段，容易造成地方政府对土地财政的过度依赖，由此引发的城市规模快速扩张以及土地资源利用效率的低下将同时产生。由此伴生的一个突出问题就是，地方政府在重视城市基础设施规模扩张时却忽视公共服务与公共产品的供给质量。因为土地资源的占用规模本身已经带来了巨大的财税利益，政府很难有足够的动机去提高城市土地的产

---

① 资料来源：国家统计局网站。《年度数据》“城区面积”“建成区面积”，访问网址：http：//data.stats.gov.cn.

② 如果按照未来总人口 16 亿，75%的城市化水平设定，未来我国城市人口总量大约为 12 亿。“按照平均每平方千米 2 万人的人口密度规划，把 12 亿人口装进城市，大约需要占用土地 6 万平方千米土地作为城市市区；按照平均每平方千米 115 万人的人口密度规划，把 12 亿城市人口装进城市，大约需要占用 8 万平方千米土地作为城市市区；按照平均每平方千米 1 万人的人口密度规划，把 12 亿城市人口装进城市，大约需要占用 12 万平方千米土地作为城市市区”。严伟．城市化进程中的土地资源与城市人口密度问题［J］．科学社会主义，2009（02）：114.

出效率。在健康的城镇化进程中，城市的人口吸纳能力主要是由就业机会和公共服务两个方面构成，较高的人口吸纳能力将产生相对较多的消费活动，地方政府的税收收入也因此而增加。依循这种激励机制，地方政府应当有足够的动力提高就业水平和改善公共服务以吸纳城市人口。但是，从中国目前的情况来看，地方政府对于城市人口的吸纳并不积极，不仅少数大型城市希望通过户籍制度限制人口的流入，一些中小型城市也并不重视城市的人口吸纳能力。可以观察到，中小型城市也存在城市居住和生活成本不断上升，就业机会却相对稀少，同时政府在城市建设面积上的扩张却非常积极的情况。这些不合理的经济现象背后的主要原因就在于，地方政府是直接通过出让国有土地收入一次性获得财税利益，而不是通过城市人口集聚所产生的消费活动获取持续而稳定的财税收入。

其次，国有土地出让收入过于集中在某一特定时期，将导致政府在公共服务和公共设施的建设中产生浪费现象。国有土地出让收入的集中产生，虽然大大缓解了地方政府进行城市开发建设的资金压力，但是也同时滋生了土地出让收入支出上的不当激励机制。在现行土地制度下，土地出让收入的增加，取决于地方政府所能够出让的国有土地面积以及相应的土地市场价格。不断扩大城市建设面积，占用更多的土地资源，能够为地方政府提供更多的土地出让收入，而交通基础设施的建设，对于扩大城市建设规模具有最直接和最明显的作用，也得到了地方政府最大程度的关注。依据国家统计局的统计数据，从 2012 ~ 2017 年，中国的城市轨道交通运营线路总长度从 2058 千米增加到了 4570 千米，增长了 222%，而城市公共交通运营线路总长度则从 2012 年的 55.18 万千米增加到了 2017 年的 79.59 万千米，增长了 144%，都远远高于同期的国民生产总值以及城市人口增长速度。对于交通以及附属基础设施的大量投入占用了地方政府财政能力的相当比例，相对挤压了地方政府在公共服务与社会保障上的投入。另外，由于土地和住房作为资本品的价格，更容易受到其稀缺性和市场垄断程度的影响，其作为消费品的价格则更容易受到就业机会和公共服务水平的影响，所以地方政府要在短期内增加一次性的土地出让收入，就更容易倾向于推动住房投资市场的扩张，而非居住和消费市场的发展。重视土地和住房开发却不关注社区就业机会和公共服务的现象之所以发生，空置率较高的住宅社区之所以产生，都与国有土地出让收入分配中的非均衡制度具有一定程度的联系。

概言之，增加包括社会保障在内的城市公共服务投资，需要地方政府在土地开发中具有更为合理的利益传导机制，在不同时期之间合理分配国有土地出让收入，是非常有必要进行探讨和实施的一项举措。

## 三、创立土地发展基金以促进保障性住房建设的构想

综合上述两个方面的观点并结合其他国家和地区的土地收益分配制度，本书设想，可以通过建立土地发展基金的形式，对现有的国有土地出让收入收支制度进行改革，并且将保障性住房建设作为社会保障和公共服务支出的一部分，纳入土地发展基金的框架当中。设想的基本出发点就是通过土地发展基金，形成国有土地出让收入分配，在地域和时间两个层面的平衡机制，并以此形成对地方政府城市开发和建设行为的正向利益激励。在这种平衡和激励机制之下，利用国有土地出让收入、增加保障性住房建设投入，将是符合地方政府财税利益最大化的政策措施，而非不利于政府扩大土地财政收入的障碍。

首先，应该分别设立全国统筹和地方分享的土地发展基金，国家土地发展基金的收入和支出，主要应当体现作为土地所有者的全民利益。国家土地发展基金，主要从国有土地出让收入中分享土地资源中因自然资源禀赋差异所产生的收益，其收入分享，应按照一定的比例关系从土地出让价款中获取。国家土地发展基金的收入分享比例，应当控制在较小的范围之内，因为土地资源价格的差异中，自然禀赋因素所占的比重相对较少，经济和技术发展水平越高其影响也相对越小。国家土地发展基金的支出，应主要用于平衡地域间土地资源差异所产生的利益分化，例如，城市之间因自然资源禀赋不同而产生的交通建设成本差异，以及用于补偿因生态环境保护而对部分地区实施的城市土地开发限制等。国家土地发展基金的设置和管理，应当有别于土地税收，其业务管理也应区分于国有土地行政管理，具体由专门设立的土地发展基金负责。在资金的收入与支出上，土地发展基金可以利用财政体系进行管理，并且应当纳入预算管理中接受立法机关和审计机关的监督。在保障性住房建设中，国家土地发展基金应主要用于保障全体公民平等的基本住

房权利。按照法律正义的原则和经济福利的基本理论，其优先支付项目应为向最低收入群体提供免费住房。

其次，地方应按照省、市、县三级分别设立土地发展基金，其收入主要体现为对土地开发和基础设施投资的收益，以及城市经济发展所产生的土地资源增值收益。地方的土地发展基金应享有国有土地出让收入中的主要份额，其支出也主要对应于城市开发建设和基础设施投资、公共服务设施投资以及城市社会保障体系的建设。其中，为城市住房保障项目提供资金，应当成为地方土地发展基金的优先支付项目。因为提供公共服务和社会保障是政府的优先职能，进行城市投资和开发，则应当更多地通过经济政策的实施激励市场主体参与。而且，土地公有的一个重要目的，就在于平等的分享土地收益，而政府在土地开发和管理中的职责，也应当以保障城市居民的基本生存权利为基础。因此，为确保地方土地发展基金主要用于城市住房保障和公共服务，应将国有土地的权益转由土地发展基金持有，以区别于其他财政收入的支出责任。

最后，土地发展基金的一个关键性改进措施在于，将国有土地出让金的收取，从按照土地使用权年限一次性缴纳改为分期缴纳。从收入范围来看，应按照现有国有土地出让权限，分别由对应级别的土地发展基金管理机构负责现有的国有土地出让和土地储备事务。现有的地方国有土地产权行使职能与国有土地行政管理职能，在地方层面也应当进行区分。从业务范围来看，应当由地方土地发展基金管理机构根据立法规范具体负责出让和划拨国有土地使用权，而国土资源管理部门则主要负责土地行政以及土地地籍管理。从土地出让金收取形式来看，应将按照土地使用权期限一次性缴纳的土地出让金改为分次缴纳。为了能够在不同政府任期内较为均衡地分配土地出让收入，以激励地方政府采取吸纳人口和鼓励经济活动的政策，本书认为，可以将土地出让金按照年度或者一届政府的任期分次缴纳，并且可以在每期所缴纳的土地出让金数额中，纳入通货膨胀和城市经济增长的因素。同时，为了不妨碍土地使用权人对土地进行长期投资和开发的积极性，在土地出让合同中，应当以可明确预期的方式确立相对动态的土地出让金计算方法，并限制每期土地出让金增长的最高幅度。

# 第三节　政策性住房金融视角下的住房公积金制度改革

2009年住房和城乡建设部等七部委联合颁发《关于做好利用住房公积金贷款支持保障性住房建设试点工作的通知》，该通知规定，试点城市可以将住房公积金结余资金的50%用于向保障性住房建设发放贷款。但是，《住房公积金管理条例》规定，住房公积金属于缴存人的长期储金，住房公积金管理机构对住房公积金负有保值和增值的责任。将住房公积金用于保障性住房建设是否符合保值和增值的管理要求，其发放贷款的风险控制和监管是否有效等问题，都反映出管理制度的设计本身就存在一定的缺陷。本书认为，将住房公积金用于保障性住房建设，必须以理顺公积金制度的利益关系为前提，否则上述试点就有可能进一步混淆住房权利人和政府的权责关系，不利于政策性住房金融体系的健康发展。

## 一、住房公积金制度中政策性内容的缺失及其表现

住房公积金是一种强制性储蓄，其最终的财产权益应归属于缴存义务人，而非住房公积金管理机构。公积金结余和沉淀、利用效率低下，也在客观上反映了住房公积金未能实质性转化为对中低收入群体的住房保障。在缴存人权利未能得到有效保障的情况下，又以国务院部委联合通知的形式将住房公积金用于发放保障性住房建设贷款，其制度规范性和权利意识更是无从谈起。更重要的是，缴存人财产权利的缺失，对政策性住房金融制度的经济和社会效益都将产生实质性的损害，特别是在管理机构的行为缺乏法律有效规范和权利人约束的情况下尤其如此。

### （一）缴存人的权益缺失弱化了公积金的政策目标

住房公积金的强制储蓄形式对公民财产权的限制不言而喻，但是其合法性和正当性基础，在于缴存人的住房利益能够通过住房公积金的政策性机制

得到增进。反之，如果住房公积金的存在未能改善和增加缴存人的住房利益，其制度的合法性与正当性也就丧失了基础。虽然住房公积金作为长期储金，管理机构享有储蓄货币资金的所有权，而缴存人享有其对公积金账户资金的债权。但是，缴存人所享有的请求权不同于一般商业性储蓄，其存款既非自愿，取款也不完全自由。住房公积金的缴存和使用都需要符合立法所设定的限制性条件，因而立法对缴存人财产利益的配置作用非常明显。现行《住房公积金管理条例》中作为缴存人的职工，主要享有两项权利，一项是在符合法定条件的情况下可以提取住房公积金的存储余额；另一项是在符合法定条件的情况下可以向住房公积金管理中心申请公积金贷款。前一项权利中提取公积金存款的限制明显多于商业性储蓄，并未体现出存款人权利的增加，而是有相应的限制。后一项权利中缴存人所享有的利益不同于商业性储蓄，是公积金制度设计中的核心所在。

但是，从实际的公积金存贷利差、公积金贷款条件以及相应的税收优惠来看，住房公积金缴存人的经济利益实际上并不优于商业性储蓄。住房公积金的存贷利差几乎和商业性储蓄的存贷利差一致，但商业性金融存在多种存贷结构，期限、利率组合的品种远远多于公积金存贷。而且金融市场上提供的存款替代性产品也开始大量增加，由于其具有选择上的自由性，使得金融机构之间存在较大的竞争关系，资金利用效率和资金收益率也都得到了一定程度的提升。即便是无风险收益率水平，也已经超出了法定存款基准利率的水平，加之公积金存款提取环节的法定限制条件较多。所以，在存款环节，住房公积金缴存人的经济利益是实质受损的。在贷款环节，公积金贷款和商业贷款的利差通常在 0.45% ~ 1.827%，[①] 这一利差，约等于甚至略低于公积金存款利率与金融市场无风险收益率之间的差额。并且，提供公积金贷款并非一项严格规范的法定义务，管理机构的审查既缺乏透明度又缺少严格的规范性，弱化了缴存人实际所享有的公积金贷款利益。此外，随着 2013 年我国利率市场化改革的启动，依靠利益管制维持的低利率和高利差格局开始变化，资金利用效率将获得进一步提

① 数据来源：周威，叶剑平．住房公积金制度的法律与经济分析——写在变法之前［J］．经济体制改革，2009（01）：163.

升。住房公积金制度目前缺乏多样性和效率性的存贷利率，将更大程度地损害缴存人的实际财产利益。

与财产利益的实质性损害相比，对住房公积金缴存人权利的限制和排斥，在更深层面上造成了住房公积金制度中政策性内容的缺失。在缴存人权利缺失的背景下，将住房公积金的收益或者结余资金用于廉租房和保障性住房建设，有可能是恶化而不是改善了其政策性功能。任何财产利益的保护都需要以财产权利为基础，对产权规则的制定缺乏表达权，对财产管理缺乏参与权和知情权，对财产使用缺乏监督权，这一系列权利的缺失，必然导致权利人财产利益被侵蚀和抑制。住房公积金缴存人的权利必须在公积金管理制度的立法、执法和监督过程中得到体现，并与政策性住房金融体系的构建有机结合起来，才有可能切实发挥住房公积金制度服务于住房保障工作的政策性功能。

### （二）缺乏激励机制损耗了公积金的政策效果

按照现行住房公积金管理制度的规定，公积金存贷款业务的受理、审核、批准等管理性职能，由各地方政府的住房公积金管理中心履行，而存贷款业务的具体办理则由商业银行代理。由于住房公积金的存款属于强制性储蓄，并且其存贷款基准利率均由中国人民银行规定，因而其存贷款业务具有法定垄断的性质。由于申请住房公积金贷款有贷款资格、资金额度、担保条件等方面的限制，并且需以一定的住房消费项目为目的，这就要求住房公积金的缴存人储蓄相对较长的一段时间才有可能申请贷款，导致实际占用的贷款资金额度远远低于存款额度。对于住房公积金管理中心而言，既无业务竞争压力，也无资金增值的业绩压力，却能够按照法律规定从住房公积金法定利差的增值收益中获取管理费用，[①] 较低的管理效率和政策性住房金融服务水平是可想而知的。

在住房公积金管理中心运营的初期，由于管理制度不透明以及缺乏竞争性压力，甚至一度出现了资金管理的安全问题。2009 年审理的李树彪贪污、

---

① 《住房公积金管理条例》第二十九条规定："用于建立住房公积金贷款风险准备金、住房公积金管理中心的管理费用和建设城市廉租住房的补充资金。"

挪用住房公积金案，仅仅是住房公积金管理中非法挪用和贪污的个案之一，其涉案金额就已经高达亿元以上，对于整个缴存余额超过万亿元规模的住房公积金而言可谓冰山一角。由于缺乏公开的审计报告，我们仅能从个案中暴露出来的问题中发现，公积金管理机构存在滥用管理费用建设豪华办公设施、违规发放福利待遇、非法套取公积金牟利等诸多管理问题。全国各地的住房公积金整体运行情况几乎也没有建立起规范的公告和报告制度，对于公积金管理的绩效如何考核也缺乏必要的法律规范和监督。尽管《住房公积金管理条例》中也规定了财政部门、审计部门、住房建设部门以及人民银行对住房公积金的运行和管理具有一定的监督职责，公积金缴存人也有权查询其账户资金情况，但是这些规定既没有具体的监督责任，也缺乏监督的实质性内容。从住房公积金目前简单的存贷业务类型来看，其实际监督的内容远远未能达到其可能量化监督的程度。至于公积金缴存人对于住房公积金管理的知情权和监督权，在法律法规层面几乎仍是空白，将主要的利益相关者排除在知情权和监督权之外，显然有悖于利益平衡的基本原则，也不符合现代法治精神的基本要求。

### （三）投资监管水平落后实质性损害了缴存人的政策利益

住房公积金首先是针对缴存人住房保障的一种政策性金融工具，应将实现缴存人的住房权利作为优先保障对象。为此，住房公积金的主要政策性功能应由两个方面组成：一方面是充分利用政策性工具提高缴存人资金储蓄的收益水平；另一方面是利用政策性工具，为缴存人提供便利和相对廉价的住房融资服务。在此基础上，利用住房公积金的结余资金向保障性住房建设项目提供融资，才是可供考虑的资金利用形式。按照目前《住房公积金管理条例》的规定，住房公积金的缴存资金余额投资范围主要限于银行存款和国债等少数无风险金融产品，而且其存款收益还受到利率方面的特别管制。大多数缴存人的存款利益和住房保障利益实际上并未因住房公积金制度而得到改善，即便考虑风险因素，其资金收益和管理效率也低于部分商业性金融机构。目前，多数公积金缴存人能够实际享有的主要收益，实际上不是来自住房公积金所应有的互助性住房融资，而是来自住房公积金缴存中所享有的个人所得税优惠。这显然与住房公积金应有的政策性住房金融定位是相悖的。

上述公积金投资管理中所暴露出来的问题，与住房公积金制度设计中的一些认识误区有关，也有部分制度规范不合理的因素。

首先，住房公积金投资风险控制规则的理念不符合现代金融市场的客观规律。住房公积金是一项长期储蓄资金，其投资收益实现资金保值和增值的前提，也是公积金制度能够有效运行的重要衡量标准。但是，资金的保值和增值，并不意味着资金只能投资于银行存款和国债等所谓无风险金融产品。从金融投资风险和收益平衡的关系来看，银行存款和国债等无风险投资工具，并不能完全规避长期资金的通胀风险，而其所损失的机会成本和相对收益，实际上反而有可能增加长期投资的风险。从投资风险的管理来说，投资风险并不是主要产生于投资工具，而是主要来自风险管理和控制的水平。较低的风险管理水平和管理能力下，即便是所谓低风险的投资工具也可能发生资金损失，公积金的挪用与违规套现实际上就是这种风险的一种体现。相反，在具有竞争性压力下的金融市场中，商业性金融机构完全可能以更高的风险管理能力来消化和控制投资风险、提高投资收益。所以，投资管理和风险监管水平的提升要优于投资范围的约束，在较高的投资风险管理水平下，更高的投资收益并不意味着更高的投资风险。全国社会保障基金和各国主权财富基金的运行历史也能够证明这一点。

其次，住房公积金的业务和投资管理规则中缺乏与现代金融技术的融合。以网络和数字技术为代表的现代金融技术的发展，给金融业务和投资管理带来了非常大的变化。其中一个重要的发展方向，就是利用金融网络平台大大提升一般性金融业务的处理效率，降低大量简单重复金融业务的管理成本，从而创造出更高的资金管理效率。另一项现代金融技术的应用，就是利用数据信息网络的高效信息处理能力，对个人信用进行动态和大范围的管理。基于网络经济的个人信用信息大量产生，并且能够被大量、准确的记录下来，这为现代金融体系的信用管理带来了极大的便捷，也给住房公积金的贷款和投资业务带来了便利。现代金融技术的运用在降低金融管理成本、提高金融信用管理和投资风险控制方面都能够发挥更大的作用。因而有必要在住房公积金的管理规则中纳入必要的网络金融技术规范，为现代金融技术的运用提供必要和积极的制度基础，以降低管理成本，提高管理效率和投资收益。

## 二、住房公积金的政策性住房金融功能及其规范

政策性金融不同于商业性金融的一个根本区别，就在于其政策目标的约束。如果不能更好地实现其既定政策目标，那么这一政策性住房金融机制就是无效和失败的。衡量住房公积金制度是否合理的标准，也就在于这些规则是否有利于实现住房保障的政策性目标。通过对现有住房公积金制度中缴存人的权利保护、管理机构的激励机制以及投资管理情况的分析，我们可以发现，现有制度的政策性目标实现程度非常不理想，住房保障的政策性功能几乎未能得到体现，相关改革已经势在必行。在理论界和实务界的讨论中，以住房储蓄银行或者住房银行的形式成立政策性住房金融机构以取代或部分替代住房公积金制度的提议早已有之，甚至住房储蓄银行的设立方案也已经在拟议之中。但仍需要认真思考的是，住房公积金的政策性住房功能如何得到保障，其业务管理和投资管理应如何得到规范，否则新设立的政策性住房金融机构也难免重蹈覆辙。

第一，应当根据住房公积金的政策性目标定位，重新设定公积金管理中的利益关系和政策工具。住房公积金只是住房金融中的一种政策性工具，其主要保障方式是增强缴存人的住房消费能力，而不是投资建设保障性住房。在利益关系的定位中，住房公积金应当以保障和维护缴存人的利益为首要目标，强制性的缴存义务和存贷限制措施，应当以更大范围的住房保障权利为前提。税收和金融优惠政策的运用，都应当以增加缴存人存款收益或者提高缴存人获得住房金融支持力度为出发点。除了目前公积金在缴存和收益环节已经享有的所得税税收优惠外，还应当根据金融市场上可获得的无风险或低风险存款产品收益率为依据，制定或调整住房公积金的存款利率。在赋予缴存人更多住房保障权利方面，主要的政策措施还应当集中于提高缴存人获得住房消费金融支持方面。本书建议，可以采取如下三个方面的措施：(1) 总结地方公积金管理的实践经验，适当扩大公积金的使用范围。除目前《住房公积金管理条例》中已经明确规定的提取公积金范围外，可增加租赁住房的内容，特别是针对保障性住房的租赁或购买需求。(2) 合理扩张公积金贷款的使用范围。应当根据住房需求的地域性特征，适当扩大公积金贷款的地域

范围，可按照区域城市一体化和城市群的范围，建立公积金管理和贷款机制。同时，还应当将公积金贷款所适用的住房项目从商品房领域扩大到保障性住房领域，而不应当以担保规则来限制保障性住房需求使用公积金贷款。(3) 提高公积金贷款的可获得性。在贷款审批与核准环节中应提高效率、增强审批的透明度，量化规范审批条件和贷款额度，减少公积金管理机构在审批环节的裁量权。在贷款支持力度上应充分体现其政策性特性，在利率水平、期限组合、还款方式、融资费率、担保规则上进行全面优化，应根据不同类型贷款人的需求设计并提供多样化的公积金贷款产品，以实质性提升缴存人所能够享有的住房金融权利。

第二，增加公积金管理机构和托管银行的竞争压力，增强公积金管理过程的透明度。公积金管理虽然具有一定的政策性特征，但是其主要业务内容仍然与金融市场密切相关，具有一定的可竞争性。某一城市生活区域中并非只能设立一家公积金管理机构，公民缴存公积金也并不一定要限定在某一个特定公积金管理中心。在金融信息数据网络化程度不断提高的背景下，完全可以赋予公积金缴存单位和缴存人自由选择公积金管理机构的可能。结合城市一体化和城市群的城镇化发展思路，可以将某一城市带范围内的公积金管理中心管理范围重叠设置，允许符合法定管理要求的各公积金管理中心，跨行政区划吸收公积金存款和发放公积金贷款，并通过高度透明的管理费用披露制度来增强公积金管理机构之间的竞争压力。同时，在利率市场化的背景下，可以在公积金存贷款基准利率的基础上，允许公积金管理中心以利率公开招标的方式选择托管银行，以提高其存款收益率或降低公积金贷款利率水平。

第三，提高公积金结余资金的投资收益水平。公积金的主要政策性目标是增强缴存人获得住房金融服务的能力。但是，住房公积金也是一种长期储蓄，较低的结余资金投资收益不仅降低了缴存人的财产收益，也损害了公积金的政策性目标。因此，应当改进住房公积金的投资管理水平，在增加投资风险管理能力的基础上，通过多元化的投资渠道增加投资收益。投资风险控制主要应通过专业性的投资管理以及投资保险制度解决，而不是一味以投资范围的约束来控制投资风险。本书认为，采用相对分散的委托管理机制，可以更好地改善投资管理的效率。其要点在于将住房公积金的结余资金划分为三个部分，较少的一部分用于投资银行存款和国债、金融债等低风险金融产品，另一小部分投资于政府贴息之后的保障性住房建设项目贷款，并使得贴息之后的利率水平略高于同档次的一般商业性贷款利率。一半以上的住房公积金的结余资金，应当依据竞争性规则委托给商业性投资管理机构，由其在公积金立法规定的投资范围内进行投资，并依据受托投资机构在一定年限内的投资业绩优胜劣汰。为提高资金管理的竞争性和激励，可以将委托投资管理的资金的收益，按照收益水平以一定的阶梯式比例与受托管理机构进行分享，以此解决投资管理中的激励和监督问题。

第四，应当充分利用现代金融手段，降低住房公积金管理中一般性存贷款业务的管理成本，以提高住房公积金的管理效率和资金收益。住房公积金的一般性存贷款业务并不具有太强的复杂性，甚至因为其存款的强制性和贷款权利的法定性，要比一般商业性住房贷款业务更加易于管理。本书建议，可以充分利用互联网技术，对住房公积金的缴存人进行资信管理，并通过立法在其公积金贷款业务中，设定量化和公式化的贷款资格审查和额度审查制度。在此基础上，法律可以规定以现有的支付结算等金融基础设施以及商业银行业务网络，构建住房公积金贷款业务的智能审批和发放平台。这一方面可以减少住房公积金的管理成本，相对提高其资金收益水平；另一方面可以通过网络平台相对透明和刚性的业务程序，增强公积金住房贷款的可获得性，从而大幅度强化住房公积金的政策性功能。将公积金用于保障性住房建设贷款，也可以在类似的业务管理平台上进行，并且可以利用现代金融工具的创新，将公积金的担保功能与商业性住房金融的融资能力结合起来，以适当扩大住房公积金的政策性覆盖面和资金利用效率。

## 第四节　保障性住房市场化融资方案中的利益平衡

政策性住房金融体系的长期稳健运行，必须以融资效率与融资风险的有效平衡与协调为基础。不仅在住房公积金制度中应当体现效率与风险平衡的关系，在保障性住房的融资管理中，也同样应当有效协调和平衡效率与风险的关系。从 2008 年金融危机中所反映出来的情况看，政府信用与市场融资工具之间的结合在提高住房金融的融资规模和效率的同时，也在一定程度上提出了对住房金融活动风险监管与控制更高的要求。个人住房权利与公共财政、金融安全之间必须维持一定的平衡关系，这就需要将住房金融中的政策性工具与市场机制有机融合，以产生风险和效率总体平衡的政策性住房金融模式。本书认为，政策性住房金融的各种市场化融资法律制度设计的关键，在于清晰界定各参与主体的权利和责任范围，并以利益和风险相匹配的融资结构来规范相关的政策性金融行为。本书将结合前述观点，就保障性住房建设实践中采取的几种主要市场化融资方案，分别对其法律关系中的利益平衡问题进行分析。

## 一、政策性与营利性之间的平衡及其法律规范

保障性住房建设是公共政策的具体实施方式，政策目标的实现程度是评价和规范具体市场化融资方案的主要标尺。保障性住房建设的首要利益诉求是保障中低收入群体的住房权利，其权利实现的程度是评价具体住房保障方案的基本出发点。但是，任何保障性住房的市场化融资方案中参与的社会资本也都必然存在自身的各种利益诉求，而且这些利益诉求与政策性目标之间并不必然契合。一方面，法律和政策制定者需要通过释放和分享经济与社会利益引导市场力量参与保障性住房建设；另一方面，也要通过制度规范约束市场参与者的逐利动机，以防止市场化运作淡化甚至危害到保障中低收入群体住房权利的政策目标。

从政策性金融发展的规律来看，诸如商品房与保障房配建捆绑、出售配建商业设施、设立保障房投资基金或发行债券等融资方式大多受到特殊条件的限制，或者融资比例和融资规模上难以满足保障性住房建设需要，因而难以成为主要的保障性住房市场化融资方案。根据国外的政策性住房金融发展经验，比较具有前景的保障性住房市场化融资方案主要有公私合作模式（Public－Private Partnership，PPP），房地产投资信托基金（REITs Real Estate Investment Trusts）以及资产证券化三种类型。其中，房地产投资信托基金通过向特定投资者发行受益凭证以筹集资金，并委托专门机构来负责房地产项目的投资、建设、运营和管理。房地产投资信托基金，本质上是以不动产资

产收益权为基础的一种特殊资产证券化工具。公私合作模式是公共产品供给多元化的产物，它为解决公共服务部门资金匮乏以及资金利用效率较低的问题提供了一条新的解决渠道。资产证券化则是政策性住房金融中另一项重要的融资工具，它为银行房地产信贷资产的再融资提供了强有力的支持，也能够将信贷风险通过金融工具的创新予以转移和分散。公私合作模式和资产证券化模式的共同特点在于，它们能够将政府的资金投入集中到公共福利属性最强的部分，而对于市场机制能够发挥一定作用的准公共产品则通过引入市场主体参与来提升运营效率和供给规模。不同之处在于，公私合作模式侧重于在公共项目的运营和管理中引入市场化机制，而资产证券化则重在从资金供给端优化公共项目运营者的资产结构。两类市场化融资方案中的一个基础性前提就是，需要以一定的营利性目标引导市场资源配置，政策性与营利性的有机结合是具体项目方案推行成功的关键所在。

以公私合作模式为例，公共和私人部门按照契约形式共同配置资源，共有产权、分担风险、共享利益，在制度化和规范化的法律框架下，以实现特定的公共政策目标。公私合作伙伴关系是“关系性的契约形式，契约实现的是公共需求目的，而非单纯的商业利益关系”。① 当然，公私合作模式并不否认和排斥商业性利益，只是将营利性诉求与公共政策目标以契约的形式予以规范，以便在公共产品或服务的供给当中有效整合公私主体的资源，更高效地满足公共需求。在中国，公私合作模式早期的运营方式主要是“建设—经营—转让”（Build - Operate - Transfer，BOT）模式，政府利用这一模式自20世纪80年代以来新建了大量高速公路、电力等公共基础设施，为国家的经济快速发展发挥了积极作用。但是，囿于改革开放之初在法治和公共管理方面的欠缺，对公私合作模式的契约构成、产权安排以及交易成本等方面都缺乏深入和系统的经验，加之中国社会组织体系并不发达，公私合作中私人部门主要以营利性机构为主，社会公众作为监督和评价主体的作用也未得到较好地发挥。因而在以BOT特许经营为主的公私合作项目当中也产生了一些不良问题。有些收费公路项目甚至明显违反《收费公路管理条例》所规定的收

① 叶晓甦，徐春梅．我国公共项目公私合作（PPP）模式研究述评［J］．软科学，2013（06）：7.

费期限,[①] 其建设协议中规定或核准的收费期限甚至超过一百年。以高速公路为主的部分收费公路虽然能够在一定程度上发挥公私合作模式的优势，为公共基础设施的融资提供便利。但是，如果不能通过法律制度规范其中的政策性和营利性目标，公共政策目标就很可能被营利性动机所淡化和稀释。尤其是在公众参与机制匮乏的情况下，公私合作项目在运营管理、收支监督、公共服务等方面都有可能产生政策性目标被异化的可能。

保障性住房建设项目通过公私合作模式或者资产证券化等市场化方式融资，既可以解决财政资金压力过大的问题，又可以引入私人企业或社会组织的市场化激励机制，以提升保障性住房项目运营管理的效率。但是，如果不能清晰界定住房保障政策的公共需求，政策性目标同样有被营利性动机所侵蚀和削弱的可能。反之，只要其营利行为是建立在法律和契约规范的基础之上就不应被排斥。因为政策性与营利性目标并不必然是非此即彼的关系，营利行为同样可能带来公益后果，因为利己与利他是有可能融合在同一经济行为当中的。问题的关键在于，利益分配的过程应具有规范有序、公开透明、合理公正的法律基础。

在当前的保障性住房建设实践中，通过配建模式进行融资就是广义公私合作模式的一种具体形式。配建模式的本质就是将国有土地使用权收入预支，用于保障性住房建设，是房产开发企业和政府通过土地出让契约建立的一种公私合作关系。按照土地出让契约，房产开发企业在以竞标价格获取土地开发权的同时承担建设一定比例保障性住房的义务，政府则通过出让土地使用权实现保障性住房建设的政策性目标。此类融资形式如果规范运用，能够在一定程度上缓解财政投入压力，同时还为保障性住房项目混合居住创造了有利条件。但是在实践中，也不乏以配建保障房为由低价套取国有土地使用权，或者配建保障房质量低劣等现象。此类问题产生的原因在个案当中往往表现为管理不严或者监督控制不当，但是其根源实际上在于公私合作各方的利益缺乏规范。因为市场化融资方案当中的参与方众多，利益关系也较为

---

① 《收费公路管理条例》第十四条规定：“收费公路的收费期限，由省、自治区、直辖市人民政府按照下列标准审查批准：(一) 政府还贷公路的收费期限，按照用收费偿还贷款、偿还有偿集资款的原则确定，最长不得超过 15 年。国家确定的中西部省、自治区、直辖市的政府还贷公路收费期限，最长不得超过 20 年。(二) 经营性公路的收费期限，按照收回投资并有合理回报的原则确定，最长不得超过 25 年。国家确定的中西部省、自治区、直辖市的经营性公路收费期限，最长不得超过 30 年。”

复杂。不仅有作为管理者的政府、代表国有土地产权的利益人、参与投资的财政部门和企业，还包括项目政策性所指向的被保障对象。只有各种利益相关者能够在利益博弈中充分、平等地参与，公共需求的目标能够准确、清晰地界定和评价，所形成的项目融资方案才具有公平合理的可能。具体市场化融资方案使用何种金融工具，并非住房保障政策的关键问题，公正和透明的法律规范、利益相关者的充分参与和民主监督才是防止市场化融资契约形成和执行过程异化的前提和基础。

## 二、财政信用与市场信用之间的平衡及其法律规范

财政资金和财政信用是进行保障性住房项目市场化融资的基础，但是政府财政信用是一种重要的公共资源，其市场化运用能够产生巨大的商业利益。如果不能有效规范公共资源的运用，财政资金和财政信用就有被滥用的可能，不仅削弱了住房保障的政策性目标，甚而还会扰乱应有的市场竞争秩序，危及金融和整体宏观经济的安全。在政策性住房金融中，财政信用被市场机构滥用的事例从发达国家的实践中可窥见一斑。例如，美国的住房按揭再贷款机构房利美和房地美就是所谓政府支持企业，其发行的债券就具有一定的财政担保性质。这两个政策性住房金融机构是以私人股权的方式组成，但是却得到政府的财政支持和融资担保，并且因为具有政策性金融功能还享有一定程度的监管豁免。房利美和房地美发行的次级按揭抵押贷款资产证券化产品正是因为具有一定财政信用背书以及监管便利，才能够在金融市场上大行其道，也为其私人股东获取丰厚利润创造了便利条件。此类政策性金融创新将以公益为名的特权和以市场自由为名的私人利益不当组合，一旦住房市场泡沫破裂就会对财政信用以及金融体系造成灾难性后果。在反思2008年国际金融危机当中的政策性住房金融机构时，研究者指出，房利美和房地美“之所以做出一系列严重的错误判断并招致失败，是因为他们出于经济利益的考虑而不愿意接受更为有效而严格的资本监管。”① 可见，政策性住房金

① Thomas H. Stanton. Failure of Fannie Mae and Freddie Mac and the Future of Government Support for the Housing Finance System [J]. Journal of Law and Policy, 2009 (18): 261.

融当中财政信用与市场信用的失衡，实质上是商业利益缺乏规范的一种具体体现，也是政策性住房金融制度设计中需要着重予以考虑的问题。

具体而言，应从三个方面平衡并规范财政信用与市场信用的关系。其一，应设定财政资金和财政信用投入的优先序列，以政策性收益的最大化为目标与市场信用进行组合运用。具体到保障性住房建设的市场化融资方案当中，财政资金和财政信用主要应作为一种金融杠杆来使用。其覆盖的市场风险应以政策性和公益性风险为限，其目的旨在通过财政支持将保障性住房的社会外部效益内化为市场价格，从而将公共福利中的公正与效率融合为一致的交易逻辑。例如，在保障性住房的投资信托基金融资方式中，无论采用租赁还是出售形式开发保障性住房，项目的政策性定位都决定了项目投资的总体资金回报率要低于同地区的商品性住房。尤其是租赁型公共住房项目，被保障对象毫无疑问应以低收入群体为主。在纯市场供给的情况下，要提高廉租房的资金回报率，要么就无法确保居住人的基本居住条件，要么就需要通过财税支持来提高资金的回报水平，否则市场将缺乏提供供给的动力。如果以租赁型保障房的租金为收益来源发行房产投资信托基金获取融资，其市场化资金回报水平显然缺乏必要的投资吸引力。此时，通过财政资金或财政信用的直接补贴，就可以提高资金收益率或降低资金风险水平，进而促进此类信托产品的市场化融资能力。但是，财政资金和财政信用的投入，也不应使得投资人获得超出正常的市场化收益水平，并且财政信用所产生的低风险收益与财政资金投入所提升的直接回报率应综合考虑。例如，对基金产品的收益率进行区间管理，设定一定的投资收益率浮动空间，当收益率低于市场无风险投资收益率一定比例时，可以由财政承诺进行补偿，而当收益率高于市场无风险投资收益率一定比例时，其超出部分收益则应当用于补偿政府财政资金的风险，也即按照优先级和次级收益权的结构对保障性住房项目资产证券进行分级设计。

其二，应加强在市场化融资中财政信用和财政资金的管理水平，其管理和决策过程应保持必要的透明和公开。在保障性住房的市场化融资方案中，无论是合作契约还是具体融资工具的产品契约都必然涉及一定的财政责任。应建立必要的制度规范对保障性住房融资安排中的财政责任予以明确界定，并交由预算监督和批准机构进行审查。同时，财政信用管理还需要对财政资金投入保障性住房建设项目的使用范围、投入条件，以及优先性和禁止性的事项分别做出规定。对于利用财政信用为项目融资提供担保或者增信的，应纳入统一的政府信用管理体系当中，按照预算审查原则进行集中的授信与风险控制管理，不能任意使用政府控股企业或其他由政府承担最终民事责任的机构提供担保。对财政资金的使用也应根据政策性效益区分对待。例如，在保障性住房项目的资产证券化产品中，应鼓励投资者提供长期融资。对于长期投资者可以在资本利得税上予以区别对待，特别是具有长期储蓄性质的公积金、社会保险基金、养老年金等，具有一定社会效益的投资者应给予更多税收减免和优惠，以提升保障性住房融资的政策性内涵。同样，在财政资金发挥杠杆作用的公私合作项目中也需要区别对待保障性住房建设项目自身的差异，对于配套条件良好、外部性收益较好的合作项目应通过附设条件适度调整其市场化投资收益，或者将不同收益水平的保障性住房项目打包进行整体融资，以平衡不同类型保障项目的市场资金与财政资金配比关系。

其三，应利用市场定价体系合理评价和提升财政资源的运营效率。保障性住房的市场化融资方案混合了政策性与市场性特征，对融资项目的效益评价不同于竞争性市场条件下的商业运营项目。如何合理评价投入产出效率是提升保障性住房项目管理水平的一个重要难题。因为保障性住房项目的财政投入不仅包括了直接或间接的财税支持，还隐含了财政信用的市场价值，其产出则涵盖了经济性和社会性等多种利益形式。本书认为，完全准确量化保障性住房项目所产出的社会效益是非常困难的，但是对于项目的公共投入以及由此产生的宏观经济价值还是可以借助市场化定价体系予以评估的，这将有助于提高财政资源的管理效率，进而也有助于提升住房保障的整体供给能力。此外，利用市场化定价体系评估财政资源的使用效率需要在保障性住房的市场化融资中引入竞争性机制。在保障性住房市场化融资制度规范当中，应最大限度地放开保障性住房融资项目在主体、产品和交易形式上的准入管制，改为以严格的信息披露和责任追究机制来平衡投资风险和交易效率之间的关系。通过市场开放能够促进竞争，而信息公开和透明则能够进一步刺激公平和公正的市场竞争，有效的市场竞争才能够形成真实的市场均衡价格，并为财政资源的市场价值提供更为充分的评价信息。

## 三、住房保障与金融稳定之间的平衡及其法律规范

政策性住房金融无论是否采用市场化融资工具都对金融市场具有重大影响，因为除了财政资金投入之外，宏观经济中的金融手段要么涉及货币政策工具，要么涉及金融监管措施，或者两者兼而有之。但是，2008 年的国际金融危机表明，住房金融工具的创新以及住房保障政策与货币政策的不当组合，也可能严重危害金融和宏观经济体系的稳定。直接引发美国金融危机的次级按揭抵押贷款证券就是政策性住房金融中非常重要的一种融资工具，它为中低收入者购房获得银行信贷支持提供了强有力的再融资保障，扩大和提升了社会资本对次级抵押贷款的吸引力。但是，如果不能对资产证券化中各参与主体的利益和风险进行合理配置，不当的利益激励机制就有可能隐藏甚至助长金融泡沫和金融风险的累积，进而酿成危机。当政府的宏观经济政策权力和金融监管权力介入到金融市场的运行当中时，金融风险更是被人为放大和催化，其危害更为剧烈。因此，如何平衡住房保障等社会政策与金融稳定的宏观经济政策之间的关系是在中国保障性住房市场化融资制度建设中非常值得关注和研究的问题之一。

首先，应规范保障性住房融资中政府金融权力的行使。政府的社会政策目标主要应以财政资源加以解决，金融权力的运用则应以宏观经济的稳定为目标。在法定信用货币体系的条件下，货币发行权和金融监管权对金融市场的影响在本质上与一般商品市场不同。在现代金融经济体系当中，政府是市场信用的直接提供者，而不仅仅监督者，围绕货币供应和利率所设定的货币权力对金融和经济体系的影响，绝非任何企业或市场主体所能比拟，其任何变动几乎都构成对金融市场直接而重大的影响。维持金融和经济稳定、满足就业和经济增长需要、提高社会公共福利水平是三个相互关联又时常存在冲突和矛盾的宏观政策目标。政府作为三个目标的制定者和执行者，客观上存在一定的角色混乱和决策干扰。利用货币政策权力降低市场基础利率，虽然有助于一些社会政策的推行，但是也有可能引发市场资源配置的扭曲；针对政策性金融机构的监管放松虽然能够提高社会政策的执行效率，但是也可能掩藏政策性金融的长期风险。次级按揭抵押贷款证券化产品之所以能大行其

道，与美联储所采取的长期低利率政策有非常密切的关系，而金融监管机构在抵押按揭金融衍生品风险控制当中的疏失也助长了市场风险的累积。可以说，没有政府社会政策和宏观经济政策的共同作用，没有货币权力与金融监管权力的作为和不作为，次贷危机不太可能累积到如此巨大的风险规模。因此，在中国保障性住房建设的市场化融资方案中，有效区隔政府社会政策、货币政策与金融监管之间的目标定位，防止不同公共权力之间的不当组合理应成为重要的制度设计准则。

其次，保障性住房的市场化融资方案应充分体现收益与责任对称的原则。金融创新工具不断涌现，在为金融市场注入流动性和活力的同时，也带来了利用金融工具规避金融监管的负面影响。从欧美住房金融领域的实践来看，“任何金融创新产品不能偏离风险承担和收益的相对平衡，一个风险与收益失衡的产品最终会导致其脱离实体经济的现实需求，甚至导致道德风险和欺诈”。[①] 以住房信贷资产证券化为例，美国的住房信贷机构可以利用资产证券化的方式将针对中低收入群体发放的次级信贷资产风险转移出信贷机构的资产负债表，并利用衍生金融工具实现金融产品交易利益与投资风险的剥离。由于金融产品设计的复杂性与专业性，极易出现金融衍生品风险和收益不对称的结构，这将鼓励金融机构的投机和欺诈行为，从而导致金融风险的累积和爆发。同时，为了提高收益水平和避险套利的需要，金融衍生工具通常具有较高的杠杆水平，这又进一步放大了基础信贷资产的风险能量，从而导致系统性金融风险的产生。与美国的表外资产证券化模式不同，欧盟国家的金融机构通常采用表内双担保债券方式。在表内双担保模式下，担保资产通常保留在证券发行银行账上，银行须有相应资本金，其风险透明度较高，能促使银行更审慎地发放和管理住房贷款，从而维护金融体系的稳定。由于欧盟国家住房信贷资产信贷化产品的法律结构能够更好地匹配交易利益与风险责任，同时又在一定程度上满足了信贷资产再融资的需要，因此，在次贷危机中展现出相对美国金融市场更好的稳定性和可控性。政策性住房金融当中由于提供了财政资源的支持，特别是财政信用对市场风险的担保，在一定

① 宣昌能，王信．金融创新与金融稳定：欧美资产证券化模式的比较分析［J］．金融研究，2009：（05）：45.

程度上打破了收益和风险的对称结构，存在潜在的道德风险。所以，在中国保障性住房市场化融资规则设计中，无论采用何种具体金融工具，都应当遵循风险和收益相平衡的原则。

最后，保障性住房融资应与商业性金融一样满足必要的监管要求，尤其应充分履行信息披露方面的监管义务。金融法律制度的一个重要规范就是信息披露。通过信息披露机制既可以减少政府对市场交易的直接干预，又能够有效降低市场欺诈和投机的风险，是平衡市场效率与风险关系的重要手段。信息披露制度的核心原理是通过改变金融市场中交易各方之间的信息不对称情况，让市场交易机制能够维持有效运转，并通过市场竞争机制实现优胜劣汰，从而在整体上降低市场风险。从保障性住房的市场化融资工具中来看，无论是房地产信托投资基金等资产证券化产品，还是通过政府 PPP 分级投资基金进行保障房项目投资，其金融产品的基本特性都是通过风险、信用和收益的组合来引导不同需求的投资者进入住房保障领域。然而，作为基础资产保障性住房建设项目才是所有风险、收益和信用组合的源头，多个建设项目的混同和打包并不能减少或者降低保障性住房融资的整体风险，甚至创新工具本身还有可能带来新的风险。在缺乏严格信息披露机制的前提下，金融创新只是转移而不是在整体上管控基础资产的风险，这不利于市场根据风险控制情况给金融衍生品合理定价。定价机制的失效又反过来激励了金融机构不负责任的资产管理行为，由此产生的道德风险和逆向选择问题极大地破坏了市场风险与收益的平衡结构。所以，不能因为具有政策性而忽视或者削弱对政策性住房金融产品的监管要求，必须通过严格的信息披露规则来净化市场行为，同时以信息和信用机制来平衡管制与创新、风险与效率之间的关系。就中国当前的保障性住房金融产品而言，监管规范不仅应当要求披露衍生金融品的法律结构和风险信息，还应当对基础资产的风险信息进行全面和翔实的披露，并且在产品设计和销售环节合理设定信息披露责任。

| 第六章 |

# 保障性住房建设管理中的利益平衡及其制度构想

任何公共政策的实施都离不开规范的管理体系，缺乏规则和监督的公共政策在实施过程中极易出现目标偏离和利益关系扭曲的情况，进而造成政策失败。保障性住房建设中的土地利用、资金筹措、区位选址、项目规划、建筑施工、采购监督、质量控制，以及分配和后期管理等各环节共同构成了一个完整的政策实施体系，同时也应当具备相应的规范体系。只有通过相应的规范体系中各相关主体之间的利益平衡与协调，才能够在住房产品的最终消费中体现出保障性住房的政策性内涵与目标。如果将土地和金融问题视为保障性住房供给的生产要素环节，建设管理就是保障性住房供给的生产实施环节。住房保障政策目标的实现不仅需要在要素供给环节维持各利益相关群体的平衡关系，也同样需要在具体的实施环节实现利益的平衡与协调。其中，被保障对象以及社会公共组织在建设管理中的参与监督是维护其住房权利的必要前提，也是有效平衡社会群体之间住房保障利益的主要途径。

## 第一节　保障性住房建设管理中的主体关系及其权利平衡

保障性住房的建设管理，是以满足被保障对象住房需求为目标的公共产品供给过程。不同于执法性的公共管理事务，建设管理主体与被保障对象之间并非单纯的命令与服从关系，同时，这种关系也不同于市场体系下私人企业与购买者之间的交易关系，二者的权力、权利和义务通常以有法律规范和公共政策为基础。无论保障性住房项目管理的机构是否以企业形态存在，都具有国有企业的一些重要特征，也即“通常被给予特权，而且被赋予了非商业性的义务”。[①] 此外，“住房政策还承担社会政策和宏观调控任务，需要充分的政策裁量。传统的合法性控制理论无法充分回应住房政策的法律控制问题。因此，有必要根据住房政策承担的不同行政任务，分别探索不同的法律控制方式。”[②] 例如，保障性住房建设管理的过程实际还涉及公共资源的投入，被保障对象与社会群体之间的关系也就进而体现为保障性住房管理机构与纳税人之间的税收利益关系。被保障对象、住房保障机构以及纳税人之间的主体关系，需要从保障性住房建设管理机构的公共治理以及公共监督两个层面予以规范，这样才能有效平衡各相关主体的利益关系，进而促成住房保障公共政策目标的实现。

## 一、被保障对象与住房保障机构之间的权利平衡关系

前文已经指出，社会保障关系中的公民个人权利不应只限于私法保护，其权利保障同时也应当体现在公法关系当中。在公共关系中的权利缺失往往是被保障对象难以实现其社会保障权利的重要原因。具体来说，在保障性住房供给当中，被保障对象除了依据住房合同关系享有保障性住房的居住权利之外，还应当享有必要的公共管理参与权，具体体现为向住房保障机构请求保障的权利，以及依据保障关系参与保障性住房建设管理的监督权。被保障对象的居住权利可以通过住房合同以及民事法律关系加以规范和调整，但是被保障对象的请求权和监督权却极少在研究中受到关注，其中一个重要的原因在于，被保障对象在立法中被作为不特定的群体，无法在尚未形成的居住关系之前予以具体化，其权利也就很容易被忽视。但是，公民住房保障权利的实现却不能缺少请求权与监督权的内容，否则权利失衡必然造成利益上的

---

① ［新西兰］穆雷·霍恩．公共管理的政治经济学［M］．汤大华等译．北京：中国青年出版社，2004：139.

② 凌维慈．住房政策的任务分化及法律控制［J］．法商研究，2019（02）：53.

失衡。因此，在立法中确立被保障对象的主体认定资格是建立其与住房保障机构之间法律关系并进而予以规范的前置条件。

### （一）被保障对象的主体资格及其保障请求权

公民享有向国家申请社会保障待遇的权利，这是宪法中公民基本权利的一个重要组成部分。但是如何准确、高效识别社会福利政策的资助对象，则是具体设定国家责任以及确保一项社会政策能够成功推行的关键条件。中国当前仍然处于社会经济快速发展阶段，个人和家庭的收入情况和居住情况也处于较大的变化过程中。加之中国尚未建立起完整和准确的收入信息系统和社会诚信体系，对于住房保障政策所针对的中低收入群体，在政策执行层面尚无准确界定的法律标准和方法。被保障对象资格认定的相对模糊给保障性住房供给规模的判定、建设规划的设计以及分配管理带来了困难。例如，经济适用房的立法中，就将被保障对象的认定笼统地授权给市、县人民政府，由其按照辖区范围内的家庭收入和住房状况设定具体的认定标准。[①] 审议中的《城镇住房保障条例》，也同样未在立法中明确被保障对象的认定标准，只是授权地方政府根据保障房申请人的住房、收入以及财产情况进行认定。在保障性住房无法同时满足所有符合条件的申请者需求时，《城镇住房保障条例》的征求意见稿规定，可以根据申请人的住房、收入、财产和居住年限、申请时间等因素进行综合评分确定优先顺序，或者通过随机选定的方式进行排序。[②] 上述立法规范，显然并未对住房保障对象的认定提供具有规范意义的标准或者确定标准的方法，这在一定程度上造成了不同城市在认定标准、甚至是立法层级上都产生了较大差异。

虽然，中国各城市之间的经济和社会发展差距较大，具体认定标准的统一并不符合实际，但认定方法和选用指标上的差异给迁移中的城市人口造成了现实的住房保障困难。因为各地申请城镇保障性住房的认定标准中，几乎

---

① 《经济适用房管理办法》第二条规定："本办法所称城市低收入住房困难家庭，是指城市和县人民政府所在地镇的范围内，家庭收入、住房状况等符合市、县人民政府规定条件的家庭。"

② 《城镇住房保障条例（征求意见稿）》第十八条规定："轮候对象的配租、配售排序，可以根据申请人的住房、收入和财产以及居住年限、申请时间等因素综合评分确定，也可以通过随机选定等方式确定。具体办法由直辖市、市、县人民政府制定。对符合条件的优抚对象、住房救助对象等，以及个人住宅被征收的轮候对象，应当优先给予保障。"

均以具有本地户籍或者在本地缴纳社会保险作为必要条件，并在此基础上结合个人收入、家庭财产和住房状况等具体指标进行资格审定。由于个人收入、家庭财产状况、住房条件等信息系统并不完善，各地所规定的认定标准也各不相同，[①] 对于申请人财产和收入状况的审查范围，也主要限于特定城市，其财产收入以及住房的统计口径也并不明确，这给权力寻租和舞弊提供了较大空间。所以，住房保障立法应当在较高立法层次上设定统一的认定方法，并结合社会综合管理信息系统的建设，规范个人收入、家庭财产以及家庭住房情况的统计指标和统计口径。结合国外公共住房或者社会住房的管理实践经验，可采用收入相对标准以及住房支出相对标准作为认定的主要方法，而具体的数量标准，则应建立在科学和规范的统计标准基础上。例如，美国认定住房保障对象的标准，主要包括两项："一是住房消费支出占家庭消费支出的比例；二是家庭收入与本地区平均家庭收入的比例低于60%"。[②] 在确认被保障对象法律资格的基础上应赋予其向住房保障机构申请住房保障的权利，这种请求权应为司法上可救济的权利。也即，住房保障机构有法定义务按照立法规范核定申请人的资格并提供法定保障待遇。

### （二）被保障对象在保障性住房建设管理中的监督权

保障性住房建设管理当中的一个突出问题是缺乏有效的监督和约束，由此产生了包括工程质量低劣、项目后期配套和管理不当等问题。针对北京、上海、广州、深圳、成都、宁波、呼和浩特、宜春八个城市部分保障性住房小区发放的问卷调查显示，有57%的受访者对房屋质量不满意，反映较普遍的问题包括墙体渗漏、开裂、楼板漏水、门窗开启不灵活、房顶掉灰，地基下陷，屋顶渗水，保温层不够标准，电梯线路隐患等。有42.7%的受访者对治安表示不满意；有76.1%的受访者表示对交通出行不满意，65.4%的受访者需1小时以上通勤时间；98.1%的受访者认为要优化项目选址、完善周边

---

① 例如，《北京市城市廉租住房管理办法》第八条规定的申请条件是，申请家庭人均住房面积、家庭收入、家庭资产；《上海市城镇廉租住房试行办法》第七条规定的是人均收入、居住面积以及家庭人口等；《广州市城市廉租住房保障制度实施办法（试行）》第七条所涉及的认定标准包括人均可支配收入、家庭资产净值、人均居住面积以及住房拥有和交易情况等。

② 倪志纯，孙金虎，裴慧敏．美国住房保障、监管制度及借鉴［J］．宏观经济管理，2013（05）：89.

配套。调查总体上反映出保障房远离城市中心地，配套设施不全，不能满足居民的工作生活需要问题比较突出。调查情况也表明，缺乏公共管理参与和监督权是被保障对象的居住权利难以获得应有保障的重要原因，在受访者当中对保障性住房存在的问题只有10%的人表示对投诉渠道了解，67.3%和22.7%的人表示有点了解和根本不了解。因此，在保障性住房建设管理中使被保障对象实际享有一定的管理参与和监督权是提升住房保障水平，合理利用公共资源所必不可少的内容。具体来说，包括以下三个方面。

其一，住房保障立法应直接规定保障性住房使用者所享有的居住权利，对因住房质量和住房配套等责任应予以明确规定，不应存有责任主体不清的表述。例如，审议中的《城镇住房保障条例》规定："在保障性住房设计文件规定的使用期限内，建设单位及其主要负责人对保障性住房的基础、结构、墙体、管线设施等的质量承担全面责任，勘察、设计、施工、监理单位及其主要负责人、项目负责人依法承担相应的工程质量责任"。① 但是，一旦产生质量问题由谁作为追责主体，立法却并未明确。实际上，由于对质量责任享有对应权利的主体就是拥有保障性住房产权并负责住房管理的机构，而这些机构多数情况下就是承担责任的建设单位或者与建设单位实际上属于同一控制主体。责任主体和权利主体的同一性，显然不符合法律关系中的权利与义务对应的原则，在住房实际居住人与所有权主体分离的情况下，也势必造成质量责任追究链条的断裂。因此，立法应对保障性住房建设管理中的质量和配套事项采用权利规则而非责任规则进行规范，也即直接规定享有保障性住房居住权的被保障对象，在合法的居住期限内，享有向建设、勘察、设计、施工以及监理单位直接追究其质量责任的权利。

其二，保障性住房建设管理的技术标准制定应避免部门利益化，其具体规范应予细化并公开和公示。住房使用时间较长，其建筑、使用、维修、改造和服务等问题涉及较多专业技术性规范和标准，一旦产生问题，对于问题产生的原因和性质判断较易产生纠纷。目前尚未制定专门针对保障性住房质量和配套管理方面的法律规范和国家标准。商品房领域已经制定的《住宅建筑规范》《城市居住区设计规范》《住宅居室容积卫生标准》《房屋接管验收

---

① 《城镇住房保障条例（征求意见稿）》第十四条。

标准》等国家或行业标准，在制定过程中还存在部门利益突出，标准修订的及时性不足以及住房权利人缺乏参与的情况。由于住房建筑工程和公用设备设施的安全标准等属于专业性较强的技术规范，一些行业利益明显的行政机构很容易利用标准的制定权排除或限制其他群体的法律权利。因此，标准以及技术规范的制定过程，应当被视为立法过程的延续，它同样是利益博弈和平衡的过程，需要体现必要的民主性和透明性。涉及公共利益和公共政策的标准应注重标准制定者的利益中立，标准制定过程应充分体现出标准要规范的社会关系中利益主体的不同诉求。本书建议，在保障性住房建设管理相关标准的制定过程中，应突出社会公益组织以及城市居民社区组织的作用，允许其选派或选聘代表参与标准制定，或征询、吸纳和参考其所提交的标准修订意见。

其三，为被保障对象享有的住房管理监督权提供必要的救济措施。权利之所以为权利，在于其获得法律保护的现实性，住房保障最终要保护和实现的是公民的基本住房权利，而不只是具体的物质载体。当权利受到阻碍或侵害时，法律体系必须给予及时的响应和反馈，并提供必要的帮助与救济，以促成或恢复法定的权利状态。法定的被保障对象享有依法获得住房保障的权利，这一权利中包含了对居住条件和住房质量的一定要求。近年来，各地方政府陆续制定和颁布了多部保障性住房质量监管法规或规章，但是，“部分保障性住房被查出存在质量不高、使用“瘦身钢筋”、安全隐患较多、材料报验和工序验收把关不严、项目管理人员不到位等问题。”[①] 大量集中新建的过程中，保障性住房领域的质量问题，并未因住房产权人属于政府而获得更多保障，相反，却因为真实权利人的缺失而产生了各种弊端。在法律和政策性文件已经明确各项质量标准要求的情况下，仍然无法减少质量问题的产生，其根源就在于，监管主体本身在保障性住房建筑质量管理中难以形成共容利益，而真正的住房权利人又无法介入住房质量监督。为此，应在住房保障立法中，增加保障性住房权利人向行政和司法机关请求权利救济的内容，同时，更应当从制度和执行中将被保障对象在建设管理过程中的监督权落到实处，从而提高居住权利救济的可获性和便利性。

---

① 刘刚．保障房建设偷工减料监管之困［N］．新京报，2012－5－16：A16.

## 二、保障性住房建设管理机构的公共治理

按照2014年3月份国务院法制办公室①公布的《城镇住房保障条例（征求意见稿）》相关规定，全国城镇住房保障工作由国务院城乡建设主管部门负责，地方城镇住房保障工作由该级人民政府的住房保障部门负责，并可以委托城镇住房保障实施单位负责该行政区域内住房保障的具体工作。政府的其他有关职能部门在各自的职责范围内负责城镇住房保障工作。② 从实际运行的组织结构上来看，保障性住房的建设管理，主要由各级政府设立的住房保障局负责，并设立保障性住房投资和建设的国有企业以负责具体的住房建设工作。各地住房保障部门作为地方政府的组成部分受到预算和财政约束，并就其公共事务范围内的职责，接受同级政府与立法机关的指导和监督。只要政府本身的治理结构有效，政府住房保障部门的治理就应当是有效的。因此，保障性住房建设管理中需要重点讨论的是，具体负责实施住房建设和管理任务的机构的公共治理问题。

### （一）保障性住房建设管理机构的委托代理结构

公共管理中的一个突出难题就是公共组织的委托代理链条过长，这同样也是有效治理保障性住房建设管理机构的难点所在。一般来说，委托代理关系越长，管理控制的成本就越高，而管理目标的实现难度也就越大。在保障性住房建设管理中，住房公共利益是以一定数量规模和质量标准的住房供给所体现的，但是具体到建设项目的成本与质量控制，公共资源的使用以及附属商业利益的管理等事务，利益的复杂程度就很可能超出委托授权的既定范围，由此产生的委托人利益与受托人利益分离和冲突的问题也就不可避免。

---

① 2018年3月，第十三届全国人民代表大会第一次会议批准国务院机构改革方案，重新组建中华人民共和国司法部，不再保留国务院法制办公室。

② 《城镇住房保障条例（征求意见稿）》第七条规定："国务院住房城乡建设主管部门负责全国的城镇住房保障工作，国务院其他有关部门在各自职责范围内负责城镇住房保障相关工作。县级以上地方人民政府住房保障部门负责本行政区域内的城镇住房保障工作，县级以上地方人民政府其他有关部门在各自职责范围内负责城镇住房保障相关工作。县级以上地方人民政府住房保障部门可以委托城镇住房保障实施单位，承担本行政区域内城镇住房保障的具体工作。"

更何况，在保障性建设管理中，公共利益的内容，也并非始终确定且可以清晰划定的。例如，保障性住房建设中每一户型的建筑面积应如何设定，不同户型的建设规模应如何配比，配套商业性设施应如何运用等，都必须在具体建设项目中依据科学和专业的管理知识决策。但是，公共决策机制中，却并不存在一个具体并直接享有公共利益的意识表达主体。政府或其他公共机构，实际上只是基于某种授权而受托管理公共利益的主体。利益所有者的缺位和虚化才是公共管理的根本困难所在。公共利益的利益主体通常是抽象而宽泛的公众，但是其利益内容却并不泛化和空洞，其中一部分利益甚至是非常具体而且规模可观的经济利益。这就造成了在公共管理的委托代理关系中，委托人与受托人之间的委托内容和委托权限存在较大的模糊空间。

政府以及公共机构的成员作为公共利益的第一层受托人，其自身利益，是不容忽视的一个公共治理问题。西方公共管理理论的研究已经指出，公共官僚体系是一套典型的具有获取性和扩张性，并以预算最大化为主要利益目标的组织。“他们将利用对信息的控制以及自己的能力掩盖提供公共服务所需要的实际费用，使预算远远高于必需水平。”① 在公共机构的治理中，否认政府部门及其组成人员的个体利益，是不科学也不客观的认识，将这些个体利益规范和约束在公共政策的目标之中，才是正确的解决途径。保障性住房建设管理的直接消费者（即被保障对象）以及为公共产品支付对价的纳税人群体，才是住房公共利益不可排斥的代表。将这些多元利益主体共同纳入保障性住房建设组织体系当中，才能够更有效地缓解委托代理关系中的利益失衡状况。

另外，科学设定公共管理目标的绩效评价机制，是解决委托代理关系的一个重要手段。与私人商业组织所不同的是，尽管都存在一定程度的委托代理问题，但是公共管理机构的政策目标，难以通过市场交易机制给予评价和衡量。市场机制之所以能够推动效率提升，是因为市场通过价格竞争来实现资源配置，能够以较低成本进行生产和供给的市场主体，就会获得更多的资源流入，而消费者扩大消费数量的行为，则会受到价格上涨的约束。公共产

① ［美］B·盖伊·彼得斯．官僚政治（第五版）［M］．聂露等译．北京：中国人民大学出版社，2006：14.

品的供给通过税收机制强制征收费用，其消费则由立法和行政部门进行分配。所以，公共产品的供需双方都不存在直接的竞争性支付关系，供给方和消费者都有隐藏其真实成本、支付意愿或者消费偏好的动机。价格机制难以在公共产品的供需中正常发挥作用，对公共管理绩效的衡量，也就难以透过市场交易机制予以正确评价，由公共产品供给所产生的社会效益，就更加难以在市场机制中获得准确估量。对保障性住房建设管理机构的绩效评价，不能完全依据其在市场交易过程中所产生的成本和产出进行评价，但是也不能任由公共管理机构自行评价。合理的方法是，将社会效益目标事先交由公共代议机构讨论和决策，以特定范围的公众意志作为参照，来设定保障性住房的建设规模和投入成本的总额。在实施总额控制的基础上，可以参照类似的市场价格，来衡量和评价保障性住房建设管理中的具体投入和产出。

### （二）保障性住房建设管理机构的治理结构

保障性住房建设管理机构往往需要作为市场主体参与到土地购置、资金筹措、工程管理、物业服务的市场交易关系当中。保障性住房管理机构以市场形态呈现的经济活动并不以营利和经济效益为主要内容，其存在的主要目的，是服务于法律直接或间接确立的政策性目标。但是，法定目标通常具有一定的多元性，并且在其实现程度的评价空间上相对模糊，这些因素实际上弱化了此类机构的目标激励和约束，增加了其管理的复杂性和难度。住房保障政策所追求的住房质量和保障规模与纳税人所希望支付的公共预算成本之间具有一定的矛盾，而负责建设管理的管理人员以及委托这一管理权的政治机构，自身也具有不可否认的个体利益。多种利益的汇聚、冲突与平衡就产生了组织治理中最为关键的一个问题，即立法应如何设定利益的优先序列并确保其得以实现。

具体到保障性住房建设管理中，住房建设的公共投入与供应规模应如何平衡，是需要在治理结构中解决的第一个问题。因为具体到特定公共服务和公共产品供给时，纳税人之间的利益并不均衡，不同利益诉求必须由相关的利益人代表，并且应当采取平等、公开和民主的形式对公共利益的具体内容进行选择。保障房的投入和产出，在本质上是不同利益群体之间对收入转移支付的过程。从公共治理和财政资金运用的法治化角度出发，保障性住房建设的规模、质量要求以及成本都应当纳入预算管理当中，负责具体建设管理的机构，应当作为本级财政预算的一个单位列入其中。包括直接或间接利用政府财政信用所展开的市场性融资在内，一切用于保障性住房建设的资金都应当列入财政预算管理的范围，由相应的权力机关审议和决定，并将其执行情况向权力机关报告。除了权力机关对保障性住房建设管理企业预算约束之外，还应当在住房保障立法和企业章程中就企业的治理结构进行规范。但是，从目前各地的实践中尚未看到类似的制度规范出现，保障性住房建设管理企业的设置具有很大的随意性。此类负有明确政策性任务的机构的设立、出资和授权内容既无明确的法规依据，其机构组成、人员聘任、业绩考核也不符合现代公共治理的要求。

一方面，保障性住房建设管理机构的组织设置，不仅应当符合一般组织治理的原理，还应当符合公共机构的特殊要求。在保障性住房建设管理机构的决策机关、执行机关、监督机关之间，应当形成较为合理的制衡关系，政府作为公共政策的制定者应享有其中重要的决策权，执行与监督管理机关的组成则应向社会和市场开放，而不应简单地将此类机构当作行政部门的附属机构加以管理。在过往高速公路建设的例子中，我们可以从政府与国有企业的行政式管理关系中观察到足够多的弊端和缺陷，这些已经暴露并长期存在的问题，不应当在保障性住房的建设管理中再次出现，甚至进一步扩大。另一方面，保障性住房建设管理机构也不同于一般的经营性国有企业，其政策性目标要求在组织治理中必须引入公共利益的代表，并且以一定的公共管理机制对组织行为加以约束。例如，应在立法以及组织章程中明确，来自选举产生的公共代表应在组织决策和监督机关当中占据一定的比例，并且在有关公共利益的决策中享有特殊的表决权。其中一个可行的方法是，从保障性住房所在地的常住人口（而非户籍人口）居民直接选举产生，或者由地方人民代表大会专门设立的聘任委员会从专业管理人士中依据公开透明的原则进行选任。当然，也可以是前述两种途径的代表兼而有之。概言之，建设管理机构的治理，是当前保障性住房建设管理中非常重要却被忽视的一项工作，其治理结构应同时符合法治和现代公共管理的双重需要。

## 三、纳税人的利益及保障性住房建设中的公共监督

公共监督是确保公共治理有效的基本要件，缺乏公众参与的管理体制，不可能是成功的公共管理体制。公共产品和公共服务的提供，需要从一般公众中筹集大量的政治、经济和社会资源，其服务对象也仍然是不特定的社会大众。在专业化和技术发展使公共管理事务日益脱离直接民主的控制的情况下，公众的参与和监督对于改善公共机构的治理尤为重要。“公民有限的政治参与与大规模的公共行政发展之间存在脱节的现象”①。因此，公众在作为纳税人为社会福利和公共服务提供资金来源的同时，参与到公共管理的监督当中也是十分必要的公共治理手段。纳税人必须作为重要的评价者和监督者参与到公共事务的管理当中，并通过制度安排，将这种评价和监督转化为公共管理机构以及其组成个体的行为约束力。有效的监督机制是公共管理机构治理的一个重要组成部分，通过必要的监督，能够提升公共管理机构的运行效率，并防止过度的公权滥用和公共资源浪费。对公共管理机构的监督可以从事前、事中和事后三个方面进行，但是其奉行的共同原则都是信息公开的及时、准确，以及利益相关者的充分参与。缺乏必要的信息公开机制，监督就无从谈起，但是如果没有利益相关者的积极参与，就不可能产生真正意义上的公共监督效果。

对保障性住房建设管理的事前监督，主要体现为住房保障的预算和规划监督。如前文所述，住房保障部门以及保障性住房建设管理机构应当被统一纳入财政预算监督体系当中。在资金管理上，用于保障性住房建设的财政资金和以财政信用作为担保而筹集的借贷资金，都应当纳入预算监督之中。并且，保障性住房投资和管理机构，还应当将其自身的经营支出与收入，以及由法定特权或政策优惠所形成的有形或无形资产，全部纳入预算监督的范围，接受预算审批机关的审议、监督和审计。在地方政府的预算监督尚不十分完善的情况下，权力机关和立法机关对预算案的审议则基本流于形式，提

---

① ［美］戴维·H·罗森布鲁姆，［美］罗伯特·S·克拉夫丘克．公共行政学：管理、政治和法律的途径（第五版）［M］．张成福等译．北京：中国人民大学出版社，2002：483.

交审议的预算内容过于粗略，缺乏足够的信息内容，甚至政府各部门的预算案详细程度还远远低于上市私人企业所披露的年度报告。尽管目前存在的预算监督问题有一定的历史原因和政治原因，但是这一现象已经明显滞后于现代化国家治理和社会发展的需要。保障性住房建设事关国计民生，其建设预算，完全可以作为地方政府公开预算并接受权力机关和立法机关监督的试点内容。在接受资金预算监督的同时，保障性住房建设管理机构，还应当就其建设规划接受权力机关和立法机关的监督，并将具有利益关系的公众，作为事前审议和监督的参与主体，纳入民主决策的机制之中。这其中，建设规划的报告内容、公众参与代表的产生方式以及公众意见的效力，是公共监督机制的关键，应当按照利益相关的原则披露规划信息和选取参与代表，并将建设规划的公众反馈意见交由立法机关审议决定。对于涉及专业技术领域的规划内容，还应当邀请独立第三方机构提供必要的咨询意见或接受公众代表和立法机关的质询。

保障性住房建设管理过程中的监督，主要涉及政府对保障性住房建设管理机构的干预问题。保障性住房建设管理机构由政府授权和投资，在运营过程中难免受到政府政策与政治决策的影响，一些必要的监督行为与出于政治利益的不当干预行为往往难以区分。在规范建设管理机构行为的同时，必须通过立法规范政府的干预行为，政府行政部门和保障性住房建设管理机构之间的关系，应当以立法和章程的形式予以明确。在具体的人事、资金以及日常决策方面，应当交由管理机构依法依规进行，政府部门的监督应主要体现在两个方面：一是按照立法和出资的要求，选派管理机构的高层管理人员；二是依据法律规定和政策目标的要求，对管理机构的预算计划和运营绩效进行评价和审计。除此之外，政府管理部门不应当过多干预保障性住房建设企业的具体经营行为，也不应当通过非正式的人事或组织关系对其施加影响。对保障性住房建设管理机构的事后监督，主要涉及责任追究机制。责任规则是法律约束力的重要体现，对保障性住房建设管理中的责任追究，主要应当是个人责任的追究，并可以分为政治问责和违法责任两个部分。对于宏观决策中的合理性判断风险，通常难以通过事先设定的程序和规则完全规避，一旦因决策者个人因素导致决策失误，则应当根据政治问责的方式追究其责任；但是对于违反法律规定程序或规则进行决策的，则应当追究其违法责任。此外，对于保障性住房建设中违反法律规定的个人，除了可以依据行政程序进行处分之外，还应当按照相应的刑事、行政或者民事诉讼程序由司法机关纳入司法监督的范围之中。就目前保障性住房建设规划中产生的问题而言，管理机构不仅应当在规划过程中主动公开相关信息，创造公众参与规划设计的规范渠道，而且还应当在违法行为的行政和司法监督过程中，以适当的方式提高信息透明和公众参与的程度，以增强管理行为的外部约束力。

## 第二节　社会组织在保障性住房建设管理中的作用

在现代国家治理理论中，社会组织的参与是社会福利和社会保障制度的重要组成部分，也是改善国家治理能力和公共服务体系的重要策略。社会组织的参与，能够在一定程度上改变政府垄断公共服务供给的情况，增强公共产品和服务的竞争程度，并通过竞争机制提高公共服务的供给效率。政府通过从私人部门或者社会组织中采购公共产品或服务能够转变政府在公共产品供给关系中的职能定位，在一定程度上消除政府在公共服务体系中不同角色之间的利益冲突。社会组织参与公共管理被视为所谓“新公共管理（the New Public Management）”运动的一项重要内容。因为公共服务的一个重要角色是“帮助公民表达以及满足他们共同的利益，而不是尝试控制或者掌握社会发展的方向”。[①] 近年来，中国政府也在公共产品和公共服务的供给中扩大社会组织参与的范围，其理论和实践过程中都产生了一些涉及法律规范的问题，对此，本书将结合社会组织参与保障性住房建设管理的具体领域进行分析。

### 一、保障性住房建设管理中的社会组织类型和作用

保障性住房建设管理是实现住房保障政策的具体过程，管理工具和政策

① Robert B. Denhardt, Janet Vinzant Denhardt. The New Public Service: Serving Rather than Steering [J]. Public Administration Review, Volume 60, 2000 (06): 553.

手段的运用，符合公共管理和公共服务的一般特征。换言之，保障性住房建设过程中，同样可以依据公共管理理论引入社会组织和私人部门的参与，并且他们可以在建设管理的各个环节发挥作用。由于社会组织类型多样，其专长的社会服务领域也具有多元化的特征，因此，社会组织能够在公共管理中提供更为多样和异质化的公共服务，对传统公共服务体系是一个较大的改进。并且，“在利益集团开始形成、利益主体和社会结构多元化已成为基本现实的情况下，不同的社会组织反映不同的具体利益要求，弥补政府在满足社会多元需求方面的不足”。[①] 社会组织由公民自发组成，以特定的非营利性事业为目标，具有自我管理和自我服务的特征。社会组织参与公共事务，符合社会建设中民主与自治的精神，对于政府公共权力的治理具有十分积极的意义。按照西方学者的分类，非营利性的社会组织可以分为筹款组织、会员服务组织、公益组织以及宗教组织四种类型。[②] 非营利社会组织在世界各国公共事务中的作用，已经得到了广泛的关注与研究，在发达国家的住房保障体系中，社会组织的参与已经广泛存在，例如住房协会、互助贷款机构、社区服务组织、无家可归者救助机构等。

与发达国家相比，中国社会组织的发展还很不成熟，在组织规范、制度保障、资金支持、人员配备以及服务领域等各方面，都还存在相当大的发展差距。中国的社会组织中还普遍存在政府主导的倾向，真正能够自主突出社会服务和社会公益功能的组织发展还远未成熟，在数量和资源上占据优势的社会组织仍以商会、行业协会等政府主导的会员服务组织为主。就目前的发展现状而言，中国的自主性和公益性社会组织不发达，对中国社会事业的发展极为不利，社会组织并不能发挥其应有的作用。有研究者认为，国家、市场和公民社会之间，存在三种不同的行为逻辑和利益导向，自主性社会组织越发达，政府权力滥用以及市场竞争的逐利性就越能够得到有效的约束。本书认为，在保障性住房建设领域，社会组织的积极参与同样能够发挥平衡政府、市场和社会三者关系的独特作用，有利于住房保障关系中各种利益之间

---

① 徐祖荣．社会组织与公共服务主体多元化——基于浙江的研究［J］．理论与改革，2009（01）：37.

② 莱斯特·M·萨拉蒙．公共服务中的伙伴——现代福利国家中政府与非营利组织的关系［M］．田凯译．北京：商务印书馆，2008：55－56.

的平衡与协调。

具体而言，社会组织可以从以下两个方面参与保障性住房建设。

其一，在资金筹集方面，社会组织能够弥补政府财政资金和商业性市场资金的不足。社会组织具有自我服务和互助的特性，发达国家中各种类型的住房协会和互助借贷机构，通过会员之间的自我管理和自我服务，解决了相当一部分中低收入群体的住房保障问题。例如，荷兰住房协会提供的住房几乎占到荷兰住房总量的三分之一。荷兰住房协会依据住房立法，从政府获得一定的金融和税收优惠，并利用市场渠道自主筹集建设资金和运营资金。住房协会自主管理与自负盈亏，在一定程度上达到了竞争约束的效果，保证了它能够以较高的效率实现为中低收入群体提供住房的公共政策目标。“荷兰住房协会的模式分离了政府，同时负担了住房建设和福利分配的压力”。[①] 此外，社会组织在一些公益性较强的领域，同样可以起到弥补政府住房建设资金不足的作用。通过社会组织向城市无家可归者提供住房救助的公益捐赠就是其中的一种。不同于政府提供最低限度社会救助的公共责任，公益和慈善事业的发展能够在社会不同利益群体之间架设更为直接和更富有协作精神的社会关系桥梁，对于改善社会治理结构、平衡社会利益、实现社会和谐具有更为积极的价值。

其二，在住房公共服务方面，社会组织能以更灵活和更有竞争效率的方式实现住房保障的公共政策目标。保障性住房建设过程中，政府可以采取自建和采购的模式，但是，政府作为建设单位，同时也具有公共利益代表和公共管理监督的责任，直接利益关系的缺失容易导致公共建设效率的低下。作为被保障对象的保障性住房购买者或者承租者，虽然对保障性住房建设具有直接的利益关系，但是却难以通过个体参与来发挥监督和管理作用。社会组织则不同于政府机构的单一性，能够通过多元化的组织体系适应不同的社会利益角色，同时也弥补了社会个体行动能力较弱的缺陷。因此，保障性住房建设过程中的公民参与形式，更主要的是社会组织在住房公共服务和公共管理中的参与，特别是在公共服务供给和公共服务监督方面，应当充分发挥不

---

① 胡毅，张京祥，吉迪恩·博尔特，皮特·胡梅尔. 荷兰住房协会——社会住房建设和管理的非政府模式［J］. 国际城市规划，2013（03）：40.

同社会组织的利益多元和组织自发的特性。

## 二、社会组织参与保障性住房建设的法律关系

在发达国家社会组织的发展历程中，政府、社会组织、企业以及公民个人之间的良性互动，是促进社会事业持续进步的重要基石。社会组织必须在社会关系网络中获取准确的定位，并且能够在不同的社会关系领域中予以有效平衡。社会组织是法律秩序形成的一股重要力量，也是法律秩序和社会关系结构的重要塑造者。但是，社会组织的形成、发展和演变也同样受到社会关系体系的制约和影响。在中国尚不发达的社会组织体系中，发挥其参与保障性住房建设的积极作用，还需要以一定的法治建设为基础。本书认为，其中的首要问题在于，理清不同利益主体之间的法律关系，给予社会组织在功能和法律地位上的准确定位。

其一，住房社会组织与政府住房保障管理机构之间应以合作性关系为主，管理与被管理关系为辅。政府依法对所有法律主体实施管理，社会组织作为法律主体的一种同样也应接受其管理。但是，政府与社会组织在具体领域中的法律关系应当有所区隔。社会组织接受政府管理主要应体现在一般性的主体资格和行为规范领域，而不是一切政府组织在任何情况下都是社会组织的管理者。在社会服务和公共产品的供给领域，政府住房保障管理机构与社会组织主要是合作或公共产品采购关系。不同的政府部门，应当按照各自的职责范围和管理目标确立与住房社会组织之间的法律关系，并遵循管理必要和资助透明的原则制定相应的法律规范。住房保障管理机构对于能够通过采购或者资助方式提供的住房公共服务，应当尽可能通过社会组织或者企业来完成，并将评价和主要的监督权交由住房保障中的直接利益主体，自身仅发挥制定规则、提供服务和引导的作用。并且，法律应当禁止和限制城镇住房管理行政部门设立或主导相关社会组织，以维护社会组织参与保障性住房建设管理的基本功能。

其二，住房社会组织与住房企业之间应当具有差异性和互补性。营利性是企业和社会组织的一个核心差别，在营利性上的混淆和模糊，将弱化社会组织的社会自治特性，对于公益性组织的基础构成毁灭性冲击。在中国现行

的法律法规体系中，对企业组织和社会组织的区分，也主要是以营利性作为主要标识，但是在立法中，却几乎未能对营利性的具体内涵给予清晰界定。《民法总则》中对法人组织的区分主要有营利法人和非营利法人，[①] 其中非营利法人包括事业单位、社会团体、基金会、社会服务机构等。事业单位法人和社会团体法人的界分，在市场经济条件下模糊不清。实践中，一些事业单位法人在从事非常明显的企业经营行为，而一些社会团体也在假借各种名目牟利，由此产生的社会矛盾和冲突非止一端。住房建设领域涉及的经济利益巨大，一些单位和个人，存在着强烈的动机利用法律赋予公益性社会组织的财政和税收优惠从事政策套利活动。因此，对参与保障性住房建设的社会组织，应当根据其营利性和公益性特征进行区分，防止营利性的企业动机在社会组织中滋生和蔓延。本书认为，立法应从两方面对此进行防范：一方面尽量将政府的财政资助和税收优惠直接导向最终的住房保障对象，并且创造条件使其能够在一定范围内自由选择提供公共服务的社会组织；另一方面，在立法上将住房社会组织的公益性明确限定为该组织的所有经济活动以及结存利润仅限于向组织成员或社会提供住房公共产品或服务。

其三，不同的住房社会组织之间，应以共同目标为基础建立协作关系。社会组织的类型多种多样，其所确立的组织目标也同样具有多元性。在保障性住房建设中，不同的社会组织具有不同的功能定位，能够发挥不同的作用。筹资型社会组织可以在保障性住房建设资金的筹集中发挥补充政府财政不足的作用；会员服务型社会组织可以在保障性住宅社区管理和公共服务中发挥自我管理作用，也可以在住房公共产品和服务的评价与公共监督中发挥代表和组织作用；公益型社会组织可以在住房公共产品的提供以及社区公益服务中发挥渠道多元化的作用。但是，不同的社会组织之间，在目标和运行机制上有可能存在冲突和矛盾。保持其具有的一定的组织独立性，才能够体现不同利益主体和不同利益诉求之间的差异，也只有在承认差异和承认利益主体独立的前提下，才有可能寻求妥协和协作。因此，在促进和改善中低收入群体居住条件的共同目标下，必须承认不同住房社会组织之间的差异性和组织独立性，并在此基础上寻求建立协作关系的方法和机制。

---

① 《中华人民共和国民法总则》第七十七条、第七十八条、第八十七条。

其四，应当确立公民个人在住房保障领域自主建立社会组织的权利。公民个人是住房权利的最终归属，住房保障政策的公共目标和公共利益最终需要具体到某个特定的社会个体。发挥社会组织在保障性住房建设中的作用，其最终利益归结点也仍然是具体而特定的社会个体权利。基于利益原则，社会组织的参与和权利是以保护个体权利为基础和依归的，同时也是保障和实现个体权利的重要手段。在社会建设和社会治理的过程中，个人权利的重要性日益突出，市场经济与政治国家的成熟，都需要个人权利获得法律制度的认可与保护。自主建立社会组织，是现代国家应当赋予和保护的一项基本公民权利，舍此则难以推动社会的进步，更加无法实现现代国家治理能力和社会建设状况的本质改善。本书认为，保护公民建立社会组织的权利，应当先从与经济利益和民生利益相关的领域开始，保障性住房建设就是深化此项制度改革的一个恰当领域。例如，在保障性住房的规划、分配、社区管理以及住房公共服务评价等方面，都需要发挥被保障对象的积极作用，允许他们自主设立相应的社会组织并参与其中，也就显得尤为重要。

## 三、社会组织参与保障性住房建设的法律规范

社会组织与政府机构一样，是由特定个体组成，个体利己性动机同样存在破坏和违背公共目标的可能。因此，社会组织参与保障性住房建设的有效性是以其自身行为符合法律规范为前提的。不过需要强调的是，对社会组织的法律规范，不能简单地理解为政府对社会组织的管制和约束。法律规范应当是建立在社会共同治理理念的基础之上，政府、社会组织、企业以及公民个人都只是社会治理的一个部分，任何主体都不应当存在治理中的超越性地位。简言之，符合在法律规则和法律秩序的形成过程中，各种不同的利益主体应当具有平等的法律地位，规则应当建立在利益一致和利益妥协的基础上，而不应当以强制力作为规则形成的基础。在既定规则的基础上，才存在依据规则而产生的权利与义务、权力与职责的关系。对社会组织的法律规范，是以民主和具有代表性的立法为基础，政府的管理行为自身也应当处于法律规范的范围之内。具体到保障性住房建设领域，对社会组织的法律规范就应当以立法机关的立法为基础，而不应以大量的行政规章，特别是住房保

障管理机构的规章和政策为依据。因为立法机关的民主性和代表广泛性是确保利益博弈和利益平衡能够实现的必要前提。

首先，立法应明确社会组织内部治理的基本规范，并将不同类型的住房社会组织纳入相应的治理范围之中。结合国内外已有的非政府组织管理模式，本书认为，住房保障领域的社会组织主要应根据其服务对象的不同进行分类规范。对于仅服务于社团成员的社会组织，法律应对会员基本权利进行重点规范。保障会员基本权利是社会组织规范管理的基础，其中会员民主管理的权利、监督知情的权利，以及获取服务的权利尤为关键。社会组织设立和存续的基础在于组织成员的自主参与和自主管理，会员能够民主、公平地选举管理机构和决定组织重要事项，是社会组织所不同于企业和行政机关的一个突出特点。在共同参与和民主管理的基础上，社会组织的成员才能够有效行使其监督和知情的权利，并根据民主管理的需要，在内部设置必要的监督和制衡机构，以最终实现组织目标所确立的会员服务利益。以城市住宅社区组织为例，行政主导色彩更强而居民参与管理程度更弱的居民委员会，常常难以发挥其应有的社区管理和组织作用，而依法享有参与权的业主自治机构，则更容易在维护居民住房权利的领域发挥积极作用。因此，对参与保障性住房建设的社会组织，立法应当重点规范其成员参与民主管理和监督知情的权利，在组织章程和内部治理规则上，都应当重点突出此类规范。

其次，对于以公益性服务为主的社会组织，其参与保障性住房建设的规范重点在于组织活动中的营利性行为。公益服务组织是推行社会政策的重要组织载体，也是各国立法给予财政资助或税收优惠的主要社会组织类型。在保障性住房建设中，土地、财政、金融和税收政策上的扶持，是公益组织发挥其社会服务功能的重要支柱。但是，公共资源的投入也产生了强烈的套利动机，一些单位和机构利用保障性住房扶持政策窃据公共资源的事例已经产生，其他领域的公益组织从事营利甚至纯商业市场经营活动的例子则屡见不鲜。为防微杜渐，住房保障立法应对公益组织参与保障性住房建设和管理的组织活动预先予以规范。中国现行立法虽然明确规定社会团体不得从事营利性活动，① 但是对于如何界定营利性活动却并无明确规范。从实际运行过程

① 《社会团体登记管理条例》第四条。

来看，公益组织的资金不仅限于社会捐赠和公共资助，在营运过程中收取服务费用也是其重要的收入来源。[①] 因此，公益组织的营利性行为不应当主要从收入来源方面进行，而应当以资金投向为规范的主要判定标准。本书认为，一条重要的规范，就是只允许公益组织将获取的收入用于与公益目的有关的支出。具体来说，可以从禁止或限制性行为以及支出优先序列两个方面予以规范。法律应禁止公益性组织的出资人、捐资人或者举办者从保障性住房建设活动中获取任何形式的资金收入；用于服务人员的支出，则应当参照组织规模和市场价格标准限定在总体业务支出的一定比例范围之内；并且立法要求公益性组织在参与保障性住房建设活动中获取的收入应优先用于住房保障建设以及组织目标所确定的公益事项。

最后，无论是会员服务型社会组织，还是公益服务型社会组织，立法都应当规范其在保障性住房建设活动中的信息公开责任。公共组织的管理透明和公开是其公益属性和公共属性的重要保障，同样也是社会组织规范管理的基础要件。虽然公民的参与意识、参与能力以及自治程度，是社会组织实现公共目标的重要决定因素，但是在缺乏充分和准确的信息来源时，公民个体和其他社会群体都难以对公共事务中的利益做出正确判断。一些研究者也认为，“信息交换的缺失使捐赠人无法了解、管理和监督公益法人，同时也使组织向捐赠人进行详细的信息反馈失去根本动力”。[②] 因此，有必要通过法律规范改善其信息披露机制，增强社会组织与利益相关者之间的信任与支持。对于社会组织的信息公开义务，立法中也早有实践。例如，英国的《慈善法》（Charities Act 1993）中就规定，公益慈善组织有义务向政府部门、地方管理当局、主管机构以及具有利益相关性的个人和机构披露其管理和财务信息。[③] 在保障性住房建设中，参与管理和服务的社会组织，也有必要在其公共事务的范围内进行必要的信息披露和公开。其中，对于接受政府财政、金融或者土地以及税收优惠的社会组织，应在其取得公共资助的范围内向政府

① 研究表明，美国作为非营利性组织规模最大的国家之一，慈善捐赠也并非其主要收入来源。美国非营利组织的主要收入来自服务收费，占到其收入的56.6%；非营利组织收入的第二大来源是公共部门，占其收入的30.5%。参见：莱斯特·M·萨拉蒙．全球公民社会——非营利部门视界［M］．贾西津等译．北京：社会科学文献出版社，2002：297－298.

② 王誉弼．公益性社会组织信息披露法律制度探析［J］．知识经济，2013（11）：11.

③ Charities Act 1993, Part III, Section 10.

以及公众进行信息披露；接受公众捐赠或其他社会资助的组织，应在接受捐赠或资助的范围内履行定期的信息披露义务；服务于内部成员的社会组织，应当向其所有成员履行信息披露义务。此外，无论何种形式和范围的社会组织，都应当向政府管理机构披露关于其自身以及管理人员在住房保障领域所享有的利益或持有的权益的相关信息。总之，在公共领域中的信息应以公开为原则，以保护当事人合法权益为例外进行公开。

## 第三节　保障性住房建设管理中利益平衡的实现机制

由于中国当前城镇化进程仍然处于较快发展阶段，大规模集中新建保障性住房构成了住房保障体系建设的主要形式。在缺乏市场机制约束的前提下，保障性住房建设管理中的利益平衡需要通过立法直接设定相关主体法律职责或责任，以保障权利主体能够切实行使相应的权利，并享有应有的利益。从过往20年的实践来看，经济适用房作为中国住房体制改革后推出的保障性住房，其建设管理在过去10年间饱受诟病。本书通过调研发现，早期建设的一些经济适用房由于审核时把关不严，使一些不符合条件的人获得了保障房，但这些人基本不是用于自住，而是用来出租。一些较早建设且交通便利、生活配套设施逐渐完善的保障房小区出租情况比较普遍。此外，还有一些经济适用房被作为单位福利，分配给收入相对较高的国有企业员工或者机关事业单位工作人员，甚至有些政府部门和国有企业假借经济适用房的名义建设高档住宅以用于内部分配。经济适用房和廉租房建设管理中出现了因公共资源浪费、住房福利分配不公而产生的逆向激励，以及管理过程中的寻租和腐败等诸多问题，都妨碍了住房保障政策目标的实现，也导致了城镇化过程中居民住房利益失衡。国外公共住房管理中也曾经产生过不同程度的管理失败以及利益失衡的情形，其历史经验表明，不断通过制度建设改善公共管理和治理水平，是实现社会保障政策目标和维护社会群体利益平衡的不二法门。保障性住房建设管理当中，应当充分吸取国内外公共住房管理中的经验和教训，改进其建设管理制度。具体而言，可从以下四个方面进行规范。

## 一、保障性住房分配的信息公开机制

保障性住房分配不同于市场交易配置资源，是典型的命令经济形式。公权力对于住房资源的配置结果，具有明显和直接的影响力；规范公权力的分配行为，对于确保保障性住房政策的有效性具有至关重要的影响。经济适用房的历史经验以及国外公共住房管理的实践都表明，增强公权力运行的透明性是防止权力寻租和腐败最为有效的手段。目前，中国各地方政府在推行廉租房和限价房政策的过程中已经较为普遍的采用了公示住房申请人和权利人资格的做法，对于确保保障性住房公平分配也发挥了一定的作用。但从实际运行情况来看，其信息公开的内容还不够规范，运行过程的透明度也不够充分，套取或骗取住房保障待遇的情形仍然时有发生。本书认为，从社会信用信息制度建设以及政府民主治理的角度来看，保障性住房分配过程中的透明度建设还应加强以下三个方面的制度建设。

其一，应当进一步推进和完善不动产统一登记信息系统建设。2019 年 3 月，国务院办公厅发布《关于压缩不动产登记办理时间的通知》，住房信息系统是有效提升社会管理和国家治理能力的基础平台。缺乏全面、准确和可靠的住房信息数据，就不可能准确地推行住房保障政策，没有细节和现代管理手段支撑的政策和立法，就很可能沦为纸面上的政策和立法。不动产统一登记信息系统，是认定住房保障对象、进行保障性住房分配的基础平台，也是科学制定住房保障规划的前提条件。目前，中央政府已经明确，由国务院国土资源管理部门负责指导和监督全国统一的不动产登记，各地方政府的相关职能部门，应当在中央统一指导和监督下，将不动产登记职责统一到一个部门。但是，从目前的实际执行情况来看，不动产登记信息的互联共享仍然存在一定障碍，登记信息的利用还未形成规范的制度体系。从住房保障以及更广泛的社会利益出发，决策者应当以更大的政治决心和更有力的法律措施加快相关工作的推进。在当前阶段，应当对各政府部门的信息录入标准进行进一步规范，其中应包括信息数据编制程序和信息编制内容两个方面的标准规范，以确保不同部门提供的信息在数据来源、统计口径、编列方法以及数据管理上符合真实、客观与科学的要求。此外，还应当建立起住房信息查询、使用和公布的制度规范，以防止对个人信息的滥用。

其二，应当强化个人财产实名制以及金融信息查询系统。保障性住房分配无疑是以中低收入群体为主，因而个人收入和财产状况就成为法律和政策执行过程中的必要信息。各国社会保障法律制度的成功，都以完善的个人财产和收入状况的信息管理为基础。信息技术的日益发达，给政府统计和掌握公民个人的收入与财产状况带来了极大便利，但也同时增加了利用各种手段伪造和隐瞒信息的可能。在目前已经运行的公共管理信息系统中，已经产生了各种形式的信息伪造和隐瞒事例，在个人财产和收入信息管理中，主要的问题是财产实名制与金融信息的管理和深化。在现代经济体系中，绝大多数经济活动都通过金融系统进行，金融交易信息中包含了个人的主要财产和收入信息。但是，出于规避税收以及其他法律法规的需要，相当一部分金融交易会通过掩盖其交易主体身份的形式来规避法律监管，推行实名制是深化个人财产和收入信息管理的一个主要对策。但是，完整意义上的实名制，并不只是要求金融交易主体须以实名开立交易账户，而是监管机构能够对账户利益的实际控制人进行有效识别和管控。这就要求个人和企业的交易账户体系是清晰和明确的，其交易路径能够有效追溯和查证。中国目前的金融交易信息系统中，金融机构出于商业利益和竞争关系的考虑彼此相互独立，交易账户和交易路径的可证性较差，不利于对个人收入和财产状况进行有效统计。本书建议，通过制定金融信息管理法规，在中央政府层面建立独立和严格管理的金融信息系统工作机构，在确保信息利用和管理安全的前提下，可以授权其获取各金融机构的交易基础信息，并对上述信息数据库进行分析和整合。包括保障性住房在内的社会保障基础信息，可以由上述管理机构统一提供，并通过立法改善不同账户之间的互通性，以适当减少个人和企业开立金融交易账户的数量。

其三，应当建立社会保障信息管理责任制度。社会保障信息可以运用在社会管理的多个方面，甚至在商业领域也具有重大的应用价值。无论是个人住房信息系统，还是个人财产和收入信息系统，都具有多种用途。从信息利用的利益动机来看，政府部门、商业机构、社会组织以及社会个体，都会根据自身利益的需要对信息加以利用。在信息管理和使用中，管理主体的责任分配不明将直接激发各种利益冲突的情形产生，因信息不当利用所产生的权利侵害也就难以避免。社会保障信息管理机构的内部组织结构、岗位责任、风险内控以及审核监督，都必须有明确的法律规范和要求，只有在此前提下，才能够保证基于社会保障信息所进行的保障性住房分配是客观和公正的。因此，在社会保障信息管理制度中，严格信息管理机构和管理岗位的责任，是保障性住房分配信息公开机制的重要构成内容，同时也是保障性住房分配管理体系必不可少的规范之一。

## 二、保障性住房分配中的惩戒机制

社会保障管理中容易产生的主要问题是对公共资源的非法占有，而不符合保障条件的申请人骗取保障待遇，以及管理机构利用职权非法侵占和分配社会福利，是其中的两种主要类型。目前各地方政府制定的住房保障法规和规章中，已经部分涉及了针对上述行为的惩戒措施，但从经济适用房分配过程中的既往经历来看，这些措施在规范严谨性和执行力度上还存在一些不足之处。在保障性住房分配管理中，进一步强化不诚信行为和非法行为的惩戒机制仍然是必不可少的制度规范之一。具体来说，应当突出惩戒机制中违法利益与违法成本的对称性，并且加大发现和查处违法行为的力度。

理性的经济行为，必定以一定的成本和收益比较作为行为的逻辑基础，如果违法成本较高而违法所能够获取的收益较小，违法行为就会减少甚至消失。相反，如果违法能够获取巨大收益，而违法所可能付出的成本却相对较小，那么违法行为就不会因为法律规则的禁止和政府的执法监督而减少。在一定程度上，行为人因违法行为所实际付出的成本以及违法行为被查处的概率，决定了违法行为会在多大范围内存在。例如，北京市《公共租赁住房管理办法》中规定，公共租赁住房所有权人或委托营运单位，如向不符合条件的对象出租公共租赁住房的，应责令限期改正，并处以三万元以下罚款。申请人隐瞒真实情况或者以虚假、欺骗手段承租公共租赁住房的，取消其申请资格或申请登记，已经承租的则责令其退回所承租房屋并按市场租赁差价补缴租金。同时，该《管理办法》还规定，对于申请中的不诚信行为或者违法获取保障待遇的行为应计入公共租赁住房管理档案，并在五年内丧失再次申请资格；对于非法行为还可处以一千元以下罚款，因转租、转借而获得违法收入的，还可以在三万元的范围内处以不超过违法所得三倍的罚款。除北京以外，深圳等城市的保障性住房分配和管理中也有类似规定。

上述地方政府的管理规定中，不诚信及违法行为所接受的惩戒实际上主要包括三个方面：一是退回违法所占有的住房保障待遇；二是在一定年限内限制其申请住房保障的资格；三是处以一定额度内的罚款。第一种方式实际上并不具有惩戒意义，因为其处罚内容，仅限于恢复违法行为所产生的公共资源侵占状态，是补偿和纠正性质的法律责任，而不具有惩罚性。第二种方式实际上也不具有真正的惩罚意义，因为在大多数情况下，违法者本身就不具备申请住房保障待遇的资格，其虚假和欺诈行为，正是为了隐瞒其不具有申请资格的事实，所以限制其申请资格在绝大多数情况下只是对事实状态的确认，而不是惩罚。只有当申请人的虚假和欺骗行为涉及住房保障待遇的多寡等内容时，资格限制才具有一定的惩戒意义。至于罚款形式虽然具有较强的惩戒意义，但是其额度的设定囿于立法权限和行政处罚权限的关系，基本上无法反映违法行为本身所能够获得的利益，因而也无法在经济逻辑上构成对违法行为的有效惩戒和制裁。由于保障性住房所具有的政策性和公益性要求，其购买或者承租的价格通常都低于商品性住房，二者之间的差价，也就成为违法行为人套取或骗取保障性住房待遇的主要利益动机。以罚款为主的惩戒形式，必须在经济成本上等于或大于违法所得才能够遏制违法行为的利益动机。具有惩戒意义的处罚金额不仅取决于违法所得的额度，还取决于违法行为被查处的概率，查处的概率应与罚款和违法所得额之间的倍数相当，查处概率越低则处罚的倍数应当越高，而查处的概率越高则处罚的倍数越低。考虑到当前执法力度较弱而查处概率普遍不高的事实，住房保障立法中应采用较高的处罚倍数，并且应结合刑事法律责任的内容进行综合考虑。

## 三、保障性住房物业服务的管理机制

住房的使用和管理是一个长期和动态的过程，住房保障权利的实现也依赖于保障性住房的持续管理与服务。其中，物业服务是维持住房状态、保障居住条件以及提升社区公共服务能力的重要形式。物业管理过程中，保障性住房建设单位、产权所有人、物业服务企业以及保障性住房的居住权利人之间具有多重法律关系，其权利义务的内容涉及住房保障、社区管理、物业服务以及租赁契约等公法和私法的多个层面，权利配置和利益分布应当相互协调，否则在实际居住过程中就难免滋生各种冲突与纠纷。在目前拟议中的住房保障立法以及已有的地方立法和地方规章中，保障性住房的物业管理问题尚未有系统和全面的规范。特别是公共租赁住房中，如何在与现有物业管理立法相衔接的同时制定适合住房保障政策目标的规范，仍是一个亟待明确的制度问题。

首先，应当明确公共租赁住房的承租人在物业管理关系中的法律地位，赋予其一定范围内的法定物业管理权利。在商品房的物业管理立法中，物业管理的主要当事人是由业主和物业服务企业构成，而业主按照产权关系产生业主大会和业主委员会等业主自治机构，是整个物业管理法律关系的核心所在。从 10 多年的物业管理法律实施情况来看，凡是业主自治机构运行较为顺畅的住宅小区，其物业管理纠纷也相对较小，业主的物业权利也能够得到较好的维护。反之，在业主缺乏相应的物业管理权利，或者其物业管理权利得不到保障的情况下，物业纠纷就较为频繁，业主的居住权利也在不同层面受到损害。但是，按照现有立法的规定，业主是指住房的所有权人。① 在商品性住宅小区中，承租人可以和出租人通过合同约定，来设定物业管理中的权利和义务关系，承租人的契约地位，在租赁市场的竞争机制下可以得到一定程度的维护。以法定租赁形式为主的公共租赁住宅小区中，住房所有权人与承租人之间的权利义务关系并不存在一般民事合同中意思自治和市场竞争的前提。甚至在相当一部分保障性住房中，物业服务企业就是住房建设单位自身或者是由其出资设立，承租人几乎缺乏任何形式的权利参与物业服务管理。权利的匮乏很容易造成保障性住房的物业服务不足、社区居住环境恶化等问题。在国外公共租赁住房管理中，也曾经因为公共经费不足或者管理不善而产生公共住房长年缺乏修缮和维护、物业服务普遍低下的情况。为了避免类似情形的出现，本书建议在住房保障立法中直接明确被保障对象所享有的物业管理权利，以及物业所有人和物业服务企业所承担的主要物业服务义务。

---

① 《中华人民共和国物业管理条例》第六条。

其次，应对保障性住房物业管理的法律适用问题进行梳理。公寓形式的城市住房建设形态是产生建筑物区分所有权以及住宅小区管理问题的主要原因，因此，城市住宅小区通常是以产权为纽带组成业主自治管理机构。保障性住房在城市住宅小区中的产权通常由城镇住房保障单位持有，还存在与商品住宅小区混合的形式，如果完全按照商品性住宅小区的物业管理法规进行管理，势必不利于突出住房保障的政策目标。目前，一些地方政府已经制定了针对保障性住房的物业管理规范，① 但是不同位阶的物业管理立法之间，能否构成完整的法规体系还有待进一步分析。例如，有限产权的保障性住房权利人应如何认定其业主身份，公共租赁住房的承租人所享有的物业服务权利应如何体现，保障性住房业主与商品房业主之间的权利义务应如何配置，以及现有的住房公共维修基金、物业管理收费、住宅小区共有设施的运营等内容，都应当在梳理物业管理法规体系的基础上予以解决。

最后，应充分发挥保障性住房社区管理机构在物业管理中的作用。住房保障工作的基础是公民的基本住房权利，住房权利不仅需要依赖于住房的物质载体，还需要满足一定的社区居住环境条件。社区是城市居民生活和生存的环境空间，社区管理机构在社区纠纷化解和居民生活服务方面能够发挥更为直接和便捷的优势。特别是在保障性住房社区中，居民之间往往缺乏稳定的产权组织纽带，又具有更强的流动性，社区管理机构能够在物业管理中比住房所有人具有更为中立和客观的利益立场，其管理行为更加易于被居民所接受。此外，社区管理机构还可以在保障性住房物业管理的纠纷解决机制中发挥其特有的城市管理基层组织优势。物业管理纠纷所涉及的利益冲突较为琐碎，但是却与日常生活具有不可分割的关系，如不及时处理就有累积矛盾、激化冲突的可能。此类冲突之所以得不到及时解决的主要原因在于，冲突双方缺乏共同认可的规则以及负责裁定争端的中立机构。在保障性住房管理中，建设单位和物业服务企业与住户之间的利益冲突，并不适合由建设单位或者住房所有人来解决，在利益上更具中立性的社区管理组织是更容易被

① 例如，《北京市公共租赁住房后期管理暂行办法》第二十九条规定："公共租赁住房产权单位应负责公共租赁住房及其配套设施设备的维修养护，确保房屋正常使用。公共租赁住房可形成独立物业管理区域的，暂不交存住宅专项维修资金。配建的公共租赁住房应按本市相关管理规定交存住宅专项维修资金。"

争议各方认可的调解和裁定机构，特别是立法确定了较为明确的物业管理纠纷处理程序和权利义务关系的前提下更加如此。

## 四、保障性住房建筑质量责任追究机制

住房是长期耐用消费品，其潜在的质量问题需要经过一段时间才会暴露和出现，如果不能建立起有效的质量控制机制，就有可能给保障性住房建设工作造成极大的利益损害。鉴于过去 20 年商品性住宅建设过程中已经暴露出来的大量质量问题，保障性住房在缺乏利益主体直接监督的前提下如何确保建设质量，应当作为构建住房保障制度的重要内容。与商品性住房不同的是，保障性住房的产权人与住房使用人在一定程度上出现了分离，有关建筑和住房质量的法律法规适用过程中会产生实际利益主体与法定权利主体不一致的情形。公共住房产权所有人与公共住房实际使用人之间的利益协调，将是保障性住房建设质量监督管理制度设计中的主要线索。

目前各地制定的保障性住房质量监管法规和规章中，都要求建设单位以及勘察、设计、施工和监理单位及其相关负责人对使用期限内的保障性住房质量承担终身责任。《城镇住房保障条例》的征求意见稿中还专门规定，在保障性住房项目竣工验收之后，应由建设单位设立永久性标识，以记载承担相应质量责任的单位和个人的名称或姓名。[①] 但是，从商品性住房建设质量监管的既往经验中可以发现，明确相应的质量责任人并要求其在使用期限内承担质量责任，并不足以彻底改善住房质量状况不佳的现象。住房质量信息的不对称以及质量责任主体的责任能力控制问题，都不会因为上述措施而有所改观。加之住房质量问题的暴露需要相对较长的时间，在此期间内责任主体能否延续尚难以预期。住房建设短期内的大量投入和质量维护的长期责任之间，产生了明显的利益失衡，各种质量监管上的弊端由此而生，保障性住房中真实权利主体的缺失，更加剧了这一不对称的利益结构，因此，住房保障立法需要对此进行调整和规范。

首先，住房质量责任的认定应由利益上独立于住房管理部门以及保障性

① 《城镇住房保障条例（征求意见稿）》第十四条。

住房建设管理机构的第三方完成。中国目前的专业评估和检测领域存在着大量利益相关者认定的问题，例如，医疗事故责任认定由医疗机构的主管单位负责，而产品质量检测和认定机构则由行业协会负责等。诸如此类缺乏利益中立性和独立性的责任认定或检验检测机构，不仅无法解决住宅质量的科学认定问题，反而会因为其利益关系的偏向性而引发公共管理的信任危机。在住房质量检验和检测过程中，引入市场竞争机制和公共舆论监督机制是维护检验检测机构利益独立性的关键性措施。目前，中国对质量检验检测机构的市场准入，普遍采用行政审批方式，审批和许可条件通常又缺乏必要的透明性，授权还往往采取按照行政区划设定营业范围的方式限制其彼此之间的竞争。本书认为，竞争压力的缺失，是检验和检测机构缺乏公正性和公信力的主要原因。法律不应当将有关资质的管理性规范肆意转换为市场资格的禁止性规范，对质量检验检测机构应按照确定和可预见的标准进行资质审核，并对资质管理实行透明和动态的管理。通过开放检验和检测市场引入竞争机制和舆论监督机制，以促进质量检验检测的公正性和独立性。

其次，对于保障性住房的监理以及质量检验和检测机构，应推行责任保险制度。一旦因监理和质量检验和检测而产生第三方的民事赔偿责任，这些机构及相关个人的赔偿能力最终决定了住房权利人的权利能否真正获得保障。责任保险制度的建立，不仅是对被保险人的赔偿保障，同时也是利用投保机制对责任人的一种约束。在责任保险费率具有市场竞争调节的情况下，保险机构有足够的利益动机调查和分辨投保人的执业能力和赔付风险，并利用保费的调节机制来约束投保人的执业行为。通过责任保险机制，可以对住房建设中的质量中介机构和个人施加必要的行为约束，同时通过保险机制分担赔偿风险。但是，责任保险机制有必要限定在一定的范围之内，对商品性住宅可以由住房建设单位及相关质量责任机构和个人自由选择是否购买责任保险。对于保障性住房，则应当强制建设过程中的各机构在各自的责任范围内购买责任保险，因为保障性住房具有公共属性，其责任追究需要经过更多的法律调查程序，被保障对象的住房权利也具有更多的公共属性。保障性住房的勘察、设计、施工和监理单位，以及为住房质量问题出具检验和检测报告的机构与个人，都应当自行购买责任保险，以对住房质量所造成的实际居住人权利损害进行先行赔付，其赔付范围应相当于被保障对象依法可以享有的权利范围以及由此造成的损害。

最后，对于保障性住房建筑质量的追究机制，应以责任人的赔付能力为基础进行设计，在住房使用期限周期中的市场主体变动、机构和个人的责任期限等因素，均应作为责任追究机制的影响因素进行考量。目前，中国的住房建设当中，包括建设单位、施工单位在内的市场主体，往往都是以项目公司形式设立，在项目结束之后其主体地位即被注销。即便法律规定由其设立机构或权利承继机构承担住房质量责任，但是在长达数十年的变化中，其责任主体、责任能力的变化难以预料。特别是在市场经济发展初期，企业和个人的信用制度还极不发达，大量市场主体在市场竞争中无法长期存续，这就造成法律所规定的住房质量责任主体实际上可能被虚置。甚至一些负有责任的个人也会在较长的质量责任周期中因为死亡或者迁居等原因而无法实际承担其住房质量责任。因此，保障性住房建设管理中，不能仅以名义上的终身责任机制来约束责任主体的行为，还必须借助于一定的质量风险平衡机制来确保住房的长期质量安全。例如，通过归集不同保障性住房建设项目的质量保障金和住房维修基金，以形成一定范围内的质量担保和住房维修风险分担机制，并通过不同项目之间的风险分担来补充责任追究机制的内容。

# 结　　论

在城镇化的过程中，经济和社会的发展不可避免地带来了个体收入分配和经济状况的分化，由此产生的社会利益冲突与矛盾迫切需要通过制度建设和社会建设予以平衡与化解。住房作为社会生活的基本必需品之一，是一个以经济为主同时又涉及范围广泛的利益问题。住房所承载和集聚的社会利益关系，突出反映了城镇化进程中社会秩序建构的问题，同时也对社会发展的可持续性提出了挑战。住房是城市社会中利益汇聚的场所，也是实现利益分配的工具。利益的冲突、竞争与妥协直接影响了住房制度的形成和发展，住房制度的变迁也同样深刻地影响了社会个体之间的利益格局。从利益冲突的逻辑出发分析住房保障中存在的问题及其出路，正是迈向社会秩序和社会发展良性状态所必备的前提。

中国当前的保障性住房建设主要涉及三个方面的利益关系：一是土地制度与住房需求市场之间的关系。土地市场的有效性决定了市场所能够满足的住房需求范围，从而也从根本上决定了需要通过保障性住房来满足的需求范围。二是财税体制与公共福利及社会保障的关系。财税体制是社会保障体系的直接支柱。三是公共管理体系与公民权益保障的关系。部分社会群体受到社会排斥是经济结构失衡的重要原因，而社会排斥不是源于市场竞争地位的分化，而是来自权利体系的排斥，包括消极权利和积极权利的排斥。部分社会群体无法参与到公共事务的决策和管理当中，因而也很难表达和分享宏观经济发展的成果，其住房权利得不到保障也就产生了所谓的住房困难问题。

因此，住房保障的本质是保障公民享有公平的住房权利，而权利保障是社会利益彼此妥协与共融的结果，同时也是社会利益共识的法律表达。在市场经济为基础的社会体系中，城镇化进程中的住房困难问题从表象上来看很容易被理解为市场竞争的结果。但是，市场竞争能否建立在公平合理的规则之上才是评价竞争结果是否公平的基本前提。只有确保权利平等，特定利益分配模式才具备道德正义性的基础，也才符合市场经济交易机制的内在要求。保障住房权利的首要目标应该是保障全体社会成员在住房市场中享有公平竞争的权利，而不仅是为某些特定社会群体提供实物的住房福利。而且，以市场机制为基础的权利保障体系并不应该排斥政府的作用，而是应将政府责任作为保障市场主体权利的一项必要工具。

当前解决住房保障问题的重要内容就是开展保障性住房建设。有效的保障性住房建设不仅需要在社会保障制度的建构中凝聚社会利益共识，还需要从土地制度、金融制度和建设管理制度上解决权利公平配置和利益平衡的问题。

从土地制度方面来看，土地是住房保障的物质基础，城镇化进程中土地市场的失灵是住房保障问题产生的重要原因。城乡二元结构下的城镇化模式不可能从整体上解决市场供给和社会保障之间的协同问题。这就需要调整城乡土地制度以平衡土地利益的分配格局，为住房保障创造最基本的制度环境。对现行立法的规范分析表明，不同土地使用权的权能构造明显存在城乡二元结构，土地用途管制的法律规范造成了土地使用权市场的人为分割。不同土地使用权的权能构造差异并非源自市场需要，而主要来自土地权属者的身份差异。而且，土地利益的分配缺乏市场交易规范的支撑，土地征收征用制度成为不同土地使用权类型转换的主要手段。土地产权制度的规范分析还表明，土地利益不仅受制于土地物权相关的私法规范，更取决于有关土地管理的公法规范。土地管理的公法规范是土地私权实现的制度基础，但是又在客观上决定了土地私权的自由空间，并在相当大程度上决定了土地利益的基本格局。公权在缺乏监督和有效制衡的情况下极易侵蚀私法性质的民事权利。因此，宪法实施土地公有制所追求的权利平等无法通过土地所有权的主体构造得到实现，名义上的全民或集体所有并不能保证全体公民获得平等的土地权益，甚至也并不具有促进土地权利平等分配的必然优势。

土地权利的配置，主要在土地供应以及土地利用两个层面对住房保障构成重要影响：一方面，合理的土地权利配置能够有效地满足城市化进程的土地需求，为住房建设提供最重要的物质保障；另一方面，城市化进程中土地资产的增值势必刺激土地的投资性需求，不恰当的地权配置会导致此类需求畸形膨胀，并加剧住房保障的压力。因此，政府对土地利益的调节必须建立在市场规律的基础之上，其任何具体的调控措施或制度规范，都不应当忽视市场主体的利益动机。在市场机制的基础上，还必须通过公正、民主和透明的公共财政体系来发挥调节土地利益的作用。就中国当前的住房保障和住房市场调控情况而言，加强土地的公共财税体系治理是调节不同住房需求、平衡土地利益分配的首要任务，保护私权和治理公权将是两条并行不悖且彼此呼应的改革道路。

保障性住房的土地供应不仅应当在数量上有所保证，也同样应当在质量上有所规范。影响住房质量的主要是区位选择和产权形态，区位决定了住房的交通可达性以及基础设施的便利性，而土地产权形态则影响了人们对住房进行管理的经济成本。从城市社会群体之间的利益平衡角度出发，首先，需要在保障性住房规划制度中确立多元化决策参与机制以及多中心的城市规划原则。其次，在保障性住房规划选址等公共决策过程中，被保障对象的决策参与权利应当得到充分的保障。同时，被保障对象的公共管理参与权应当与住房保障契约之间建立起完整的权利连接机制，以住房利益为纽带将保障性住房的相关主体纳入一个契约组合当中，形成公法关系与私法关系的有机连接，从而促进住房保障目标的落实。最后，从积极住房权利保障的角度来看，还必须解决保障性住房的社区融合问题。保障性住房建设是采用集中或分散建设的模式，都不能完全解决其中存在的利益分化和社会排斥问题，只有将土地和住房政策与就业、教育等其他社会政策结合在一起，才有可能创造性地构建起符合社会发展规律的保障性住房建设制度。

从住房金融制度方面来看，中国目前的政策性住房金融主要由住房公积金和保障性住房融资两部分组成，其体系缺乏完整性和必要的法律规范性，相当一部分制度和措施还处于非制度化的政策层面。在具体执行过程中，无论住房公积金体系，还是保障性住房信贷，都未能有效地促进住房金融领域的社会利益平衡，甚至住房公积金体系还产生了中低收入群体补贴较高收入群体的逆向福利效应。其中，金融抑制是住房困难产生的一个重要制度原因，要从根本上推动保障性住房建设，就需要深化金融体系改革，缓解资本在住房市场中的堆积，降低住房购买成本。同时通过金融深化促进产业结构调整，优化居民收入分配和城市产业结构的分布，以平衡城镇住房供需结构。只有不断深化金融体系的制度改革，才有可能从市场基础和政策措施两个方面，共同创造出具有可持续性的保障性住房融资机制。

保障性住房融资法律制度的核心问题在于，法律必须为市场主体参与保障性住房建设提供清晰的权利界定，并以权利保障来实现社会利益与经济利益的有效平衡。其中，政府财政责任的承担，是实现长期社会利益与住房金融市场利益有效融合的一个基本前提，相应的财税制度以及国有土地出让收益分配制度改革必不可少。在适当发挥政府财政分配功能的基础上，还必须建立起能够有效利用市场机制的政策性住房金融体系，扩大并改进住房公积金体系的政策性住房金融功能，吸纳和融合商业性住房金融工具的筹资能力，为保障性住房建设提供高效、持续、风险可控的资金来源。具体而言，以利益平衡为原则，可以从五个方面构建中国的保障性住房融资制度。其一，准确定位政府财政在保障性住房建设中的职责范围，并以适当和谨慎的政策性住房金融手段来最大限度地发挥财政资源的作用。其二，建立高效、透明，并能够体现地方政府财税激励机制的保障性住房公共资金供给机制。其三，通过设立土地发展基金的形式，对现有的国有土地出让收入的收支制度进行改革，并且将保障性住房建设作为社会保障和公共服务支出的一部分，纳入土地发展基金的框架当中。其四，将住房公积金用于保障性住房建设，必须以理顺公积金制度的利益关系为前提，住房公积金的公益性必须得到体现。其五，政策性住房金融的各种市场化融资法律制度设计中，需要清晰界定各参与主体的权利和责任范围，并以利益和风险相匹配的融资结构来规范相关的政策性金融行为。

从建设管理制度方面来看，保障性住房的建设管理是以满足被保障对象住房需求为目标的公共产品供给过程。不同于执法性的公共管理事务，管理主体与被保障对象之间并非单纯的命令与服从关系，同时，这种关系也不同于市场体系之下私人企业与购买者之间的交易关系，二者的权力、权利和义务通常以有法律规范和公共政策为基础。保障性住房建设管理的过程实际上还涉及公共资源的投入，被保障对象与社会群体之间的关系也就进而体现为保障性住房管理机构与纳税人之间税收利益关系。被保障对象、住房保障机构以及纳税人之间的主体关系需要从保障性住房建设管理机构的公共治理以及公共监督两个层面予以规范，才能有效平衡各相关主体的利益关系，进而促成住房保障公共政策目标的实现。

其一，被保障对象以及为公共产品支付对价的纳税人群体是住房公共利益不可排斥的代表。将这些多元利益主体共同纳入保障性住房建设组织体系当中，才能够更有效地缓解委托代理关系中的利益失衡状况。为此，需要赋予被保障对象与纳税人参与保障性住房公共管理的监督权，并按照科学的公共管理机制改进保障性住房建设管理机构的治理水平。其二，社会组织的参与能够在一定程度上改变政府垄断公共服务供给的情况，增强公共产品和服务中的竞争程度，并通过竞争机制提高公共服务的供给效率。具体而言，法律应在规范社会组织运行的基础上，确保公民组建社会组织以维护其住房利益的权利，并通过社会组织的有效参与，提升政府保障性住房服务的能力。其三，在缺乏市场机制约束的前提下，保障性住房建设管理中的利益平衡，需要通过立法直接设定相关主体法律职责或责任，以保障权利主体能够切实行使相应的权利，并享有应有的利益。保障性住房建设管理当中，应当充分吸取国内外公共住房管理中的经验和教训，改进其建设管理制度。包括保障性住房分配中的信息公开机制、保障性住房分配中的惩戒机制、保障性住房物业服务的管理机制，以及保障性住房建筑质量责任追究机制。

综上所述，住房保障的利益关系，直观上是政府和被保障对象之间的关系。但是，政府责任以财税收入为基础，纳税人以及政府管理者自身的利益都涉足其中，住房保障本质上则是社会群体与社会群体之间的收入分配和利益分配关系。公民权利之间以及公民权利与公共权力之间的住房利益平衡规则不能建立，向公民提供住房保障也就不可能成为受到规则约束的刚性职责，而只能是随社会经济压力摆动的弹性政策。可以从两个层面来考察保障性住房建设中的利益关系。在执行层面上，保障性住房建设必然面临三个基本问题：一是土地从何而来；二是资金由谁提供；三是保障性住房建设如何管理。在制度层面上，保障性住房制度体系是由一系列的权利配置所构成。无论住房保障政策的具体内容如何，具体制度如何，只要不能将各种利益主体纳入共同决策和共同参与的城市发展框架中来，其各自的利益诉求就难以通过住房保障政策寻求到恰当的平衡点，从而也就无法发展和扩大彼此的共容利益。无论土地制度、金融制度还是建设管理制度，被保障对象在公共管理中的权利与住房保障的经济权利都同等重要。权利体系的残缺必然造成具体权利实现的空洞和弱化，住房保障权利的实现，既需要在土地和财税制度的源头，给予公民个体在住房市场上平等竞争的权利和能力，同时也需要在保障性住房建设的具体制度构建中，赋予公民个体参与公共管理的权利，以帮助他们利用公共资源实现其应有的经济和社会权利。

# 参考文献

## 一、著作

[1] [英] A·C. 庇古. 福利经济学（上卷）[M]. 朱泱等译. 北京：商务印书馆，2006.

[2] [美] 阿列克斯·施瓦兹. 美国住房政策 [M]. 黄瑛译，北京：中信出版社，2008.

[3] [印度] 阿玛蒂亚·森. 伦理学与经济学 [M]. 王宇，王文玉译. 北京：商务印书馆，2000.

[4] [印度] 阿玛蒂亚·森. 贫困与饥荒——论权利与剥夺 [M]. 王宇，王文玉译. 北京：商务印书馆，2001.

[5] [美] 爱德华·肖. 经济发展中的金融深化 [M]. 邵伏军译. 上海：三联书店上海分店，1988.

[6] [英] 贝弗里奇. 贝弗里奇报告——社会保险和相关服务 [M]. 劳动和社会保障部社会保险研究所译. 北京：中国劳动社会保障出版社，2004.

[7] [美] 本杰明·卡多佐. 司法过程的性质 [M]. 苏力译. 北京：商务印书馆，2000.

[8] 蔡荣生，吴崇宇. 我国城镇住房保障政策研究 [M]. 北京：九州出版社，2012.

[9] [美] 戴维·H. 罗森布鲁姆，[美] 罗伯特·S·克拉夫丘克. 公共行政学：管理、政治和法律的途径（第五版）[M]. 张成福等译. 北京：中国人民大学出版社，2002.

[10] [美] 丹尼斯·迪帕斯奎尔，威廉·C. 惠顿. 城市经济学与房地产市场 [M]. 龙奋杰译. 北京：经济科学出版社，2002.

[11] [德] E·博登海默．法理学：法律哲学与法律方法 [M]．邓正来译．北京：中国政法大学出版社，1998.

[12] 国家行政学院进修部．住房保障与房地产市场调控．北京：国家行政学院出版社，2011.

[13] [美] 加里·贝克尔．人类行为的经济分析 [M]．王业宇等译．上海：上海三联书店/上海人民出版社，2008.

[14] 江平．民法学 [M]．北京：中国政法大学出版社，2007.

[15] [澳] 杰佛瑞·布伦南，[美] 詹姆斯·布坎南．宪政经济学 [M]．冯克利等译．北京：中国社会科学出版社，2004.

[16] 金俭．中国住房保障——制度与法律框架 [M]．北京：中国建筑工业出版社，2012.

[17] 莱斯特·M. 萨拉蒙．公共服务中的伙伴——现代福利国家中政府与非营利组织的关系 [M]．田凯译．北京：商务印书馆，2008.

[18] 李琮．西欧社会保障制度 [M]．北京：中国社会科学出版社，1989.

[19] 李晓红．中国政策性住房金融研究 [M]．北京：中国金融出版社，2012.

[20] 林毅夫，庄巨忠，汤敏，林暾．以共享式增长促进社会和谐 [M]．北京：中国计划出版社，2008.

[21] [德] 鲁道夫·冯·耶林．为权利而斗争 [M]．胡宝梅译．北京：中国法制出版社，2004.

[22] [美] 罗纳德·T. 麦金农．经济发展中的货币与资本 [M]．卢骢译，上海：上海三联书店/上海人民出版社，1997.

[23] [美] 罗·庞德．通过法律的社会控制 [M]．沈宗灵，董世忠译．北京：商务印书馆，1984.

[24] [美] 罗斯科·庞德．法理学 [M]．邓正来译．北京：中国政法大学出版社，2004.

[25] 罗应光，向春玲．住有所居：中国保障性住房建设的理论与实践 [M]．北京：中共中央党校出版社，2011.

[26] [加拿大] M·歌德伯戈，P. 钦洛依．城市土地经济学 [M]．国

家土地管理局科教宣传司译．北京：中国人民大学出版社，1990.

[27] [美] 曼瑟·奥尔森．集体行动的逻辑 [M]．陈郁等译．上海：格致出版社，2011.

[28] [美] 米尔顿·弗里德曼．资本主义与自由 [M]．张瑞玉译．北京：商务印书馆，1982.

[29] [新西兰] 穆雷·霍恩．公共管理的政治经济学 [M]．汤大华等译．北京：中国青年出版社，2004.

[30] 倪鹏飞．中国住房发展报告（2017－2018）[M]．广州：广东经济出版社，2018.

[31] 裘知．中日大城市低收入保障房体系对比研究 [M]．杭州：浙江大学出版社，2014.

[32] 王利明．物权法研究（修订版·下卷）[M]．北京：中国人民大学出版社，2007.

[33] [美] 约翰·罗尔斯．正义论 [M]．何怀宏，何包刚，廖申白译．北京：中国社会科学出版社，1988.

[34] [美] 詹姆斯·M. 布坎南，戈登·塔洛克．同意的计算——立宪民主的逻辑基础 [M]．陈光金译．北京：中国社会科学出版社，2000.

[35] [美] 詹姆斯·M. 布坎南，里查德·A. 马斯格雷夫．公共财政与公共选择——两种截然对立的国家观 [M]．类承曜译．中国财政经济出版社，2000.

[36] 张桥云．完善我国住房金融制度研究：基于美国的经验与教训 [M]．成都：西南财经大学出版社，2013.

[37] 张勇．中国保障房融资模式研究 [M]．北京：经济科学出版社，2014.

[38] 郑春荣．英国社会保障制度 [M]．上海：上海人民出版社，2012.

[39] 中国发展研究基金会．中国城镇化进程中的住房保障问题研究 [M]．北京：中国发展出版社，2013.

[40] 周枏．罗马法原论（上册）[M]．北京：商务印书馆，2001.

[41] 住房城乡建设部住房公积金监管司，西南财经大学中国家庭金融

调查与研究中心．政策性住房金融制度比较研究［M］．北京：中国建筑工业出版社，2018.

［42］J. David Hulchanski. Housing Policy for Tomorrow's Cities［M］. Ottawa：Canadian Policy Research Networks Inc，2002.

［43］Scott Leckie. Legal Resources for Housing Rights［M］. Geneva：Centre on Housing Rights & Evictions，2000.

［44］Scott Leckie. The Justiciability of Housing Rights［M］//Coomans and van Hoof（Eds.），The Right to Complain about Economic，Social and Cultural Rights，SIM，Utrecht，1995.

［45］the United Nations Development Programme. Human Development Report 1996［M］. New York：Oxford University Press，1996.

**二、期刊**

［46］［印度］阿玛蒂亚·森．论社会排斥［J］．王燕燕译．经济社会体制比较，2005（03）：1-7.

［47］安佳．居者有其屋计划与次贷及金融危机［J］．社会科学论坛（学术评论卷），2009（02）：34-43.

［48］白钦先．国内外政策性金融理论与实践若干问题的思考［J］．广东金融学院学报，2005（01）：3-10.

［49］白钦先，王伟．政策性金融监督机制与结构的国际比较［J］．国际金融研究，2005（05）：35-39.

［50］［德］比约恩·埃格纳．德国住房政策：延续与转变［J］．左婷译．德国研究，2011（03）：14-23.

［51］陈柏峰．土地发展权的理论基础与制度前景［J］．法学研究，2012（04）：99-114.

［52］陈成文，黄利平．论住房保障与实现新时代"弱有所扶"［J］．城市发展研究，2019（03）：1-5.

［53］陈淮．发展住房保障制度是缓解住房矛盾的关键［J］．经济与管理研究，2006（06）：9-12.

［54］丁开杰．西方社会排斥理论：四个基本问题［J］．国外理论动态，2009（10）：36-41.

[55] 郭洁，赵宁．论保障房用地法律制度的创新［J］．法学杂志，2014（01）：73－79.

[56] 郝山涛，王雨晴．城市保障性租赁房制度法律问题探析［J］．天津法学，2018（04）：50－55.

[57] 胡川宁．德国社会住房法律制度研究［J］．社会科学研究，2013（03）：89－94.

[58] 胡川宁．基于法治国家视野下的我国住房保障法律制度改革之思考［J］．西南金融，2015（04）：42－45.

[59] 胡毅，张京祥，吉迪恩·博尔特，皮特·胡梅尔．荷兰住房协会——社会住房建设和管理的非政府模式［J］．国际城市规划，2013（03）：36－42.

[60] ［新加坡］黄大志，亚得列·雅蒲．新加坡：从普遍提供公共住房到满足日益增长的私人住房需求［J］．张占力译．经济社会体制比较，2013（04）：94－108.

[61] 贾洪波，穆怀中．新加坡中央公积金制度改革评析［J］．北京交通大学学报（社会科学版），2009（04）：92－95.

[62] 李哲，李梦娜．共有产权住房政策的反思：定位、现状与路径［J］．当代经济管理，2018（04）：39－45.

[63] 梁上上．利益的层级结构与利益衡量的展开——兼评加藤一郎的利益衡量论［J］．法学研究，2002（01）：52－65.

[64] 凌维慈．保障房租赁与买卖法律关系的性质［J］．法学研究，2017（06）：61－73.

[65] 凌维慈．住房政策的任务分化及法律控制［J］．法商研究，2019（02）：53－65.

[66] 刘刚．政策性住房金融机构的国际比较［J］．武汉金融，2007（06）：39－41.

[67] 刘健．城市快速发展时期的社会住房建设：法国的教训与启发［J］．国际城市规划，2012（04）：3－12.

[68] 刘俊．住房改革利益非公平分享及其对策研究［J］．西南政法大学学报，2010（03）：87－93.

[69] [新加坡] 刘云华. 新加坡土地综合利用效率探讨 [J]. 城市观察, 2011 (01): 78-85.

[70] 娄成武, 王玉波. 地方政府土地财政公共治理变革研究 [J]. 当代财经, 2011 (10): 37-46.

[71] 吕世伦, 孙文凯. 赫克的利益法学 [J]. 求是学刊, 2000 (06): 61-67.

[72] 马辉民, 刘潇. 我国共有产权住房政策的探索与实践 [J]. 中国行政管理, 2016 (01): 145-149.

[73] 马秀莲, 张黎阳. 准市场还是准科层? ——基于上海、北京的中国公租房提供模式研究 [J]. 广东社会科学, 2019 (01): 185-195.

[74] 倪志纯, 孙金虎, 裴慧敏. 美国住房保障、监管制度及借鉴 [J]. 宏观经济管理, 2013 (05): 88-89.

[75] 彭华民, 唐慧慧. 排斥与融入: 低收入农民工城市住房困境与住房保障政策 [J]. 山东社会科学, 2012 (08): 20-29.

[76] 曲福田, 田光明. 城乡统筹与农村集体土地产权制度改革 [J]. 管理世界, 2011 (06): 34-46.

[77] [法] 让·克劳德·德里昂. 欧洲与法国社会住房政策的主要问题 [J]. 马璇, 姚鑫译. 国际城市规划, 2009 (04): 22-27.

[78] 任荣荣, 刘洪玉. 土地供应对住房供应的影响研究 [J]. 建筑经济, 2008 (03): 25-27.

[79] 沈惟维, 桂俊. 对我国住宅政策性金融机构改革路径的思考——基于新加坡、德国的经验借鉴 [J]. 国际金融, 2018 (10): 43-46.

[80] 孙斌栋, 刘学良. 美国混合居住政策及其效应的研究述评——兼论对我国经济适用房和廉租房规划建设的启示 [J]. 城市规划学刊, 2009 (01): 90-97.

[81] 田莉. 土地有偿使用改革与中国的城市发展——来自香港特别行政区公共土地批租制度的启示 [J]. 中国土地科学, 2004 (06): 40-45.

[82] 涂缦缦. 住房权适足标准的界定——城镇保障性住房制度变迁的视角 [J]. 江西社会科学, 2015 (04): 193-198.

[83] 汪冬宁, 汤小橹, 金晓斌, 周寅康. 基于土地成本和居住品质的

保障住房选址研究——以江苏省南京市为例 [J]. 规划研究，2010 (03)：57 -61.

[84] 王海彬. 建立和发展我国住宅政策性金融机构问题探析 [J]. 金融发展评论，2018 (06)：90 -96.

[85] 王祖山，王竞. 共享住房：保障性居住资源生成与配置的新路 [J]. 中南民族大学学报（人文社会科学版），2019 (02)：101 -106.

[86] 吴立群，宗跃光. 共有产权住房保障制度及其实践模式研究 [J]. 城市发展研究，2009 (06)：7 -9.

[87] 武中哲. 保障房退出的政府动机、执法成本与制度建构 [J]. 山东财经大学学报，2016 (06)：26 -33.

[88] 潇智英，刘鸿儒. 住房体制改革与利益调整 [J]. 中国经济体制改革，1991 (09)：6 -12.

[89] 徐雷，朱宇方. 中低收入家庭的住房保障——德国模式与美国模式的比较研究 [J]. 德国研究，2014 (01)：82 -93.

[90] 徐祖荣. 社会组织与公共服务主体多元化——基于浙江的研究 [J]. 理论与改革，2009 (01)：35 -38.

[91] 杨阳. 住房保障财政支出国际比较与借鉴 [J]. 地方财政研究，2009 (07)：77 -80.

[92] 叶学平，胡信. 保障性住房：土地、资金双重约束及解决思路 [J]. 武汉金融，2011 (10)：4 -6.

[93] 易宪容. 中国住房市场的公共政策研究 [J]. 管理世界，2009 (10)：62 -87.

[94] 殷俊，彭聪. 保障功能视角下住房公积金运营模式改革探讨 [J]. 西安财经学院学报，2017 (05)：88 -93.

[95] [荷兰] 雨果·普利莫斯. 欧洲住房金融改革对中国的借鉴意义 [J]. 杨滔译. 国际城市规划，2009 (06)：72 -81.

[96] 张千帆. 城市土地“国家所有”的困惑与消解 [J]. 中国法学，2012 (06)：178 -190.

[97] 张宇，刘洪玉. 美国住房金融体系及其经验借鉴——兼论美国次贷危机 [J]. 国际金融研究，2008 (04)：4 -12.

［98］张占录．我国保障性住房建设存在的问题、发展障碍与制度建设［J］．理论与改革，2011（03）：72－75.

［99］赵佛蓉．给付行政视野下的住房保障契约研究［J］．东南大学学报（哲学社会科学版），2013（S2）：27－31.

［100］赵晔琴．论农民工纳入城市住房保障体系之困境——基于准公共产品限域的讨论［J］．吉林大学社会科学学报，2015（06）：68－75.

［101］周剑云，戚冬瑾．《物权法》的权益保护与《城乡规划法》的权益调整［J］．规划师，2009（02）：10－14.

［102］周旺生．论法律利益［J］．法律科学，2004（02）：24－28.

［103］周阳敏．基于包容性社会治理的保障房建设与管理研究——国外的经验教训及其对中国的启示［J］．河南社会科学，2011（04）：122－127.

［104］朱喜钢，金俭．政府的规划权与公民的不动产物权［J］．城市规划，2011（02）：82－86.

［105］朱亚鹏．中国住房保障政策分析——社会政策视角［J］．公共行政评论，2008（04）：84－109.

［106］住房保障专业委员会课题组．新时代上海租赁型保障房健康发展研究［J］．上海房地，2019（02）：50－54.

［107］Christine Whitehead, Kathleen Scanlon. Social Housing in Europe［M］. London：London School of Economics and Political Science, 2007.

［108］Danilo Pelletiere, Sheila Crowley. Affordable Housing Dilemma：The Preservation vs. Mobility Debate［J］. Electronic Journal, 2012（05）：1－32.

［109］David J. Reiss. Fannie Mae and Freddie Mac and the Future of Federal Housing Finance Policy：A Study of Regulatory Privilege［J］. Alabama Law Review, 2010（05）：907－956.

［110］Hugo Priemus, Frans Dieleman, David Clapham. Current Developments in Social Housing Management［J］. Netherlands journal of housing and the built environment, 1999（03）：211－223.

［111］James Y. L. Thong, Chee－Sing Yap, Kin Lee Seah. Business Process Reengineer－ing in the Public Sector：The Case of the Housing Development Board in Singapore［J］. Journal of Management Information Systems, 2000

(01): 245 -270.

[112] John Kiff, Stevern Mennill, Graydon Paulin. How the Canadian Housing Finance System Performed through the Credit Crisis: Lessons for Other Market [J]. The Journal of Structured Finance, 2010 (03): 44 -64.

[113] J · Rosie Tighe. Public Opinion and Affordable Housing: A Review of the Literature [J]. Journal of Planning Literature, 2010 (25): 1 -15.

[114] Kathleen Scanlon, Jens Lunde, Christine Whitehead. Responding to the Housing and Financial Crises: Mortgage Lending, Mortgage Products and Government Policies [J]. International Journal of Housing Policy, 2011 (11): 23 -49.

[115] Michael Potepan. Explaining Intermetropolitan Variation in Housing Prices, Rents and Land Prices [J]. Real Estate Economies, 1996 (24): 219 -245.

[116] Monika Hjeds Löfmark. Housing Finance in Developing Countries [J]. Housing Finance International, 2012 (03): 48 -55.

[117] Paul Clarke, Alan Penrhyn - Lowe. Finance: Driving Change in Social Housing [J]. Financial Management, 2013 (03): 54 -57.

[118] Peter Salsich. National Affordable Housing Trust Fund Legislation: The Subprime Mortgage Crisis Also Hits Renters [J]. Georgetown Journal on Poverty Law Policy, 2009 (01): 11 -51.

[119] Robert B. Avery, Kenneth P. Brevoort. The Subprime Crisis: Is Government Housing Policy to Blame? [J]. The Review of Economics and Statistics, 2015 (02): 352 -363.

[120] Robert B. Denhardt, Janet Vinzant Denhardt. The New Public Service: Serving Rather than Steering [J]. Public Administration Review, 2000 (06): 549 -559.

[121] Roger D. Congleton. On the Political Economy of the Financial Crisis and Bailout of 2008 -2009 [J]. Public Choice, 2009 (03): 287 -317.

[122] Sean Zielenbach, Richard Voith. HOPE VI and Neighborhood Economic Development: The Importance of Local Market Dynamics [J]. Cityscape, 2010 (12): 99 -132.

[123] Thomas H. Stanton. Failure of Fannie Mae and Freddie Mac and the Future of Government Support for the Housing Finance System [J]. Journal of Law and Policy, 2009 (18): 247 -263.

[124] Todd Sink, Brian Ceh. Relocation of urban poor in Chicago: HOPE VI policy outcomes [J]. Geoforum, 2011 (01): 71 -82.

**三、研究报告**

[125] David J. Reiss. Foundations of Federal Housing Policy [R]. Brooklyn Law School Legal Studies Research Papers, No. 234, May 2011.

[126] Edward L. Glaeser. The Economics Approach to Cities [R]. Natinal Bureau of Economic Research, Working Paper 13696, December 2007.

[127] HM Treasury. Promoting Financial Inclusion [R]. London: The HM Treasury, 2004.

**四、学位论文**

[128] 鲍锋. 中国保障性住房制度的经济学研究 [D]. 长春: 吉林大学博士论文, 2018.

[129] 刘雁. 基于美加比较的中国住房和住房金融市场交易性干预研究 [D]. 武汉: 华中科技大学博士论文, 2011.

[130] 孙文亮. 保障性住房项目利益相关者关系治理研究 [D]. 天津: 河北工业大学博士论文, 2016.

[131] 徐跃进. 基于促进住房公平的住房政策研究 [D]. 北京: 清华大学博士论文, 2017.

[132] 殷燕. 国际公共住房财政与金融体系实证研究 [D]. 北京: 北京邮电大学博士论文, 2006.

[133] Corianne Payton Scally. States, Housing and Innovation: The Role of State Housing Finance Agencies [D]. Newark: The State University of New Jersey, 2007.

[134] TsoYu Calvin Lin. Housing Finance and Subsidies Lessons from Western and Asian Countries for Taiwan [D]. College Station, Texas: Texas A&M University, 1996.

## 五、电子文献

[135] Patricia E. Salkin. Affordable Housing, Distribution of Powers and Economic Crisis in the United States [EB/OL]. Jacob D. Fuchsberg Law Center, April, 2009 [2010 -2 -26]. http://ssrn.com/abstract = 15580.

[136] Peter Werwath. Financing Mechanisms for Affordable Housing [EB/OL]. (2007), [2013 -06 -10] http://www.enterprisecommunity.com.